논술로 읽는

論語_{논어}

◉

진기환 지음

明文堂

바로 알기와 제대로 읽기

&c. 고전 중의 고전 《논어》 … 많은 사람들이 알고는 있지만 거의 읽지 않는 책이 고전이라는 우스갯말이 있다. 실제로 《논어》를 제대로 읽은 사람들은 그리 많지 않다고 한다.

우리 학생들은 입시 위주의 교육과정 속에서, 그리고 젊은이들은 실용적인 학풍을 따르다 보니 동양 고전에 대해서 관심을 가질 여력이 없다. 그러면서도 공자는 수구적 보수 사상의 원조이며, 유가사상은 타파해야 할 봉건사상이기에 '왜 《논어》를 굳이 읽어야 하는가?' 라고 생각하는 사람도 많이 있다.

《논어》를 제대로 읽지도 않은 사람들이 《논어》가 낡은 사상이나 전통 윤리를 강요하고 진보적인 사고를 가로막는다고 생각하지만, 실제로 《논어》는 매우 논리적이고 진보적인 동양 고전 중의 고전이다.

《논어》에 나오는 충忠은 성실이며, 충은 반드시 그 대상을 군주로 한정하지 않았다. 《논어》에서 강조하는 효孝는 가정윤리로 어른을 존경하는 효이지, 자식의 몸과 생명을 희생하라고 강요하지도 않는다. 그래서 필자는 중·고등학생에서 대학생까지 모두가 고전중의 고전으로서 《논어》를 바로 알아야 하고 제대로 읽어야 한다고 생각한다.

공자와 《논어》 … 공자는 살아 있을 때에도 '하늘이 낸 성인(天縱之聖)'이며, '하늘의 목탁(天之木鐸)'이라는 별칭을 들었으며 제자들로부터 절대적인 신뢰와 존경을 받았다. 그리고 공자는 죽은 뒤에도 '최고의 성인이며 앞선 스승(至聖先師)'이었고, '영원한 스승의 표상(萬世師表)'이었다.

공자는 최초로 사학私學을 열고 군자君子가 되기를 지향하는 제자들을 모아 당시 최고 학문을 최신의 방법으로 교육했던 교육자였다. 공자는 생전에 자신의 생각을 저술로 남기지 않았다. 그러나 그의 사상과 언행은 제자들의 저작을 통해서 널리 알려졌다.

공자가 후세에 끼친 영향력은 그만 두고서라도 공자의 호학好學과 열정, 숭고한 이상과 진보적인 사고思考는 지금의 젊은이들이 반드시 본받고 배워야 한다.

《논어》는 공자 철학에 대한 기본 자료이며 공자 사상의 결정판으로, 공자가 죽은 뒤 2,500년간 지속적으로 읽혀 온 최고의 인문교양서이다. 《논어》는 공자의 사상이 일관되게 관통하고 있는 유가 최고의 경전으로 간결하고도 아름다운 문장이 가득하다. 《논어》는 읽으면 읽을수록 그 느낌이나 감동이 다르고, 읽을 때마다 그 지평이 끝없이 넓어지는 책이다.

북한산은 서울의 어디에서 보느냐에 따라 그 경관이 다르다. 마찬가지로 《논어》는 어떤 생각으로 읽느냐에 따라 그 의미가 분명히 다르다. 《논어》는 한 번 읽어 감흥을 느끼는 책이 아니다. 여러 번 읽어야만 내용이 제대로 파악되고 그 깊이와 참뜻이 우리에게 와 닿는다.

🦋 고전을 읽는 마음 자세 … 1973년, 필자가 전국에서 유일하게 남아 있던 재래식 서당을 찾아낸 곳은 공주 마곡사 근처의 생골이라는 산골 마을이었다. 그때 필자는 한문의 문리文理를 깨치려는 방편으로 재래식 서당을 찾았고, 약간 공부한 것이 있다고 건방진 마음에서 바로 《논어》를 배우기 시작했다. 비록 성인聖人의 깊은 뜻을 제대로 알지는 못했지만, 배움과 깨우치는 즐거움을 확실하게 알았다.

그때 훈장님은 필자에게 성인의 학문을 공부하는 마음자세를 자주 말해 주셨다. 부지런해야 하고, 공경심이 있어야 참뜻이 마음에 들어오며 또 남는다고 하셨다. 그리고 성인의 가르침은 어느 시대이든 두루 다 통하며 그 가르침을 따르는 생활이 곧 바른 삶이라고 하셨다.

《논어》에서 시작하여 유가의 경전 그리고 중국의 역사와 문학에 대한 필자의 관심과 공부는 그 이후 계속되었다. 가르침(敎)과 배움(學)을 함께 하며 지내온 30여 년간 《논어》의 가르침은 여전히 필자의 마음속에 살아 있었다. 그 가르침의 실천이 어렵다는 것을 알았고, 깊은 뜻이 뒤늦게 내 마음속에 감동으로 남았다. 성誠과 경敬으로 읽는 《논어》-읽을 때마다 느끼는 새로운 뜻과 희열은 나이가 들수록 더욱 새로웠다.

🦋 젊은이를 위한 《논어》 … 지금 우리나라의 각급 학생들은 굉장한 재능과 열정으로 대단한 노력을 쏟으며 진학과 취

업을 위한 공부를 하고 있다. 이 젊은이들에게 왜 학문을 해야 하며 노력하는 마음 바탕과 목표를 어디에 두어야 하는가를 분명히 가르쳐 주어야 한다. 진학과 취업을 위한 공부도 그 궁극적 목표는 바른 인간이 되기 위한 하나의 과정일 뿐이다.

바른 인간으로 성장하기, 그리고 바른 지향점을 위한 부단한 노력을 해야 하는 당위성을 어디에서 찾아야 하는가? 어느 시대이건 인의예지신仁義禮智信의 덕목은 인간이 추구해야 할 숭고한 목표이다.

공자 사상의 참뜻과 모습을 제대로 알아야 한다. 공자가 왜 위대하며 공자가 얼마나 호학하고 면학했는가를 알고, 공자의 사상이 왜 지금도 여전히 살아있으며 빛을 내고 있는가를 젊은이들은 제대로 인식해야 한다.

공자는 초인超人이 아니었으며, 정치적 업적을 남기지도 않았다. 다만 보통 사람과 같은 감정으로 성실하게 노력하며 생활했던 참 스승이었다. 때문에 공자를 바로 알아야 하고, 바른 학문과 배움의 길을 위해서라도 꼭 《논어》를 읽어야 한다.

공자의 일생, 가르침과 사상을 전체적으로 파악하면서 그 핵심 사상의 의의를 설명하기 위한 방법으로써 필자는 논술적인 서술로 《논어》를 요약하고 정리하였다.

이 책은 공자의 가르침을 신봉하며 학생들을 가르치며 한평생을 보낸 필자의 열정이다.

2012년 7월

진기환

일러두기

1 《논어》는 논리적인 책이다.

《논어》는 처세만을 위한 책이 아니다. 《논어》는 사상이나 논리가 정연하며 확실하다. 《논어》는 한문 실력만 있다고 읽을 수 있는 책이 아니고 일반 상식과 인문학적 지식이나 철학적 사고 능력이 있어야 제대로 읽을 수 있다. 필자는 우리의 젊은이들이 《논어》를 읽으면서 공자의 사상을 비판적으로 수용하며 논리적 이해와 분석적 평가를 할 수 있도록 이 책을 썼다.

2 위대한 고전에 대한 현실적 이해를 위한 책이다.

여러 인문고전에 대한 충분한 지식이 축적되지 않으면 바른 논리를 전개할 수 없다. 필자는 이 책에서 '고전에 바탕을 둔 올바른 현실 인식'을 강조하였다. 고등학생과 대학생 그리고 취업을 준비하는 수준에서 학문의 바른 길과 현실에 대한 정확한 인식을 갖게 하기 위해 현실과 연관된 주제를 선택하고 그런 가르침을 설명하듯 서술하였다.

3 원문을 쉬운 말로 서술하여 이해를 도왔다.

《논어》의 원문은 고등학생이나 한문을 전공하지 않은 대학생이 독해하기는 어렵다. 필자가 말한 내용의 근거가 이것이며, 이렇게 해석했다는 의미로 원문을 주(註)에 수록하였다. 지금은 원문을 독해하지는 못하지만 독자들이 뒷날 원문에 대한 관심을 가질 때를 생각하였다. 그리고 기타 필요한 내용에 대해서도 주(註)를 달아 보충설명을 하였다. 고등학생은 물론 대학생이라면 논리적인 글의 주해를 읽어 필자와 자신의 생각을 비교하며 인식을 확실히 해둘 필요가 있다.

4 필요로 하는 한자 漢字를 병기하였다.

요즈음 대학에서 출판되는 교재에도 한자가 사용되지 않는다. 그러하다 보니 한글만으로는 정확한 의미를 이해하는데 어려움이 많다. 예를 들어 진(陳), 진(秦), 진(晉) 나라가 같은 시대에 존속했는데 한자가 병기되지 않는다면 어떻게 이해되겠는가?

한자가 없어도 국명이나 인명, 개념이나 서술어라도 전후 문맥을 통해 이해할 수 있다고 하지만 한자어를 병기하면 이해가 훨씬 빠르고 정확하다. 정확한 용어의 바른 선택은 학습활동의 기본이다. 한자가 병기된 글을 읽으면서 자연스레 배우는 것이 한자이고 한문이다.

5 부록의 내용은 다음과 같다.

이 책은 《논어》를 논술적으로 이해하기 위한 책이다. 따라서 논술에 관한 기본을 설명하였고 학생들이 이 책을 '어떻게 읽을 것인가'를 설명하였다. 독자들은 필자의 설명을 비판적으로 읽고 생각한 뒤에 비판적으로 평가하며 자신의 논리로 수용할 수 있어야 한다.

《논어》는 20편으로 구성되어 있는데 각 편의 대략을 소개했다. 그리고 《논어》에 등장하는 공자의 제자들에 대한 해설 자료를 첨부했다. 이는 《논어》에 대한 이해에 도움이 될 것이다.

제1부

공자(孔子)에 대한 바른 이해

제2부
공자의 사상 I ● 인(仁)과 예(禮)

先聖小像

공자(孔子)

제1부 공자孔子에 대한 바른 이해

춘추전국시대의 역사적 개괄 / 유교는 종교인가? 아니면 사상체계인가? / 유학은 미래사회에서도 가치가 있는가? / 논어는 논리적인 책인가? / 공자는 일생동안 어떤 일을 하였는가? / 공자에 대한 후세의 평가는? / 공자가 왜 위대한가? / 공자의 가정생활은 어떠했는가? / 공자가 강조한 효의 참 뜻은? / 공자가 말한 인생의 단계 / 공자의 말년과 죽음은 어떠했는가? / 사람은 왜 배워야 하나? / 공자가 생각한 배움이란 무엇인가? / 배움(학문)으로 무엇을 얻는가? / 공자의 호학과 면학은 어떠했는가? / 공자는 제자들을 어떻게 가르쳤는가? / 공자의 제자들은 어떤 일을 했나?

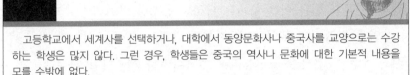

01 춘추전국시대의 역사적 개괄

고등학교에서 세계사를 선택하거나, 대학에서 동양문화사나 중국사를 교양으로는 수강하는 학생은 많지 않다. 그런 경우, 학생들은 중국의 역사나 문화에 대한 기본적 내용을 모를 수밖에 없다.

중국의 춘추전국시대의 역사와 정치나 경제 문화에 대한 기본 상식이 있어야 본서의 여러 내용이나 공자를 제대로 이해할 수 있기 때문에 중국사와 관련한 기본 사항을 먼저 설명한다.

 중국 역사의 시작

1927, 중국 베이징(北京) 부근 주구점周口店(조우코우뎬)에서 발견된 베이징 원인原人은 약 50만 년 전에 생존했던 인류로 추정되고 있다. 이 베이징 원인 이외에도 여러 고인류와 그들의 구석기 문화유적이 많이 발견되었다.

중국 상고사上古史는 삼황오제三皇五帝의 전설로 시작한다. 이 삼황오제의 이름이나 치적은 그야말로 전설일 뿐이다. 일반적으로 5제는 황제, 전욱, 제곡, 요堯, 순舜을 지칭한다.

중국인들은 5제의 한 사람인 황제黃帝가 중국 문명의 시조이며 자신들은 모두 황제의 후손이라는 내용의 교육을 받고 또 그렇게 생각하고 있다. 그리고 요순시대는 태평성대의 상징처럼 일컬어지고 있다. 이 삼황과 오제의 덕을 모두 겸비했다고 자찬하며 황제皇帝라는 말을 만든 사람이 바로 중국 최초의 통일 왕조를 이룩한 진秦나라의 시황제 始皇帝이다.

순 임금의 뒤를 이은 우禹는 황하의 홍수를 다스리기 위한 치수治水 사업을 벌였는데 우의 치수 전설은 국가의 출현을 짐작할 수 있게 한다. 우는 치수사업에 성공하며 하夏나라를 세웠다고 하는데, 이는 중국 최초의 세습왕조라 할 수 있다.

그러나 하나라의 폭군 걸왕桀王이 포악한 정치를 하자 탕왕湯王이 걸왕을 축출하고 건국하니 이를 상商나라라고 한다. 이때가 대략 기원전 1600년경이다.

상나라는 여러 번 도읍을 옮기는데 은殷(지금의 하남성 安陽縣)땅에 도읍하고 있던 때를 보통 은나라라고 부른다.1) 은나라의 마지막 왕이며 폭군은 주왕紂王인데 걸왕과 주왕을 합하여 걸주桀紂라 하면 폭군의 대명사로 통한다.

상나라에서는 한자漢字의 기원인 갑골문자甲骨文字가 쓰였고 각종 청동靑銅의 제기祭器가 제작되었기에 상나라는 확실한 역사시대이며 청동기 시대에 속한다.

상나라의 왕은 정치적인 지도자이면서 종교적 권능도 함께 행사하는 신정정치를 폈는데 신의 뜻을 묻기 위해 점치는 내용이 복사卜辭이고, 이 복사가 갑골문으로 기록되었다. 상나라는 상왕商王을 중심으로 하는 왕실귀족과 지방의 씨족장들이 지배층을 형성하였는데 상왕과

---

1) 하, 은, 주나라 이후, 진(秦), 한(漢)은 물론 수(隋), 당(唐), 송(宋)까지 그 나라와 연관이 있는 지명을 국명으로 사용했다. 몽고족은 중국을 차지하고 중국 지명과 관련이 없기에 원(元 으뜸 원)이라는 추상명사를 채용했고 이어 명(明)과 청(淸)에 이어졌다.

같이 모계 중심의 성姓을 가질 수 있는 사람들을 백성百姓이라 하였다. 지배계층의 거주지는 보통 읍邑이라 하였는데 상나라는 이러한 읍의 연합에 의한 국가체제로 운영되었다.

일반 평민은 농민으로 국가에 공물을 바치고 요역의 의무를 지고 있었다. 노예계층은 전쟁이나 약탈을 통해 형성되었고 순장殉葬이나 제사의 희생물이 되었다.

상나라의 모든 토지는 왕의 토지로 인식되었고(王土思想), 족族을 기반으로 한 씨족공동체에 의한 집단 경작방식이 행해졌다고 한다.

주周의 건국과 발전

섬서성陝西省의 위수渭水 유역에서 성장한 주족周族은 고공단보古公亶父 때 기산岐山 기슭에 자리를 잡았다. 이후 아들 계력季歷에 이어 계력의 아들 창昌이 뒤를 이었다. 창은 주왕조의 기반을 다진 서백西伯인데 뒷날 문왕文王이라 불리게 된다.

서백(문왕)의 아들 무왕武王(姓은 희姬, 名은 발發)이 즉위한 뒤, 은나라 서쪽 지역의 제후세력들을 규합하여 은의 폭군 주왕紂王을 축출한다. 이를 보통 은주혁명殷周革命이라 하는데 이때가 기원전 1046년(?)이었다.

무왕이 은을 정복한 지 2년 만에 죽자, 어린 성왕成王이 즉위하였다. 이 어린 성왕을 잘 보필하면서 국난을 타개하며 주 왕실의 기반을 확실하게 다진 사람은 바로 무왕의 동생이면서 성왕의 숙부叔父인 주공周公 단旦이었다.

공자는 바로 이 문왕文王(西伯 昌), 무왕 발武王 發, 주공 단周公 旦을 가장 존경하였고 이들에 의하여 만들어진 제도와 문물 곧 주례周禮로의 복귀를 염원하였다. 공자는 만년에 자신의 이상실현이 어려워지자 "나의 쇠약이 아주 심하구나! 나는 오랫동안 주공을 꿈에서도 뵙지 못했다."라고 탄식하기도 했다.[2]

무왕은 은나라를 멸망시키고 호경鎬京(현재의 시안西安)에 도읍을 정하고 일족과 공신들에게 지역을 나누어 주며 각지의 통치자로 임명하였는데 이를 봉건封建이라고 한다. 이렇게 분봉된 통치자들을 제후諸侯라 하고 제후는 주 왕실과의 혈연관계에 의한 동족이거나 공신으로 모두가 주왕周王의 신하였다. 주나라 개국 당시에 분봉된 일족 곧 동성제후가 56개국, 이성異姓 제후가 약 70여국이었다고 한다.

주의 최고 통치자는 천자天子로서 왕王이라 칭했고 직할지는 왕기王畿라 하였다. 제후들은 국國을 세우고 보통 공公이라 호칭했는데 경과 대부들을 거느렸다. 제후들은 주 왕실에 대하여 정기적인 조근朝覲(제후가 주 왕실에 가서 천자를 배알하고 신하의 예를 표함)과 공납貢納의 의무를 수행해야만 했다. 주 왕실의 천자와 제후들은 예악은 물론 수레나 복식에도 차이를 두었는데 이는 절대로 넘볼 수 없는 것이었다.

주의 봉건제도를 운영하는 기본은 종법宗法에 의한 장자상속제도였으나 세월이 가면서 혈연관계는 점점 멀어졌고, 인구의 증가와 철기의 보급에 따라 생산방식은 크게 변화했다.

따라서 황하 중상류 지역에 형성되었던 봉건 제후국들은 변방지역으로 영토를 확장하면서 강대국으로 발전하였으나 제후국에 둘러싸인

---

2) 《논어 술이》 子曰, 甚矣吾衰也. 久矣. 吾不復夢見周公.

주 왕실은 소국으로 존속할 수밖에 없었다. 멀어진 혈연관계와 역전된 형세 속에서 주 왕실(宗周)은 명목상의 지배자였을 뿐 제후국의 강성과 저항을 통제할 방법이 없었다.

기원전 771년, 융적戎狄의 침입을 받은 주 왕실은 호경을 버리고 성주成周(낙읍=현재의 하남성 뤄양洛陽)로 천도를 하였는데 호경에 도읍하고 있던 주나라를 서주西周, 낙읍에 도읍한 주나라를 동주東周라 구분한다. 서주는 호경에 도읍하던 약 350여 년간이었고, 동주는 기원전 771년부터 마지막 난왕赧王이 진秦나라에 땅을 바치고 항복하는 기원전 256년까지 514년간 지속되었다.

🏯 춘추전국시대

주 왕실이 서쪽 호경에서 동쪽 낙읍으로 천도한(기원전 771년) 이후 곧 동주東周는 다시 춘추시대와 전국시대로 구분하는데 그 연대 구분에는 학자에 따라 약간의 차이가 있다.

춘추春秋 시대는 공자가 편찬한 노魯나라의 편년체 역사책인 《춘추春秋》에서 따온 말이다. 《춘추》는 노나라 은공 원년(기원전 722년)에서 시작하여 애공 14년(기원전 482년)에 서술이 끝나지만 역사상 춘추시대는 기원전 771년부터 기원전 403년까지 약 367년간을 지칭한다.

전국戰國시대는 제후국 진晉나라가 한韓, 위魏, 조趙에 의해 분열되는 기원전 403년부터 주나라가 멸망하는 기원전 256년 또는 진시황에 의해 중국 통일이 이루어지는 기원전 221년까지를 지칭하기도 한다.

동주시대는 제후국들이 종법적 봉건제도의 구속에서 벗어나 영토

국가로 발전하면서 상호간 대립항쟁과 겸병兼併(나라를 합침)을 위한 전쟁이 계속되어 결국 하나의 제국帝國으로 통일되는 과정이었다.

특히 춘추시대에는 주 왕실을 지키면서 외적을 물리치자는 존왕양이尊王攘夷의 구호를 내세우며 제후국간의 회맹會盟을 통해 중원中原을 호령하는 패자覇者(으뜸 패)가 등장하였는데 제齊나라 환공桓公 등 춘추오패春秋五覇가 있었다.

이어 전국시대에는 강대국에 의한 약소국 통합이 진행되어 강대국 전국칠웅戰國七雄이 합종연횡合縱連橫을 거듭하며 다투다가 결국 진秦의 천하통일로 귀결된다(기원전 221년).

🏯 제자백가의 출현

춘추전국시대는 정치적으로 전제 군주권의 강화가 진행되었고 중앙집권적 관료제의 확립과정이었다. 각국에서 부국강병을 위해 신분을 초월한 인재등용은 학문과 사상의 발전을 가져와 제자백가 출현의 배경이 되었다.

경제적으로는 철기문화의 보급과 우경牛耕과 관개 수리사업에 의한 농업생산의 비약적 증가가 이루어졌으며 자작의 소 농민 계층이 대두하였다. 동시에 수공업과 상업이 발달하였고 화폐 유통이 보편화 되면서 부를 축적하여 국정에 관여하는 상인이 출현하기도 했다.

제후들은 부국강병을 구현하기 위하여 신분에 구애받지 않고 인재를 발탁하였고 지식과 전문능력을 가진 사士 계층이 두텁게 형성되면서 사농공상士農工商이라는 신분계층이 확실해졌다.

이러한 춘추전국시대의 정치, 경제, 사회의 변화와 발전은 학문과 사상의 발달을 가져왔으니 공자, 노자, 묵자 등 제자諸子를 배출하고 유가나 도가와 같은 다양한 학파(백가百家)를 형성하였는데 이를 제자백가諸子百家라 한다.

춘추전국시대에 제자백가의 출현은 중국의 사상이 일시에 만개한 백화제방百花齊放이며 온갖 학자와 학파가 우열을 겨루는데 이를 백가쟁명百家爭鳴이라 한다. 공자로부터 시작하는 유가는 이후 중국의 정치와 문화, 학문과 사상 전반에 걸쳐 절대적인 영향을 끼쳤다.

노魯의 정치와 문화

공자孔子는 지금의 산동성에 있던 노魯나라에서 출생하여 노에서 벼슬을 하고 제자들을 가르쳤고 노에서 죽었다. 따라서 공자를 이해하려면 노의 정치와 문화를 우선 이해하여야 한다.

주를 건국한 무왕武王은 건국의 일등공신이라 할 수 있는 자신의 동생 주공 단周公旦을 노나라의 제후로 봉했다. 그러나 무왕이 은나라를 멸망시킨 2년 뒤에 죽고 무왕의 아들 성왕成王이 어린 나이에 즉위했기 때문에 주공은 성왕의 섭정攝政으로 주나라의 기초를 다졌다. 때문에 주공은 임지인 노나라에 가지 못했다. 처음 노나라에 부임하여 통치한 사람은 주공의 아들 백금伯禽이었다.

노나라는 지리적으로 주 왕실에서 멀리 떨어져 있었지만 주 왕실에서 주공의 헌신적 노력을 고려하여 주 왕실로부터 여러 특권을 부여받았고 예악과 문물에서도 주 왕실과 거의 대등한 수준을 유지하였다.

비록 춘추시대에 정치 군사적으로 강국이 되지 못한 2류 국가였으나 동성同姓 제후국으로서 또 주 왕실의 문화 전통을 계승한다는 대단한 자부심을 가진 제후국이었다.

공자는 노나라 23대 양공襄公 22년(기원전 551년)에 출생하였는데 공자는 양공-소공昭公-정공定公을 거쳐 애공哀公 16년 기원전 479년에 73세로 생을 맞혔다.

공자가 태어나기 훨씬 이전에, 노 환공桓公(재위 기원전 712~694)의 뒤를 아들 장공莊公(재위 기원전 694~662)이 계승했는데 환공의 다른 아들인 중손씨(맹손씨), 숙손씨, 계손씨季孫氏를 삼환三桓이라 통칭했다. 이들 삼환의 후손들은 대부大夫로 노나라의 실권을 장악했었다.

이들 중에서도 특히 계손씨의 권세가 막강하였는데 소공昭公을 축출하여 외국에서 객사하게 하였다. 이후로 모든 정치는 사실상 삼환의 손에서 이루어졌다. 공자가 살아 있을 때 노나라 공실公室은 허약하였으니 이러한 정치상황은 공자로서도 어찌할 방법이 없었다.

노나라가 비록 정치적으로는 국세를 떨치지 못하는 약소국이었으나 문화적으로는 왕실이 있는 낙읍洛邑 다음으로 문화의 중심이었으며 주나라의 문물을 제대로 보전하고 있었다. 《좌전》에는 양공 29년에 오吳나라의 공자公子 계찰季札이 노나라를 방문하여 주 왕실에서 전해 오는 여러 음악을 감상하고 찬탄하는 내용이 기록되어 있다.

노나라의 이러한 예악과 문물의 전통은 공자에게 지대한 영향을 끼쳤다고 볼 수 있다. 공자 생존 무렵에 유가가 노나라에서 일어났고 또 은나라의 문화를 계승 발전한 송宋에서는 묵자墨子의 묵가사상이, 그리고 주 왕실의 문화전통이 흘러들어간 초楚나라에서 노자老子가 노장사상을 전개한 것 모두가 이러한 문화적 전통과 관련이 있었다.

02 유교는 종교인가? 아니면 사상체계인가?

공자는 석가나 예수와 함께 성인(聖人)으로 호칭되며 많은 사람들이 그렇게 인정하고 있다. 또 불교, 도교와 함께 유교(儒敎, Confucianism)라는 용어가 일반적으로 쓰이고 있다. 그렇다면 유교는 종교라고 말할 수 있는가?

 종교의 기본 틀

인도에서 발생한 불교와 중국에서 시작된 도교道敎가 종교라는 데에 이의를 제기할 사람은 거의 없다. 그러나 우리가 유교라는 말을 사용하지만 불교와는 달리 종교라는 개념이 직접적으로 와 닿지 않는다.

우리가 알고 있는 그대로, 불교의 창시자가 석가모니인데 공자는 유교의 창시자라고 할 수 있는가? 불교에는 금강경, 반야심경, 법화경 등등 수많은 불경이 있고, 도교에도 도덕경 이외에 많은 경전이 있는데 《논어》를 비롯한 사서오경은 유교의 경전이라 할 수 있는가? 불교에는 승려라는 성직자가 있고 성직자의 수련과 신도들의 신앙 활동을 위한 절(寺院)이라는 공간이 있다. 마찬가지로 도교에는 도관道觀이 있는데, 곳곳에 있는 서원書院이나 향교는 유교의 사원이라 할 수 있는가? 또 유교의 성직자는 누구인가?

곧 종교라고 말할 때 일반적으로 그 종교의 창시자나 교리를 설명하거나 가르치기 위한 글(경전), 숭배대상이 되는 신(神)이 있어야 하고, 교단조직이나 교역자(성직자), 신앙을 위한 의식과 그런 의식을 행할 수 있는 특별한 건물이나 장소가 있어야 하고 그 종교를 신봉하는 신자들이 있어야 한다.[3]

이런 점에서 볼 때 유교는 종교로서 갖추어야 할 여러 가지가 부족하다. 역사적으로 유교의 창시자가 공자라고 말할 수도 없고 '나는 유교 신자'라고 말하는 사람도 없다. 그렇다면 유교라는 말은 애당초 틀린 말인가?

춘추전국시대에 제자백가諸子百家가 출현하여 중국 사상과 학문의 기본 틀이 만들어지는데 유가儒家는 여러 사상가 그룹이라 할 수 있는 백가의 하나이고, 유가의 가장 대표적 인물인 공자는 제자諸子 중의 한 사람이었다.

공자는 그 생애에서 짧은 기간이지만 노나라의 정치에 관여했으나 정치인으로서는 성공하지 못했다고 보아야 한다. 그보다는 많은 제자들을 길러낸 교육자이며, 그때까지의 여러 학문적 성과를 종합한 학인學人이었고, 사상가였지 종교가는 아니었다.

공자는 사후 세계를 믿지도 않았고, 어떤 종교적 저술이나 활동을 하지 않았다. 더군다나 종교적 의식이나 계시를 행하지도 않았으며 미래에 대한 예언도 없었고 인간 행위에 대한 절대자의 심판을 말하지도 않았다.

---

3) 유일신을 숭배하는 기독교나 이슬람교 외에 다신교도 당연히 종교에 포함한다. 그러나 경전이나 종교의 창시자가 없는 애니미즘(정령신앙)도 종교에 넣어야 한다면 종교의 이러한 기본 요건은 의미가 없어진다.

공자가 조상숭배를 중시한 것은 어버이에 대한 효도의 연장이었고 예禮로써의 기능을 중시했을 뿐이지 숭배하는 만큼 조상신의 가호가 있다는 종교적 신념도 갖고 있지 않았다. 이는 불교의 기복祈福과는 다른 차원의 이론에서 이루어진 것이기에 이를 종교적 의미를 가진 행위라고 볼 수는 없다.

죽음에 대한 인식과 종교

불교에서는 인간의 삶은 생로병사生老病死의 과정이며 살아 있는 자체를 고통으로 본다. 그리고 살아서의 인과응보에 따라 여러 가지 생명의 형태로 환생한다는 것이 윤회설輪廻說이다.

중국인들은 현실세계를 고통으로 인식하지는 않았다. 중국인들에게 삶은 즐거움이었다. 배워 깨닫는 즐거움이 있고, 오랜만에 벗이 찾아와 웃으며 학문을 나누는 쾌락이 있으며, 맛있는 음식을 먹을 때 즐겁고, 좋은 음악을 들으면서 즐기는 것이 인생이었다. 중국인들은 5감感의 쾌락을 있는 그대로 받아들이는 현실적, 현세적 인생관을 갖고 살았다.

불교나 기독교는 죽음과 죽은 뒤에 대한 이론이나 설명체계를 갖고 있다. 중국인들은 인간의 영혼(정신)을 주재하는 혼魂과 인간의 육신을 주재하는 백魄이 분리되는 것을 죽음으로 생각하였다. 중국인들이 죽음을 맞을 때 이 혼백의 분리를 막기 위하여 떠나가려는 혼을 다시 부르기 위한(초혼招魂) 여러 가지 의식을 행하는데 이런 전문의식의 담당자를 유儒라고 하였다.

그리하여 이러한 의례절차에 의하여 혼백이 분리되지 않는다면 죽은 다음의 세계에서도 현실과 똑같은 생활을 해야 한다. 말하자면, 왕은 왕으로서의 지위를 계속 누리며 살 수 있다. 따라서 이런 종교의식에서는 현세와 같은 옷과 음식을 준비하고 수레와 말은 물론 가구 일체까지 같이 준비하는 후장厚葬이 나오고 심지어는 시종들까지 묻어주어야 하는 순장殉葬의 풍습이 형성될 수밖에 없었다.

중국에서 은나라 이후 장례의식을 담당하는 유의 의식절차는 더욱 복잡하게 되었다. 장례는 의례집행자인 유생의 생활방편이 마련되기 때문에 직업적인 유생들은 교육을 통해 그 기능을 후생들에게 전수했다. 이 과정에서 조상들을 위한 각종 제례가 조상숭배사상으로 정착되고, 현세의 부모를 공경하고 봉양해야 하며, 나의 생활과 조상의 제사를 지내야 할 후손을 낳아야 하는 것은 당연한 귀결이었다. 따라서 유가에서 말하는 효도란, 돌아가신 조상에 대한 제사 의식을 이행하고, 현세의 부모를 모셔야 하며, 후손을 낳아 가문의 계승까지 모두를 포함하는 것이 바로 효孝이다.

따라서 효도를 통해 조상과 나의 생명을 영원히 유지할 수 있으며 그러다 보면 죽음의 공포나 불안을 해소할 수 있게 된다.

이런 효도를 근간으로 하는 이념체계에다가 형제나 친인척간에 지켜야 할 가족윤리가 보완되고 이것이 자연적으로 확대된 것이 중국인들의 사회윤리(정치 이론)라고 볼 수 있다.

유가에서는 조상 숭배와 부모 공양, 부모와 자식의 윤리와 지켜야 할 절차 모두를 예禮라는 형식으로 실천해야 하는데, 이를 예교禮敎라고 한다. 따라서 유교는 비록 성직자와 종교적 행사를 거행하는 공간이 없어도 종교와 가까운 신념체계를 갖추었기 때문에 종교라고 인정해야 한다고 주장하는 학자도 있다.

정교政敎의 기본 이념

유가儒家의 사상을 유학儒學 또는 유교儒敎라고 하지만, 일반적 통념으로 종교라는 의미는 타 종교와 비교한다면 상당히 희박하다. 어찌보면 유학은 인간을 가장 중시하는 문화이며 신념체계라고 표현하는 것이 더 적합할 것이다.

중국의 역대 왕조에서 어떠한 이념이나 사상으로 정치를 하고 백성들을 교화敎化하는가는 매우 중요한 문제였다. 춘추전국시대에 제자백가諸子百家 사상이 꽃 피웠는데 유가의 가家는 같은 사상을 가진 학자들의 그룹이라는 의미이다. 그중에 공자에 의해 확립된 유가儒家의 사상은 학통을 강하게 유지하고 있었다.

공자가 생존하던 시대의 전후에는 중국에 이렇다 할 종교가 형성되어 있지 않았다. 그렇다 해서 장례와 제사의식이 없었던 것은 아니다. 장례를 후하게 치루고 복상기간이 길어지면서 그런 의식을 집행할 수 있는 지식인이 필요했고 그런 사람들을 유자儒者 또는 유생이라 불렀다는 주장도 상당히 설득력을 갖고 있다. 따라서 유는 직업적으로 무武와 상대적인 의미를 갖고 있다.

기원전 221년 진秦 시황제의 중국통일은 역사적 대 사건이었고 큰 의미가 있었지만 진의 통일 왕조는 단명하였다. 한漢 고조 유방의 건국 이래, 전한 무제武帝는 유학자 동중서董仲舒의 건의를 받아들여 유학을 정교政敎의 기본 이념으로 채택하였다.[4]

---

4) 동중서 ; 기원전 179~104, '3년 동안 뜰을 쳐다보지도 않고 공부' 했다는 학자로, 본래 《춘추》를 전공했다. 전한 무제에게 오직 유학만을 숭상할 것을 건의했고 무제에 의해 채택되었다.

그 이후 중국의 역대 왕조에서는 대개 유가儒家의 이념에 의한 정치를 추구했고 백성들을 이끌었으며 교육이 이루어졌다. 이때 유교는 유가의 가르침이란 뜻인데 나라의 교육이나 백성들을 교화한다는 의미로 사용되었다. 때문에 중국과 우리나라에서의 유교란, 현대의 우리가 생각하는 종교라는 의미와 다르게 2천여 년 동안 사용되어 왔다.

03 유학儒學의 의미

어떤 주제에 관하여 확실하게 알고 있는 것이나 특별한 목적으로 쓸 수 있는 능력이나 기능을 우리는 지식 또는 학식이라고 말한다. 이러한 지식이 분석과 종합, 추상(抽象)의 단계를 거쳐 개괄적인 틀을 가졌을 때 우리는 이를 사상(思想)이라고 통칭한다. 우리가 보통 사용하고 있는 유학(儒學)이나 유가의 사상은 미래사회에서도 그 가치를 가질 수 있는가?

 유학儒學의 의미

《한서 예문지漢書 藝文志》에 의하면 "유가儒家는 사도司徒(백성에 대한 교화와 교육을 담당하는 관리)의 관직에서 시작되었는데 통치자를 도와서 음양陰陽의 이치에 따르며 교화를 확실하게 하는 사람들이었다. 이들은 육경六經을 연구하고 인의仁義를 밝히며 요순堯舜의 치적을 설명하고 주나라의 문왕文王과 무왕武王을 본받으며5) 공자를 종사宗師로 받들면서 그 말씀을 중히 여기며 최고의 도道로 삼는다."고 하였다.

이를 보면, 유가는 공자 이후에 인의를 핵심사상으로 하는 사상 체계를 갖추었다고 말할 수 있다. 우리가 일반적으로 유가 또는 유학이

---

5) 공자는 주나라의 훌륭한 문물제도를 후세에 전하는 것을 자신의 소임이며 천명으로 생각했다.

라고 할 때 '유儒'는 2가지의 의미를 갖는다.

우선 '유도지사有道之士'를 뜻하는데, 이는 어떤 의지나 나름대로의 주장을 가진 사람 곧 학식을 가진 사람이니 선비라는 의미이다.

다음으로 유는 본래 '부드럽다(柔;부드러울 유)'는 의미가 있으며 이는 무武와 상대적인 의미가 있다. 그 글자의 모양은 사람(亻)과 필요하다는 의미의 수需가 결합된 글자이다. 이는 '관혼상제에 의식을 진행하는 사람'의 의미를 갖는다.

일반적으로 유자儒者는 학자學者라는 뜻으로 광범위하게 쓰이고 있는데 공자가 그의 제자 자하子夏에게 "너는 군자와 같은 학자가 되어야 하며 소인과 같은 학자가 되어서는 안 된다."6) 라고 말한 것을 보면 유儒에 군자가 있는 것처럼 소인도 있었다는 의미일 것이다.

공자와 유가의 학설은 중국과 우리나라에서 전통 문화의 주체이다. 유가 문화는 중국 전통 문화 가운데서 가장 큰 분량을 차지하고 있으며 또한 전통문화의 여러 층면에 대하여 주도적 지배적 역할을 하였다. 중국의 전통문화 가운데는 다른 성분 곧 도교道敎나 불교문화가 포함되지만 이들은 유가문화처럼 주도적 지위를 차지하지 못했다.

공자 이후에 공자의 가르침이나 그의 사상을 연구하는 유학은 크게 경학經學과 이학理學으로 분류할 수 있다.

경학은 한漢나라에서 수隋와 당唐에 이르기까지 유학의 주류를 형성했었다. 이 시기에는 오경五經을 중심으로 연구하면서 공자의 사상과 경전의 본뜻을 밝히는데 중점을 두었다.

---

6)《논어 옹야》子謂子夏曰, 女爲君子儒 無爲小人儒.

남송南宋 말기, 주희朱熹(朱子)는 사서四書를 중심으로 이학理學을 집대성하였는데 인간의 본성과 우주만물의 이치를 탐색하고 추구하였기에 성리학性理學 또는 간단히 이학이라 하였다.

선비 정신의 계승

우리 선조들의 학문은 곧 유학이었다고 말해도 과언은 아니다. 유학을 하는 사람들을 우리말로 선비라고 하였는데, 여기에는 '물질에 얽매이지 않으면서도 깐깐한 원칙주의자'라는 이미지가 풍긴다. 그러나 우리나라의 선비들은 결코 고루한 고집쟁이들은 아니었다. 우리 선조들의 정신세계는 다음과 같은 3가지 특징을 갖고 있었다.

우선 선비들은 청빈淸貧하게 생활하였다. 청빈은 가난을 탓하지 않고 최소한의 생활에 자족하면서 높은 정신세계를 추구하였다.

다음으로는 선비는 의리義理를 높이 숭상하였다. 선비들은 국난에 의병을 일으켜 외적에 항거하였으니, 이는 어려운 상황이라고 변하지 않으며 불의에 굽히지 않는 대의명분大義名分이었다.

셋째, 우리 선비들은 높은 세계를 지향하면서도 풍류風流를 즐길 수 있는 낭만적인 기질이 있었다. 유학을 하는 선비들이 틈틈이 시문詩文을 창작했던 것은 자연과 삶을 함께 관조하는 풍류정신이라 할 수 있다.

유학의 미래적 가치

유학이 과거의 중국과 우리나라에서 정치와 교화敎化의 기본이념으로 지배적 지위를 누리며 그 가치를 인정받았다지만 '21세기 이후에도 그 효용 가치가 있을 수 있겠는가?' 라는 점에 대해서는 누구나 한 번쯤은 생각해 보아야 한다.

이에 대하여 중국과 우리나라, 일본, 싱가포르 등 유교문화가 존재하는 지역의 경제 발전과 함께 미래사회에서도 유학의 영향력이나 가치는 도덕이나 합리적 이성방면에서 여전히 유효할 것이라는 아래와 같은 주장이 있다.

첫째, 유학은 인의仁義를 높이 제창하고 그 가치를 중시하는데 이는 21세기에도 여전히 큰 영향을 끼칠 것이다. 유학은 인간을 이성적이면서도 철리적인 존재로 인식하는 인간관에서 나온 것이다. 곧 인간이 인의예지신仁義禮智信의 도덕성을 갖고 있으며 이를 중시하는 데에서 인간 사이의 관계 곧 사회가 긍정적으로 형성되며 공생적으로 발전할 수 있다고 보고 있다.

둘째, 유학은 의리義理와 이욕利欲의 관계에서 의리를 숭상하지만 그렇다 하여 공명功名과 이욕을 배척하는 것은 아니다. 다만 의와 이利가 조화할 수 없을 경우 의를 취하고 이욕을 버리라는 취의기리取義棄利의 관념은 21세기의 경제활동이나 공리주의적 분세이론에서 여전히 중요한 가치를 가질 것이다. 유가의 도덕적 경제관념에서는 정당한 이익과 공생적 배분개념이 들어있다고 보아야 하며, 이는 유교의 윤리의식이 생산과 교환 분배에 영향을 미친다고 볼 수 있다.

셋째, 유학은 미래세계의 문화교류에서 여전히 중요한 역할을 다할 것으로 예측할 수 있다. 21세기에는 국제적, 정치, 경제, 문화의 연계라는 틀에서 세계경제의 발전이 이루어질 것이며 동서양 문화의 융합은 과거 그 어느 때보다 활발해질 것이다. 다양한 문화의 융합은 유학이 장구한 역사를 통해 여러 주장이나 학설을 수용하면서 발전한 것과 일맥상통한다. 즉 유학의 학문적 바탕을 계승하며 새로운 창조와 변형을 수용하는 발전과정은 동서양 문화의 융합과 발전의 모델이 될수 있을 것이다.

유학은 결코 낡고 고루한 사상이 아니다. 유학은 현대를 살아가는 우리들에게 항상 어디서나 정의의 편에 서서 욕심 없이 깨끗하고 어진 마음으로 사랑을 베풀면서 다른 사람들과 어울려 살아가는 것이 참된 삶이라는 교훈을 주고 있다.

04 《논어》는 논리적인 책인가?

《논어(論語)》는 공자의 생활 모습과 생각 그리고 그의 사상을 알 수 있는 최상급 자료이며, 유가 최고의 경전이다. 오늘날에도 수많은 사람들이 《논어》를 읽고 공자의 생각이나 인간의 본질, 사회생활의 실제를 생각하고 있으며 적어도 《논어》를 읽지 않고서는 교양인이라 자처할 수 없다. 그렇다면 《논어》는 논리적 체계를 갖고 있어 설득력이 있는 고전인가? 아니면 다른 이유에서 읽어야 하는 책인가?

 ## 《논어》의 대략

유학을 모르고 동양문화를 논할 수 없으며 《논어》를 제외하고서 유학을 공부하겠다고 말할 수 없다. 《논어》가 하나의 이념이나 사상으로서 유학의 기본적인 경전이라고 한다면 《논어》가 읽혀지고 연구된 시간의 길이만큼 유학은 중국과 우리나라에서 인기가 있는 사상이었다고 말할 수도 있다.

《논어》는 공자의 직접 저술이 아니며 완벽하게 신뢰할 수 있는 자료도 아니지만 공자의 사상이나 모습 등 공자에 관한 정보를 가장 많이 알려주는 책이다. 《논어》가 비록 2, 3대 제자들에 의해 편찬되었다지만 그래도 공자의 가르침을 직접 받은 제자들이 전한 내용을 많이 수록하고 있다는 점에서 공자의 진면목을 보여주는 최고의 사료라고 평가되고 있다.

공자는 교육자로서 대화를 통해 제자들을 교육했다. 대화는 본인의 마음속 생각과 태도를 표현하는 방법이며 생각을 키우는데 유용했다. 공자는 자신과의 대화를 제자들이 기억하리라고는 생각했겠지만 그것이 글로 기록되어 후세에 전해질 줄은 생각하지 못했을 것이다. 《논어》에는 공자의 꾸밈없는 대화가 수록되어 있지만 우상화나 신격화되는 내용은 하나도 들어있지 않다. 이는 《논어》가 그만큼 실제적이라는 뜻이다.

《논어》는 20편에 492장 총 12,700여 자로 구성되어 있는데,[7] 그 20편이 어떤 체계에 의하여 분류된 것도 아니며 그 순서에 특별한 의미가 있는 것도 아니다. 또한 20편 각각에 서로 다른 주제가 있는 것도 아니다. 물론 각 편의 길이나 분량 또한 통일된 것이라고는 하나도 없다.

20편의 이름은 처음 구절에서 시작하는 말 2~3자로 제목을 삼았는데 그런 단어가 그 편의 내용을 대표하거나 요약한 단어는 아니다. 다시 말해, 20편의 어느 장에 인仁이나 예禮를 주제로 특별히 많이 다룬어느 한 장이 따로 있지도 않으며, 그 제자들과의 대화나 공자의 말씀만을 따로 모은 편도 없거니와 또 그런 대화가 언제 어디서 있었다는 기록도 없다.

따라서 '두서가 없다'는 표현이 가장 적합하지만, 두서나 체계가 없다 하여 공자의 신념이나 철학이 비논리적이거나 단순한 공자 언행의 나열만은 결코 아니다. 동시에 공자의 사상이 난해하다든지 복잡한 것도 절대로 아니다.

옛날 우리 조상들은 열서너 살이면 《논어》를 읽고 책 전체를 그대

---

7) 20편 구성은 동일하지만, 판본에 따라 492장, 501장, 502장으로 서로 다르다.

로 다 외웠다. 물론 그 참뜻에 대한 깊이 있는 성찰이 이루어졌는가는 별개의 문제이지만 이는 문장 자체가 난해하지 않다는 뜻이다. 그리고 그 학습방법은 따라서 그야말로 '독서백편의자현 讀書百遍意自見' 의 경지가 가장 바람직하다고 생각하였다. 그러나 지금 《논어》를 공부해야 하는 사람이라면 공자의 일생이나 사상의 요점을 알고서 읽으면 그 진수를 보다 쉽게 터득할 수 있을 것이다.

《논어》의 내용

한漢 나라가 성립(기원전 202년) 되기 이전에는 《논어》라는 이름이 나타나지 않았다고 한다. 그러나 《논어》가 비록 단행본으로 세상에 알려지지는 않았지만 책의 내용이 전승되어 온 것은 확실하였다.[8]

사마천司馬遷은 《사기 중니제자열전》에서 '나는 제자들의 이름과 한 말을 모두 《논어》의 공자와 제자들의 문답을 중심으로 엮었다.' 하여 《논어》라는 책 이름을 처음 거명하였다.[9]

《논어》에는 공자 사상의 모든 것이 다 들어있다. 공자 사상의 핵심이 인仁이기에 《논어》는 인을 서술한 책이라 해도 과언이 아니다.

---

8) 《한서 예문지(漢書 藝文志)》; 《논어》는 공자가 제자나 당시 사람들과 이야기한 것과 부자(夫子 ; 스승)로 부터 들은 이야기를 여러 제자들이 기록하였는데 공자가 죽은 뒤에 문인들이 서로 모아서 논찬하였기에 《논어》라 하였다. 한(漢)이 건국되었을 때에 제나라에 전해져 오는 제론(齊論), 노나라에 전해져 오는 노론(魯論) 등이 있었다.(論語者 孔子應答弟子時人及弟子相與言 而接聞於夫子之語也.~故謂之論語. 漢興有齊魯之說)

9) 《사기 중니제자열전》~余以弟子名姓文字 悉取論語弟子問 並次爲篇 疑者闕焉.

인이란 무엇이며, 인을 어떻게 체득하고, 어떻게 실천하는가에 대하여 공자는 제자에게 각각 다른 내용으로 설명해 주는데 이는 묻고 배우는 제자들의 수준이나 개성이 다르기 때문이었다.

공자는 시 삼백 편의 기본 정신을 제자에게 '마음에 나쁜 생각이 없는 것(思無邪)'이라고 설명해 주었다. 그렇다면 예禮의 기본은 한마디로 '공경 아닌 것이 없음'이라는 뜻으로 '무불경無不敬'이라 표현할 수 있으며 《논어》 20편의 기본 뜻은 '인이 아닌 것이 없음' 곧 무불인無不仁'이라 말할 수 있다.[10] 공자는 인仁을 체득하기 위해 스스로 학문을 했고, 인을 제자들에게 가르치려 했으며, 인을 기준으로 세상의 모든 것을 보았다. 때문에 《논어》는 '인의 교과서'라고 말할 수 있다.

일반적인 관점에서 본다면 《논어》는 공리공론空理空論의 변설辨說이 아닌 실천의 학문이고 실천을 위한 교과서이고 가르침이다. 《논어》는 우리가 생활하면서 지혜로 받아들일 수 있는 명구名句나 감동적 경구警句가 많으며 감동과 함께 인생을 새롭게 인식할 수 있게 해주며 우리 생각의 품위를 높여주는 책이라 할 수 있다. 다만 지나치게 설교적이며 교훈적인 글귀도 많아 논리적이기보다는 감성적인 글이라는 생각이 먼저 드는 것도 사실이다.

우선 《논어》는 읽기에 어려운 책이 아니다. 한자를 사용하는 중국, 우리나라, 일본에서 《논어》에 사용된 한자 자체가 어려운 글자가 아니며 그 문장이 난해하지도 않다.

《논어》에는 논리적 설명을 위한 긴 문장이 없이 짤막한 대화체 문

---

10) 《육경과 공자인학》 남상호 지음. 예문서원. p. 227

장이 주를 이루고 있다. 이는 당시에 공자와 그 제자들 사이에 대화를 통한 교육이 이루어졌다는 뜻이다. 대화에 의한 교육이라면 문자에 의한 교육만큼 논리적일 수 없을 것이라는 생각을 할 수 있다.

🏛 수사학적 명문장

《논어》가 많은 사람이 읽고 배웠던 불후의 고전이며 하나의 철학서로서 그토록 길고 긴 생명력을 가진 원인이 무엇인가를 생각해 보아야 한다. 또 《논어》 속에 들어있는 공자의 사상은 오늘날에도 객관적으로 보아 가치가 있느냐는 문제가 제기될 수 있다.

《논어》에 수록된 공자의 언행이나 제자들과의 대화 내용 또는 제자들이 들었던 공자의 말씀 곧 《논어》의 수많은 명제들은 하나하나 개별적으로 볼 때 특별히 논리적인 체계를 갖추고 있지는 않다고 볼 수 있다. 이러한 명제들은 철학적, 논리적 체계 속에 빛나는 보석이 아니라 들판에 흩어져 피어있는 야생화와 같다고 생각할 수 있다. 《논어》가 하나의 텍스트(text)[11] 로서 체계를 갖추고 논리적으로 뒷받침이 되지 않으면 들에 핀 야생화나 흩어진 보석들을 '사상'이라고 부를 수도 없을 것이다.

그리고 《논어》의 주장이 설득력을 가지려면 그것은 어떤 논증에 의하여 뒷받침이 되어야 한다. 그러나 우리가 《논어》를 읽어보면 한편

---

11) 텍스트는 특정한 의도를 가지고 소통할 목적으로 생산한 모든 인공물을 의미한다. 철학에서는 '무엇인가에 관련하여 신념을 전달하는 기호나 낱말, 문장의 덩어리'라고 한다.

의 체계나 개별적 주장이 논증이 없이 제시되거나 나열되어 있을 뿐이다.

특히 수사학적修辭學的으로 뛰어난 명문장들은 그 자체가 논리적인 것으로 인식되기도 하지만 엄밀히 말해 논리적인 글은 아니다. 예를 들어 '남이 나를 몰라주는 것을 근심하지 말고 내가 남을 모르는 것을 걱정해야 한다.'[12]라는 문장은 정확하게 대구對句의 형식을 취하면서도 그 뜻은 명확하다. 이처럼 《논어》는 수사학적 가치에 의해 암송에 편하고 기억에 오래 남아 고전으로서의 명성을 오래 유지했다고도 볼 수 있다. 다만 한문으로 다듬어진 《논어》의 수사학적 명문장을 우리가 한글로 번역하여 읽으면 명문장이라는 느낌이 오지 않는다. 이는 한문과 한글의 차이이니까 어쩔 수 없는 것이다.

 ## 《논어》는 논리적인 글

논리論理(logic)의 사전적 의미는 '생각이나 추론이 지녀야 하는 원리나 법칙'이며 '사물의 이치나 법칙성에 바탕을 둔 사고방식'이다. 넓은 의미로 논리는 사유思惟(생각)의 보편적 형식이나 규범 또는 규칙이며 근거라고 생각해도 된다.

《논어》가 논리적인 책인가에 대해서는 《논어》의 어떤 명제 또는 여러 명제 상호간에 어떤 논리적 구성이 있는가를 살피면서 그런 명제의

---

12) 《논어 학이》 子曰, 不患人之不己知, 患不知人也.

뜻을 다각도로 해석하거나 분석하고 재구성하는 종합적인 작업을 통해 밝힐 수 있다고 생각한다.

그동안 우리 조상들이 읽었던 《논어》에 대한 연구는 분석적 또는 비판적이기보다는 정확한 의미를 파악하는데 많은 노력을 했다. 곧 주석註釋에 치중하여 사전적 해설을 읽고 외우는 공부이며 연구였다고 말할 수 있다. 그러나 실제로 《논어》는 한 가지 해석이 아닌 매우 다양한 해석이 가능한 책이다.

《논어》 20편 500여 장의 텍스트는 언뜻 보기에 그 구성 자체가 산만하며, 단편적 생각이나 서술들의 무질서한 집합처럼 보이는 것이 사실이다. 그러나 20편에 흩어져 있는 단편적인 명제들을 헤쳐 모여 하는 식으로 재구성을 하면 매우 일관적인 논리를 발견할 수 있다. 본서에서도 이런 각도에서 《논어》의 여러 주제나 이슈를 설명하려고 한다.

그리고 공자의 일관된 사상이 갖고 있는 인간관이나 가치관, 윤리관은 그 고유한 특성과 함께 매우 참신하여 오늘날 21세기에도 통할 수 있는 가치를 가지고 있다. 서양 철학이나 논리학을 전공한 학자들의 연구에서도 이러한 사실이 공통적으로 언급되는 것을 보면 다른 어느 철학서보다도 심오한 사상과 논리가 내포되어 있다고 할 수 있다.[13]

---

13) 《논어의 논리》 박이문(朴異汶) 저, 문학과 지성사. 2007. 참고

《논어》의 효용성

조보趙普(922~992)는 송나라 태조 조광윤趙匡胤을 도와 북송 건국에 큰 공을 세운 개국공신이다. 그는 3차에 걸쳐 재상을 역임하면서 북송의 문치주의 정책의 확립에 기여하였다. 조보는 국사를 담당하며 난제에 봉착할 때마다 집에서 폐문하고 《논어》만을 읽었다고 한다.

뒷날 임종 무렵에 북송 태종에게 "신에게 《논어》 한 권이 있습니다만 (논어에서 배운 가르침의) 절반은 태조를 도와 천하를 차지하는데, 또 절반은 태조를 도와 천하를 다스리는데 도움이 되었습니다(一半可用來助君打天下, 一半可用來助君治天下)."라고 말하였다. 그런데 뒷날 이 말이 "조보는 《논어》 반 권으로 세상을 다스렸다(半部論語治天下)"로 와전되었다고 한다.

결론적으로 《논어》는 지난 과거에 대한 호기심으로 읽어야 하는 책이 아니라 현대의 삶과 상황을 새롭게 인식하면서 미래지향적인 방향설정을 위한 지침서가 되고 있다. 또 이 《논어》는 2,500년 가까운 세월동안 변치 않고 많은 사람들이 자신을 돌아볼 수 있도록 거울 역할을 다했으며 현대인에게도 빛을 주는 위대한 사상이 담겨 있으며 일관된 철학과 논리가 책 전체에 실려 있는 논리적인 책이라고 할 수 있다.

05 공자는 일생동안 어떤 일을 하였는가?

중국과 우리나라에서 유가의 경전을 공부하는 목적은 과거 시험에 합격하고 관직에 나가는 것이었으니 사대부들은 벼슬을 얻기 위해 공자의 가르침을 열심히 공부하였다.
　그렇다면 공자는 그 생애에 어떠한 학문적 성취가 있었고 어떤 벼슬을 했는가? 공자의 벼슬길은 성공적이었는가? 성공적이지 못했다면 그 원인은 무엇인가?

 공자의 출생과 신분

　공자가 죽고(기원전 479년), 약 340여 년 뒤에 출생한 사마천司馬遷(기원전 135?~86?)이 저술한 《사기 공자세가史記 孔子世家》는 공자에 관한 가장 상세한 기록으로 인정받고 있다. 사마천이 공자를 개인의 전기라할 수 있는 열전列傳에 넣지 않고 제후의 반열인 세가世家에 넣은 것은 매우 특별한 배려이었기에 이에 관하여도 많은 논쟁이 계속되고 있다. 물론 사마천의 기록도 완전한 기록은 아니지만[14] 공자의 일생을 전하는 《공자가어孔子家語》보다는 신이神異한 내용이 없어 사실에 가까운

---

[14] 청나라의 고증학자 최술(崔述)은 《수사고신록(洙泗考信錄)》이란 저서에서 사마천의 〈공자세가〉 기록은 7~8할이 중상모략이라고 비판하였다. 공자의 일생에 관한 많은 저술이 있지만 필자는 논문 〈공자세가의 연대기적 내용에 대한 연구〉(1998)에서 〈공자세가〉에 수록된 연대기적 내용의 오류를 분석하였다.

기록으로 인정받고 있다.[15]

공자의[16] 본명은 공구孔丘(자字는 중니仲尼)로 당시 노魯나라의 추읍
陬邑(지금 산동성 곡부시)에서 몰락한 하급 무사의 아들로 태어났다.[17] 출
생연도에 여러 설이 있지만 지금은 일반적으로 기원전 551년 출생으로
통용되며, 기원전 479년에 73세를 일기로 작고하였다.

공자는 3살에 부친을 여의고 젊은 미망인 어머니의 손에 양육되었
으니 그 가정의 경제적 상황이 어떠했겠는가는 쉽게 짐작할 수 있다.

당시 공자는 신분상 일반 평민이 아닌 관직에 나갈 수 있는 길이
열린 사士에 속했지만 경제적으로 힘든 궁사窮士 계층이었다.

사는 문화적 소양과 지식을 지닌 계층으로 중하급 관리노릇을 할
수 있었으며 경제적으로는 토지를 사유私有할 수 있어 국가적으로도
중요한 계층이었다. 사 계층의 위로는 귀족이라 할 수 있는 대부大夫들
이 있고 아래로는 생산 활동에 종사하는 평민平民(小人)이 있었다. 이들

---

15) 《공자가어》는 孔子의 思想과 일생에 관한 기록으로 한(漢) 이전부터 한 대에 걸쳐 만들
어진 책이나 지금 통용되는 것은 왕숙(王肅 후한 말~위나라)이 정리한 것이다. 그러나
고힐강(顧頡剛)은 《공자연구강의》라는 책에서 《공자가어》는 왕숙의 위작(僞作)으로 '믿
을만한 내용이 아무것도 없는 책' 이라 하였다.

16) 《논어》에는 제자들이 보통 스승 공자를 '자(子)' 라고 통칭했다. 이때 자는 성인 남자에
대한 통칭이었지만 점차 스승이나 유덕한 사람을 지칭했다. 부자(夫子)는 대부(大夫)에
대한 경칭인데 나중에는 스승에 대한 경칭으로 쓰였다. 또 《논어》에는 '공자왈(孔子曰)'
로 지칭한 장도 있다. 이는 《논어》가 어떤 원칙하에 일관되게 편찬되지 않았기 때문이
다. 孔子를 영어로 Confucius라고 번역하는데, 이는 공부자(孔夫子 ; 夫子는 스승이란 의
미)의 음역이다. 유가사상은 Confucianism이라 한다.

17) 노나라의 도성 곡부에서 20여km 지점에 추읍이 있다. 공자의 어머니는 니구산(尼丘山)
에서 기도를 하여 공자를 낳았으며 이 근처에 수수(洙水)와 사수(泗水)가 있다. 그래서
니구(尼丘)와 수사(洙泗)는 공자의 대칭(代稱)으로도 쓰인다.

■ 직사위리(職司委吏) 위리(委吏)로 근무하는 공자

은 스스로의 노력과 운으로 신분 상승을 할 수도 있지만 잘못하면 평민으로 떨어질 수도 있었기에 이들은 태생적으로 현실 개혁의지를 갖고 있었다고 볼 수 있다.

공자 역시 처음에는 창고지기와 목장 관리인 같은 낮은 직위에 있었다. 공자 자신도 이런 낮은 지위에 근무했었다는 사실을 숨기지 않았다.[18] 공자가 창고지기를 할 때는 회계가 정확했고, 목장 관리인을 할 때는 소나 양들이 잘 번식했다는 기록이 있다.[19]

그러나 농사를 지어도 굶주릴 수 있고, 학문을 하면 녹봉을 얻을

18) 《논어 자한》 大宰問於子貢曰, ~子聞之曰, ~吾少也賤 故多能鄙事.~ / 牢曰, 子云, 吾不試 故藝.

19) 《맹자 만장 하》 孔子嘗爲委吏矣 曰會計當而已矣. 嘗爲乘田矣 曰牛羊 茁壯長而已矣.

수도 있었기에[20] 공자나 그 제자들은 스스로 노력하며 관직을 구하려 애를 썼다. 이들 사 계층은 관직을 유지하고 잘 살아가려면 반드시 공경公卿이나 대부들에게 매달릴 수밖에 없었다.

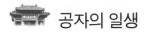 ## 공자의 일생

공자는 15세에 배움에 뜻을 두었다고 했다.[21]

공자는 일정한 스승에게 배우기보다는 문자 습득 후 독학에 의한 학습을 했을 것이고 창고지기 같은 하급 관리로서의 실무도 익혔을 것이다.

공자는 자신이 이런 미천한 직업을 가졌다는 자체를 숨기려 하지 않았다. 젊은 날의 이런 경험은 하층민들에 대한 접촉과 함께 그에 대한 이해의 바탕을 넓힐 수 있었을 것이다.

공자는 모친이 죽은 뒤 복상服喪 했을 것이고, 그 이후에도 관직에 있었는가는 상세히 알 수 없다. 다만 30세에 자립(三十而立) 했다는 것은 인생과 학문, 처세에서 자신의 주관이 확립되었다는 것을 의미한다. 동시에 자신이 육예六藝에 관한 학문을 계속 연마하면서 찾아오는 제자들에게 예와 학문에 관한 지식을 전수했을 것으로 생각할 수 있다.

공자는 51세에 노魯 나라 중도中都 라는 곳의 지방관으로 관직생활

20) 《논어 위령공》 子曰, ~耕也 餒在其中矣, 學也 祿在其中矣. 君子憂道不憂貧.
21) 《논어 위정》 子曰, 吾十有五而志於學 三十而立 四十而不惑 五十而知天命 六十而耳順 七十而從心所欲 不踰矩.

을 시작하여 54세에 노나라의 법무장관격인 대사구大司寇가 되었으나 곧 관직에서 물러났다.

이어 기원전 497년 공자 55세에 공자는 노나라를 떠나 각국을 여행한다. 공자가 노나라를 떠난 이유를 명확하게 설명한 사료는 없으며 오랜 기간의 외유에 관하여 《논어》에도 극히 간단한 서술이 있을 뿐이다. 하여튼 공자는 당시 노나라의 실권자 계환자季桓子와 갈등이 있었다고 추정할 수 있다.

공자는 68세 되는 해까지 14년간 자신의 도를 실현할 수 있는 나라를 찾아 다녔다. 공자는 당시 노나라 주변의 약소국인 위衛, 송宋, 진陳, 채蔡 등에 주로 머물렀고 진晉, 초楚, 제齊 같은 큰 나라에는 가지도 않았다.

이러한 외유를 공자가 천하를 주유周遊했다고 표현하지만 사실은 많은 역경과 난관만을 겪었을 뿐 끝내 뜻을 이루지 못했다. 공자가 각국을 돌아다니는 동안 정鄭나라 성문에서는 일행과 떨어져 '상갓집의 개(상가지구喪家之狗)'처럼[22] 처량한 상황에 처하기도 했으며, 광匡이란 곳에서는 마을 사람들의 공격을 받아 목숨이 위태로웠던 때도 있었다. 뿐만 아니라 진陳나라와 채蔡 사이에서는 식량이 떨어져 7일 동안 굶기도 했었다.

공자가 모국 노를 떠나 천하를 주유한 것은 자신의 과거나 특정 대상으로부터 달아나기 위한 것이 아니었고 자신의 정치 철학에 대한 변

---

22) 《사기 공자세가》에 나오는 표현이다. 상갓집의 개는 주인이 경황이 없어 먹을 것을 챙겨줄 수 없다. 떠돌아다니는 공자의 생활을 이렇게 표현한 것은 공자 같은 성인(聖人)일지라도 일상생활은 결코 쉽지 않았다는 점을 후세에 전해주기 위한 사마천의 의도였다고 생각한다.

화를 시도한 것도 아니었다. 이는 공자가 자신의 이상을 실현해야 한다는 천하 만민들을 위한 인정을 베풀어야 한다는 신념을 관철하기 위한 공자의 열정熱情(passion) 때문이었다고 볼 수 있다.

68세에 노나라로 돌아온 공자는 저술과 강학에 종사하다가 기원전 479년에 73세로 죽었는데 이는 당시로서는 아주 장수한 편이었다.[23] 공자는 사후에 후세인들의 존숭을 받으며 소왕素王으로도 불리었다. 소왕은 실제로 통치자의 자리에 오르지는 못했지만 통치자의 덕을 갖추고 왕자王者로서의 일을 행한 사람을 일컫는 말이다.

이처럼 공자의 생애에는 별로 극적인 요소가 없었으며, 당시의 세속적 기준으로 본다면 성공한 삶은 아니었다. 공자의 포부가 실현된 것도 없었으며 그의 제자들이 각국에서 크게 등용된 경우도 거의 없었다.

이는 당시 여러 제후국의 정세가 공자의 인의에 의한 정치를 시도할 만큼 안정적이지 못했으며, 공자의 주장이 현실적으로는 수용이 어려운 이상적 주장이었다고 볼 수도 있다.

다만 그의 제자들에 의하여 공자의 사상은 단절되지 않고 계속 확산되었는데 전한前漢의 무제武帝(재위 기원전 141~87)가 동중서董仲舒의 건의를 받아들여 유학을 정교政敎의 이념으로 채택하면서 크게 융성하기 시작했다. 그렇지만 이로 인해 유교는 전제정치의 정당화에 악용되기 시작했고, 공자에 대한 여러 가지 전설이 보태지거나 윤색되었다.

---

23) 중국에 '인생은 73이나 84(人生七十三八十四)'라는 속담이 있다. 공자는 73세, 맹자는 84세를 살았다.

공자의 저술

공자가 호학하였다는 점에 대해서 이의를 제기하는 학자는 없지만 공자가 어떤 책을 저술했거나 편찬했다는 문제에 대해서는 여러 학설이나 주장이 많다.

공자가 자신은 "전술傳述을 하지만 새로 짓지는 않으며 옛 문물을 신뢰하며 좋아한다."라고 말했다.[24] 공자의 이 말은 성인의 뜻을 이해하기 쉽게 설명을 할 뿐 새로운 내용을 저작하지 않는다는 뜻으로 해석할 수 있다.

이는 공자가 어떤 상황에서 구체적으로 무엇을 언급했는가를 알 수 없기 때문에 공자가 책을 저술하지 않았다는 증거로 삼기에는 좀 부족하다. 후세 사람들은 '술이부작' 이라는 뜻을 공자가 자신의 학문적 업적을 겸허하게 표현한 것으로 받아들이고 있다. 그렇지만 공자가 이전의 학문을 집대성한 것은 새로운 사상의 저술만큼이나 가치가 있는 활동이며 이러한 활동으로 인仁과 덕치에 대한 학문적 근거를 마련했다고 평가할 수 있다.

《사기 공자세가》에 의하면 공자는 46세에서 49세까지 관직에 나아가지 않고 찾아오는 많은 제자들을 교육하며 시서예악을 정리하였다.[25]

그리고 14년간 각국을 여행한 뒤 노나라에 돌아와 다시 제자들 교육에 힘썼다. 이미 주周왕실이 쇠약해져서 예악禮樂이 폐廢하고 시서

---

24) 《논어 술이》 子曰, 述而不作 信而好古 竊比於我老彭.

25) 《사기 공자세가》 ~故孔子不仕 退而脩詩書禮樂 弟子彌衆 至自遠方 莫不受業焉.

詩書가 흩어졌기에 공자는 고대의 문헌 전적들을 모아 육경六經(詩, 書, 禮, 樂, 易, 春秋)을 정리 편찬하였다고 했다.26)

공자는 자신이 "위衛에서 귀국한 이후 음악이 바로 서고 시경이 제자리를 잡았다."고27) 말했는데, 이는 공자의 14년간 각국을 여행하고 돌아온 뒤에 악樂과 시詩를 일부 재정리했다는 의미로 받아들일 수 있다.

공자는 전해오는 시 3,000여 편 중에서 중복되는 것을 제외하고 예禮에 합당한 것을 골라 300여 수로 정리 편찬하였고 이 시에 곡을 붙여 노래하였다고 하지만 이 점에 대해서도 논란이 많다. 공자가 제자들에게 시詩經의 대의大義를 언급하고 시의 활용과 시의 중요성을 강조한 것은 사실이다.

특히 공자가 노나라의 연대기인 《춘추春秋》를 편찬하였다는 기록에 대해서는 여러 가지 논란이 많다. 《춘추》는 기원전 722년에서 479년 사이의 정치적 사건이나 전쟁, 공가公家의 결혼, 자연재해나 이변 등을 간단히 기록한 책이다. 《맹자》에는 공자가 《춘추》를 편찬한 뒤 '난신적자亂臣賊子들이 두려워하였다.'고 기록되어 있다.28)

맹자 이후 많은 학자들이 공자의 《춘추》에 큰 의의를 부여하며 '사소한 말이지만 큰 뜻을 가진 기록(미언대의微言大義)'으로 역사적 사건에 대하여 옳고 그름을 평가하는 포폄褒貶의 뜻이 있다는 것을 강조하였다.

---

26) 《사기 공자세가》 孔子之時 周室微而禮樂廢 詩書缺. ~故書傳禮記自孔氏.

27) 《논어 자한》 子曰, 吾自衛反魯,然後樂正 雅頌各得其所.

28) 《맹자 등문공 하》 孔子懼作春秋 春秋 天子之事也 是故 孔子曰 知我者 其惟春秋乎 罪我者 其惟春秋乎. ~孔子成春秋而亂臣賊子懼.

또 《맹자》의 기록에 의하면 공자가 《춘추》를 자신의 명성을 평판할 수 있는 중요한 업적이라 생각하였다고 하였지만 《논어》에 공자가 이를 저술했다는 일언반구의 기록이 없다는 것이 결정적인 약점이라 할 수 있다.

그리고 많은 사람들이 공자를 예禮의 창시자로 생각하며 공자가 예를 중시하여 '《예기禮記》를 편찬하였다'고 하지만[29] 《논어》에는 이를 입증할만한 기록이 없는 것도 사실이다.

역易은 점복占卜에 관한 책이다. 이 책은 본문에 해당하는 64괘卦를 설명한 부분과 그 본문을 해설하는 〈십익十翼〉 같은 여러 편의 부록이 있는데, 그 부록의 주요한 내용을 모두 공자가 저술했다는 주장이 있다. 이를 증명하기 위한 근거로 "내가 몇 년을 더 살 수 있다면 50세에 역을 배워 큰 허물없이 살 수 있을 것이다"라는 공자의 말을 근거로 제시하고 있다.[30]

그렇지만 많은 학자들의 연구에 의하면 공자가 역을 이용하여 점을 치지도 않았으며 《역경》의 여러 부록은 후세 사람들이 공자에게 가탁假託한 것이라는 주장이 설득력을 얻고 있다.

이상의 여러 가지를 종합한다면 공자는 어떤 책도 저술하거나 편찬하였다고 볼 수 없다. 다만 후세에 유가의 학통이 면면히 이어졌고 맹자 같은 사람이 공자의 도를 강조하고 넓히다 보니 공자에 관한 여러 가지 신화와 함께 다재다능한 학자로 미화되고 학문의 여러 부분에 대하여 공자의 업적으로 가탁되었다고 볼 수 있다.

---

29) 《사기 공자세가》 孔子之時 ~ 故書傳禮記自孔氏.

30) 《논어 술이》 子曰, 加我數年 五十以學易 可以無大過矣.

06 공자에 대한 후세의 평가는?

공자가 중국이나 동 아시아 문화 전반에 걸친 영향력은 누구나 잘 알고 있다. 지금도 우리의 생활에 적지 않은 영향을 끼치고 있지만 공자의 참모습에 대해서는 거의 아는 것이 없다. 중국에서도 한때 공자는 낡고 보수적인 인물이라면서 공자 사상으로부터 벗어나야 한다는 주장도 있었다. 그러면서도 그의 사상은 21세기에도 여전히 유용하며 계승 발전시켜야 한다는 주장도 있다. 공자라는 한 인물에 대한 평가가 이처럼 다른 이유는 무엇인가?

 ## 타파에서 계승발전으로

중국 근대화의 시발점이라 할 수 있는 5·4운동五四運動 [31]이 일어났을 때, 공자의 유가사상은 중국 근대화의 가장 큰 걸림돌로 인식되었다. 이후 낡은 봉건사상의 타파를 위하여 '공자사상의 타도(孔家店打倒)'의 기치 아래 유교를 전제주의의 지배논리로, 공자를 전제주의의 사부師父로 몰아 중국의 유가 전통을 크게 부정하였다.

또 1966년에서 76년까지 계속된 중국의 문화대혁명文化大革命 중 홍위병紅衛兵 [32]들은 옛날의 낡은 사상, 제도, 풍속, 습관을 타파하자는

---

31) 1차 세계대전 후, 1919년 5월 4일 북경에서 청년학생 위주로 시작되어 광범위하고 다양하게 확산된 애국과 신문화운동. 중국에 민주, 과학, 인권, 자유를 내세우며 사상, 정치, 문화의 각 방면에 걸쳐 큰 영향을 끼쳤다.

32) 홍위병:중국문화대혁명 시기의 어린 학생들로 구성된 강한 열정과 폭력 경향을 띤 조직. 중국의 군인은 아니었으나 모택동 사상의 실천과 낡은 전통을 타파해야 한다면서 전국에 걸쳐 엄청난 혼란과 파괴를 초래했다.

구호 아래 공자를 비롯하여 역사상 유학과 관련이 있는 동중서董仲舒 등 수많은 학자들을 비판하고 서적이나 유적을 파괴했던 사건도 있었다.

문화대혁명의 후반에 '임표林彪와 공자를 비판'한다는 비림비공批林批孔 운동이 일어나면서 많은 공자묘孔子廟가 파괴되고 심지어는 곡부에 있는 공자의 무덤까지 파헤쳐졌었다고 하니 그 폐해가 얼마나 컸었는가는 쉽게 짐작할 수 있다.

홍위병의 난동이라는 홍역을 치루면서 문화대혁명이 종결되고 중국 경제의 발전과 함께 개혁개방 정책이 추진되면서 유가사상은 종래의 마르크시즘을 대신할 수 있는 중국의 새로운 통치사상으로 각광받게 된다.

실제로 아무리 공자를 비판하더라도 유가 사상의 영향이나 역사적 전통을 통째로 부정할 수도 없는데다가 유가나 공자사상이 갖고 있는 본연의 장점을 무시할 수도 없었다. 이에 21세기에 들어와서는 공자사상의 계승과 발전 주장이 크게 확산되고 있는 현실이다.

위대한 성인 공자

춘추전국시대에 제자백가諸子百家의 출현은 그야말로 '봄철에 온갖 꽃이 모두 피어나는 백화제방百花齊放' 그대로였다. 제자백가 중에서도 가장 확실한 학파로 자리를 잡고 후세에 절대적인 영향을 끼친 것은 공자로 대표되는 유가儒家였다.

공자 사상의 핵심은 인仁을 바탕으로 하는 인본주의人本主義였으며 예악을 중시하는 덕치德治와 문치文治를 강조하였다. 공자는 현실을 고려하고 합리적인 실천을 강조하였으며 군자에 의한 위민爲民 정치를 주창하였으나 그의 이상이 정치적으로 실현되지는 못했다.

역사적으로 볼 때 인류가 이루고자 하는 이상은 어느 시대든 비슷하고 그런 주장을 펴는 사람은 어느 시대건 존재했었다. 지금 인류는 물질문명의 풍요 속에서 과학과 통신들 온갖 문명이 최고로 발달하였지만 인류의 평화는 실현되지 못하고 있다.

2,500년 전에 공자의 이상理想이 당대에 실현되지 않았다 하여 또 지금까지도 실현되지 않았다 하여 공자의 사상이나 이념에 오류가 있었거나 주의주장이 철저하지 못한 것은 아니었다. 이상은 이상이지만 현실은 언제나 많은 제약이 뒤따른다. 머리로 생각하고 가슴으로 열망하는 이상이 실현되지 않는다 하여 미래에 대한 희망을 포기하는 것은 바람직하지 않다.

공자는 자신의 주장이 채용되지 않고 이상의 실현이 어렵다는 것을 알았지만 절망하지는 않았다. 공자는 자신의 뜻을 제자들에게 전수했고 여러 제자들의 노력과 염원으로 언젠가, 어디선가는 완전한 실현은 아니더라도 이상에 가깝게 다가갈 수 있다고 믿었다. 공자는 그러한 희망으로 자신의 학문을 닦고 제자들을 교육했다.

공자는 평범하면서도 현실적인 생활인으로서 합리적인 실천을 크게 강조하였다. 공자는 공리공론이나 심오한 추상抽象을 논하는 현학자衒學者가 아니었다.

공자는 쉬운 말로 누구에게나 어디서든 제자들을 깨우치고 가르쳤다. 따라서 그의 가르침은 폭이 넓고 누구에게나 적용되며 시공時空을 초월하는 진리였다. 공자의 교육은 바로 생활에 적용되었고 실용적이면서도 이상을 추구하며 바른 방향을 제시해 주는 불후의 교훈이었다.

공자의 교육은 평범했지만 아무나 흉내 낼 수 없는 비범非凡이었으며 진정眞情이었다. 공자의 이상은 현실적이었지만 이상론처럼 인식되는 것은 아마도 후세 사람들의 실천적 노력이 부족했기 때문일 것이다.

공자의 영향

공자가 살았던 춘추시대 말기의 상황은 철기문화의 보급에 따른 변혁기였고 혼란기였다. 당시 주周의 봉건제도는 정치 경제적으로 붕괴되고 있었으나 새로운 정치질서를 기대할 수 없는 상황이었다.

공자는 세습군주에 의한 정치 혁신보다는 유능한 인재를 등용해야 하고 그런 사람들에 의한 인정仁政을 주장하였다. 공자는 그 방법으로 교육에 의한 인재의 양성을 생각했고 빈천한 젊은이에게도 재능에 맞춰 최선을 다해 교육했기에 많은 제자들이 모여들었다.

공자는 젊은 날의 학술 연마로 다방면에 해박한 지식을 갖추고 있었기에 제자들에게 인기가 있는 스승이었다. 공자와 제자들의 대화식 문답은 제자들이 관직을 얻는데 큰 도움이 되었을 것이라 추측할 수 있다. 때문에 공자는 정치적인 성공보다는 훌륭한 교육자로 이름이 남았다.

공자의 인성人性이나 도덕관, 예악이나 인의의 정치는 당시로서는 매우 새롭고 낯선 것이었다. 그리고 공자의 현실 개혁의지는 당시의 통치자에게 상당히 위험하면서도 성공을 낙관할 수 없는 주장이었다.

공자의 주장이 당시의 지도층에서는 수용되지 못했지만 그의 제자들에게는 강한 호소력이 있어 큰 영향을 주었다. 곧 공자의 주장은 그 제자들의 열정에 불을 붙였고 추종하는 제자들의 집단이 형성되었다.

공자가 직접 여러 군주나 위정자들에게 설득했어도 통하지 않던 주장-곧 그 시대에 아무도 이해하지 못했던 그의 사상은 그가 죽은 뒤 300년 가까운 세월이 흘러 한漢나라 때부터 빛을 보기 시작한다.

한 무제武帝가 당시의 다른 사상을 배척하고 유학만을 존중한 것을 '독존유술獨尊儒術'이라 하는데, 일단 공자가 시대의 문화영웅으로 자리를 잡으면서 그가 생전에 실제 있었던 사건도 말하는 사람의 의지가 보태지며 윤색이 되기 시작하였다.

그리하여 공자가 살아있던 때 극히 미미했던 영향력이 일정한 시간이 흐른 뒤에 힘을 발휘하기 시작하여 지금에 이르기까지 지속적으로 영향을 미치고 있는 것이다. 그 이유는 공자의 주장이 인간의 가장 보편적인 합리성에 바탕을 두고 있기 때문일 것이다.

공자의 참모습은?

공자의 참모습이나 일생에 관한 기록이 많지 않은 것은 사실이지만, 그 기록들이 본인의 기록은 아니다. 또 공자는 자신의 주장과 사상을 체계 있게 정리한 저서를 남기지 않았다.

공자가 비록 자신의 사상에 대하여 새로운 저술을 남기지는 않았어도 공자 사후에 그의 제자들은 스승과의 대화와 가르침을 모아 《논어》를 편찬한다. 그리고 공자 사후에 공자의 일생에 대한 여러 가지 설화가 보태지면서 공자는 매우 신이神異한 존재로 서술이 된다. 또 이런 과정에서 서로 다른 견해가 계속 누적되다 보니 공자의 진면목은 더욱더 가려지게 된다.

　한 사람의 사상을 이해하려면 개인적인 일생이나 기록 이외에도 살았던 당시의 사회나 문화 전반에 대한 이해와 연구가 병행되어야 한다. 그런데 공자에 대한 전체적인 이해와 연구의 성과가 이루어지기도 전에 공자의 사상이 전한前漢에서 정치와 교화敎化의 근본이념으로 채택되었다. 그리고 그 이후 2천여 년 가까이 중국 황제의 지배체제를 뒷받침하는 이념적 지주 역할을 하였다는 것이 공자의 참모습이나 가치를 연구하는데 오히려 장애가 되었다고 볼 수 있다.

07 공자가 왜 위대한가?

우리는 흔히 '공자님 말씀이다'라고 하면 틀림없이 맞는 말이라는 뜻으로 받아들인다. 공자는 지금부터 대략 2,500년 전 사람이다. 그런데 당시의 사상이 지금도 통하면서 공자를 성인(聖人)이라고 칭하는데 공자가 높은 벼슬을 했기에 위대한 인물인가? 아니면 훌륭한 정치적 치적이나 불후의 저술이 있어 위대하다고 하는가? 공자의 위대한 점은 무엇인가?

 평범한 시작과 최고의 성취

중국인들의 공자에 대한 칭호는 매우 많다.

공자는 신분적으로 평민은 아니었지만 평민과 가장 가까우며 지배구조의 맨 아래인 사士 계층에 속했다. 따라서 공자는 모든 것을 스스로의 능력과 노력으로 해결해야만 하는 신분이었다.

그러나 공자 사후에 송(北宋)나라에서는 공자를 높여 '대성지성문선왕大成至聖文宣王'이라는 공식칭호를 부여하였다. 명나라에서는 공자가 '성인聖人 중의 성인' 지성至聖이며 '교육자로서 모든 스승들보다도 앞선 분(先師)'이라는 의미로 '지성선사至聖先師'로 호칭하였고, 황제도 공자를 제사하는 의식인 석전釋典에 참여하였다. 곧 공자는 만인지상萬人之上인 황제가 올리는 제사를 받는 중국 최고의 영광된 신령神靈이었다.

그러나 공자는 한 나라의 통치자가 아니었으며 그렇다고 명문 귀족도 아니었고 고급 관리로 명성을 누리지도 못했으며 거만의 재산을 축적하지도 못했다. 공자는 위대한 사상가로 저술과 교육 활동을 지속하다가 일생을 마쳤으니 세속적으로는 그저 평범한 사람이었다.

공자는 자신을 가지고 자신의 경륜과 포부를 실현하기 위하여 적극적 정치 참여와 관직을 원했지만 그의 포부는 실현될 수 없었다. 《논어》에는 공자가 역임한 관직에 대한 언급이나 직무 수행에 따른 기록이 하나도 없다.

공자 이전에 모든 학문은 귀족들의 독점물이었고, 관리는 귀족 자제 중 후임자를 뽑아 필요한 지식을 전수하는 교육이 행해졌다. 이런 시대에 공자가 평민을 대상으로 학문을 교육한 것은 곧 중국에서 최초의 사학私學을 개창했다는 것은 참으로 획기적이며 위대한 발전이었다.

공자는 제자들에게 덕을 닦고 인을 체득하고 실천하라는 교육을 실시했다. 공자의 이러한 교육내용은 《논어》에 실린 대화 내용을 통해 알 수 있다. 《논어》에는 공자가 자신의 사상을 제자들에게 강요한다거나 타 학설을 강하게 비판하는 내용도 없다. 그리고 제자들에게는 언제나 가장 쉬운 말로 능력에 맞추어 가르치는 교육을 폈다.

위대한 사상은 가장 보편적이면서도 타당성이 있어 모두가 받아들일 수 있고 실제에 적용되어야 한다. 한 시대나 한 지역 또는 일부 특정한 사람들에게만 적용되는 사상이라면 진정 위대한 사상일 수 없다. 이는 힌두교가 인도인에게 유태교가 유태인들에게만 적용된다는 사실과 비교하면 쉽게 이해할 수 있을 것이다. 공자의 학문과 주장은 그의 제자들뿐만 아니라, 또 춘추시대의 중국뿐만 아니라 21세기 세계 어디서나 다 수용될 수 있고 적용될 수 있기에 위대한 것이다.

🏛 성인聖人 공자

모든 사람들이 공자를 성인이라고 부른다.

성인은 모든 것을 다 알고 신통한 능력을 가진 사람으로 생각하지만 공자는 자신이 성인이라고 생각하지도 않았으며 태어나면서부터 모든 것을 다 아는 사람이 아니라고 분명히 말하면서 자신은 옛 법도를 좋아하면서도 부단히 노력하며 배우는 사람이라고 말했다.[33]

사실 배움을 통해서 무엇인가를 깨우치게 되는데 배우고 깨우치는 정도에 따라 그 단계를 생각할 수 있다. '태어나면서부터 많은 것을 알고 있는 사람(生知)은 가장 위(上)이다. 배워서 아는 사람(學知)이 다음이고, 모르면 사는 것이 힘들기 때문에 배우는 사람들(困學)은 또 그 아래에 속하지만, 몰라서 고생하면서도 배우지 않는 어리석은 사람(下愚)은 보통 사람 중에서도 하류에 속한다.'고 하였다.[34]

여기에서 생지生知, 학지學知, 곤학困學이라는 말이 나왔지만 사실은 안다는 점에서는 마찬가지일 것이다. 이런 학문의 단계에 대하여 유가에 속하는 순자荀子는 분명한 정의와 함께 학문의 필요성을 절실하게 설명했다.

---

33) 《논어 술이》 子曰, 我非生而知之者 好古敏以求之者也.
34) 《논어 계씨》 孔子曰, 生而知之者上也 學而知之者次也 困而學之 又其次也 困而不學, 民斯爲下矣.

'지금은 천하지만 귀貴한 사람이 되고, 어리석은 이가 똑똑해지고, 가난한 사람이 부유해질 수 있는가? 그것을 가능케 하는 것은 오직 학문이다. 배운 것을 실천하면 사士가 되고 더 성실하게 애쓰면 군자君子가 되며 사물의 이치를 통달하면 성인이 된다. 위로는 성인이 될 수 있고 아래로는 사士나 군자가 되려는 나를 누가 막을 수 있겠는가?' 35)

이를 본다면 성인은 지식의 최고 경지에 이른 사람이라고 보아야 한다. 공자가 성인이라는 것은 그만큼 열심히 배우고 실천했다는 의미이지 기적을 행하는 초능력자라는 의미는 아니다.

공자는 역경에서도 자신의 주장을 굽히거나 바꾸지 않았다. 평생 동안 일관된 신념을 끝까지 견지하는 일이 결코 쉬운 일은 아니다. 때문에 공자의 제자들은 스승을 진심으로 존경했다.

공자의 직접 가르침을 받지 않은 우리가 《논어》를 읽고 또 유가 경전을 통해 공자의 신념을 존경하고 공자의 사상에 공감하는 것은 그가 불굴의 의지를 가진 사람이었기 때문이다. 《논어》를 통해서 알 수 있는 공자의 모습은 초인적인 성인聖人도 아니고 우리가 쉽게 볼 수 있으며 이해할 수 있는 그런 사람이었다.

공자의 제자 중 한 사람인 자공子貢은 정치적으로도 매우 활동적이고 유능했으며 많은 재물을 모은 부자였다. 자공은 자신을 비유하자면, 겨우 어깨높이의 담이라서 밖에 있는 사람들이 담 너머 화려한 집안의 모습을 보면서 감탄할 수 있다고 했다. 그러나 스승 공자는 여러 길 높이의 높은 담이라서 대문을 통해 들어가야만 집안의 화려함을 제

---

35) 《荀子 儒效》 我欲賤而貴 愚而智 貧而富 可乎? 曰 其唯學乎. 彼學者 行之 曰士也. 敦慕焉 君子也. 知之 聖人也. 上爲聖人 下爲士 君子 孰禁我哉.

대로 볼 수 있다고 했다.[36)]

　이처럼 공자의 학문은 낮은 담 너머로 넘겨다 볼 수 있는 그런 학문이 아니다. 공자의 학문은 대문을 제대로 열고 들어가야 비로소 볼 수 있는 것이다. 이는 학문을 제대로 하지 않는 사람이라면 공자 학문의 위대한 성취를 전혀 알 수 없다는 뜻이다.

　공자가 세상을 떠난 뒤, 복상服喪을 마친 문하의 제자들은 각자의 길을 찾아 나섰다. 관리가 되거나 후학들을 교육하는 일에 전념을 하기도 했다. 그 제자들은 공자로부터 배운 인과 예를 실천하고 육예의 학문을 널리 보급했다. 이러한 제자나 제자의 가르침을 받은 제자들의 노력은 전국시대 제자백가에 의한 백화제방百花齊放의 직접적인 동력이었다.

🏛 사다리로 오를 수 없는 하늘

　몰락한 귀족의 아들로 태어난 공자에 의해 고대문화의 정수라 할 수 있는 육예六藝(六經)의 학문은 더욱 심오해졌다. 공자는 자신의 노력으로 교육과 사상과 실천에서 위대한 업적을 남겼기에 중국 역사상 유일한 성인으로 추앙받고 있다.

　공자는 전통가치가 붕괴하는 시대적 상황에서 인간 본연의 참모습을 잃어서는 안 된다는 자신의 믿음을 견지하면서 도덕적 자각과 실천

---

36) 《논어 자장》 叔孫武叔~ 子貢曰, 譬之宮牆 賜之牆也及肩 闚見室家之好. 夫子之牆數仞
　　不得其門而入 不見宗廟之美 百官之富.

곧 인과 예와 덕행의 실천으로 선왕先王의 도를 회복해야 한다고 주장하였다. 그리고 인본주의의 사상과 정치를 강조하고 선양했으며, 그러한 주장은 뒷날 큰 시대 조류가 되었으니 이 또한 공자의 위대한 공헌이라 할 수 있다.

공자 사상의 핵심은 인仁이고 인을 일상생활에서 보다 더 구체화한 실천적 덕목은 예의나 덕치, 효제孝悌이다. 공자는 특히 지배계층 곧 위정자가 인의를 실천하고 덕치를 베풀어야 한다고 주장하였다.

공자는 민중이 아니라 위정자들의 노력으로 하층민의 안정적 생활을 보장하고 사회 발전을 이룩할 수 있다고 믿었다. 공자는 언제나 백성들 편에서 위정자들의 바른 정치와 덕치를 끝까지 요구했던 유일한 사상가였다.

공자의 유가 사상과 대비하여 도가道家의 사상은 인간사회의 현실적 문제를 외면하는 경향이 있고, 후일의 법가法家 사상이나 병법가兵法家들은 당시의 지배자들을 옹호하는 사상으로 전제 정권에 협력적이었다.

그 당시 하층민들의 교육과 생활문화의 수준은 지금과 견줄 수 없을 만큼 비참하고 저급했다. 그런 시대에 극소수의 위정자에게 백성들을 위한 정치를 하라고 요구한 것은 정말 용기 있는 주장이었고 혜안이었다. 이런 점에서 공자는 중국의 어느 사상가보다도 위대하였다.

평지에서는 바퀴를 이용하면 빨리 움직일 수 있다. 수레는 평지에서의 빠른 이동을 위해 만들어졌다. 그러나 경사가 급한 곳에서는 바퀴가 무용지물이다. 그래서 계단을 만들었으니 사다리나 에스컬레이터는 계단을 활용한 것이다. 그렇다 하여도 하늘을 계단이나 사다리로

오를 수는 없다.

보통 사람의 현명함이나 성취는 언덕과 같아 오를 수 있지만 공자의 위대함은 해와 달과 같다고[37] 말한 제자가 자공이다. 해가 뜨겁다고 해를 욕하는 사람이 어리석은 것처럼 해와 달과 같은 공자의 인격은 다른 사람이 헐뜯는다 하여 허물어지지 않는다.

공자의 제자들은 스승 공자를 '따라갈 수 없는 분이며 마치 사다리로 올라갈 수 없는 하늘과 같은 분'이라고 말했다.[38] 이 말은 21세기에도 그대로 통한다.

---

37) 《논어 자장》 叔孫武叔毀仲尼. 子貢曰, ~仲尼不可毀也. 他人之賢者 丘陵也 猶可踰也, 仲尼 日月也 無得而踰焉.

38) 《논어 자장》 陳子禽謂子貢曰~, 子貢曰, ~夫子之不可及也 猶天之不可階而升也. ~

08 공자의 가정생활은 어떠했는가?

남녀가 결혼하여 가정을 이루고 자녀를 출산하는 것은 당연한 일이다. 공자 역시 결혼을 했고 가정을 꾸렸으며 아들과 딸을 하나씩 두었다고 한다. 신체적으로 건장했던 공자가 겨우 2명의 자녀를 둔 것은 아내와 일찍 이혼했기 때문이라는 이야기도 있다. 공자의 가정생활은 어떠했는가?

 ## 공자의 출생과 결혼

공자의 아버지 숙량흘叔梁紇은 하급 무사였다. 공자를 얻기 전에 숙량흘은 본처 소생으로 딸 9명에 후처 소생의 몸이 불편한 맏아들 맹피孟皮가 있었다. 숙량흘은 72세에 안씨顔氏 집안의 셋째 딸 징재徵在(미재微在라고 나온 책은 분명한 오류임)와 나이 차이가 많이 나는 결혼을 하는데 《사기史記》의 저자 사마천司馬遷은 이 결혼을 야합野合이라고 표현했다.[39)]

안씨는 이구산尼丘山에 기도하여 아들을 낳았는데, 머리 가운데가 이구산의 정상처럼 우묵하였기에 이름을 구丘라 하였다.[40)] 공자의 자字는 중니仲尼인데, 여기에는 형제 서열이 둘째(仲)라는 뜻이 들어있다.

공자는 세 살 때 아버지를 여의었고, 17세(23세라는 주장도 있음)에 어

---

39) 《사기 공자세가》 (叔梁)紇與顔氏女野合而生孔子.

머니마저 세상을 떴다. 공자는 가정형편이 어려웠고 "신분이 낮았기에
비천한 일도 잘하였다."고 말하였으며, 제대로 된 관직에 나가질 못했
기에 여러 가지 일을 해야만 했었다.[41]

공자는 19살에 송나라 사람 견관^{幵官}(幵 평평할 견)씨 집안의 딸과 결
혼하여 다음 해에 아들을 얻었다.[42] 마침 노나라의 소공^{昭公}이 인편에
축하의 선물로 잉어(鯉)를 보내 주었기에 이름을 공리 孔鯉 (기원전
532~483, 字는 伯魚.)라 하였다고 한다. 공리는 나이 50에 공자보다 먼저
죽었고 공리의 아들 급伋(子思)은 뒷날 《중용^{中庸}》을 저술하였다.

공자의 부친 숙량흘은 키가 크고 강한 힘을 가진 무사였다. 공자는
부친을 닮았는지 9척이 넘는 장신(당시 1척을 22cm로 환산하면 2m 내외)으로

40) 《사기 공자세가》; 태어나면서 정수리가 우묵하였기에 구(丘)라고 이름을 지었다.(生而首
上圩(우묵할 우)頂 故因名曰丘) 정수리가 우묵하였다는 것은 짱구머리라고 생각된다. 실
제로 앞이마가 툭 불거진 짱구로 그려진 초상화도 있다.
중국과 우리나라에서는 존경의 표시로 성현 또는 조상의 이름에 들어가는 글자를 고의
로 피하는 습관이 있는데 이를 피휘(避諱)라고 한다. 공자의 이름 구(丘)를 필사할 때는
맨 아래 획(一)을 생략하거나 글자자리를 비워놓고 붉은 원을 그려 표시하기도 한다. 글
에서 읽을 때는 구(丘)를 발음하지 않거나(묵음) 또는 모(某)라고 읽는다. 한 글자이어서
건너 뛸 수 없는 상황에서는 丘(qiū)를 구(區 qū)로 읽기도 한다. 詩의 운율에서는 휴(休
xiū)로 읽는다. 필자도 옛날 재래식 서당에서 《논어》를 배울 때 구(丘)를 모(某)로 읽으라
고 배웠다. 지금도 돌아가신 父나 祖父의 이름에 들어간 글자를 모(某)라고 읽는 사람이
있다.

41) 《논어 자한》大宰問於子貢曰, ~何其多能也. ~子聞之曰, ~吾少也賤 故多能鄙事. ~/ 牢
曰, 子云, 吾不試 故藝.

42) 공자 아내의 성씨에 대하여 국내에서는 '계관'(笄官 비녀 계에서 대 죽(竹)머리가 없는
글자. 컴퓨터에 나오지 않음) 开官(开는 其의 古字인데 계관씨라고 읽었음) 기관(丌官)씨
등 책마다 다르다. 필자는 中文大辭典(臺灣 판) 幵(音 堅)의 「幵官;複姓,〈魯先賢傳〉孔
子 妻 幵官氏.《孔子家語 本姓解》;孔子娶於宋之幵官氏,一歲而生伯魚.」라는 해석에 따라
견관씨라고 표기하였다. 그리고 공자가 20세에 아들을 볼 때는 미천한 직위였는데 魯
소공(昭公)이 잉어를 선물로 보냈다는 기록도 의심의 여지가 많다고 한다.

별명이 '장인長人(격다리)' 이었으며 큰 얼굴의 소유자였다고 한다. 그러면서도 공자는 그 제자들과 유쾌한 농담을 즐길 수 있는 사람이었다.

공자가 자신의 아들을 낳아 준 '본처를 내 쫓았는가?' 라는 문제에 대해서는 논쟁이 있지만, 하여튼 요즈음 사람들이 생각하는 다정한 부부는 아니었던 것 같다.

그러하다보니 공자가 여자를 경시하고 차별하는 남존여비 사상을 갖고 있었다고 단정적으로 생각하기 쉬운데 특히 《논어 양화》 편에 있는 글은 그런 증거로 자주 인용되고 있다.

🏯 소인과 여자

《논어 양화》 편에는 "오직 여자와 소인은 함께 살기가 어렵다. 가까이하면 불손하고 좀 멀리하면 원한을 갖는다."는[43] 공자의 말이 실려 있다. 이 글만으로 보면 여자는 소인小人과 동격이며 군자가 가까이하면 건방지게 행동하고 좀 멀리하면 토라지고 원한을 품는다는 의미이다. 이를 요즈음 말로 표현하면, 남녀평등에 위배되는 반 페미니즘feminism적이며, 반민중적인 발언으로 공자는 비난을 받아 마땅하다.

그러나 이러한 식의 해석은 문맥이나 당시 상황을 고려하지 않은 해석이라고 한다.

여기서 소인을 군자의 상대적인 말, 여자를 남자의 상대적인 말로 볼 수 있다. 그러나 그 다음에 '기른다' 는 뜻의 양養이라는 말이 있다.

---

43) 《논어 양화》 子曰, 唯女子與小人爲難養也 近之則不孫 遠之則怨.

문제는 양養을 가족을 부양扶養한다는 뜻으로 보아 여자와 소인을 가족으로 본다면 비난을 받을 수 있다. 그런데 자기 자식을 소인으로 표현했다는 데에 의문이 갈 수 밖에 없다.

여자와 소인을 '집에서 일을 시키면서 먹여 살리는 부양의 대상'으로 본다면 소인은 곧 '남자 종(노복奴僕)'을 의미하고, 여女는 '여자 종(비첩婢妾)'을 의미한다.

사실 당시 일반 농민들은 기본 식생활 자체가 어려웠고 교육을 받을 기회도 주어지지 않았다. 그래도 일반 농민들은 향촌에서의 여러 행사에 참여하며 나름대로 교제하며 예를 실천할 수 있었다.

그러나 남녀의 노비는 공자 이후 20세기 말까지도 매매의 대상이 되는 '살아 움직이는 재산'으로 취급되었다. 그런 노비들의 생활과 문화의식 수준을 이해한다면 공자의 이 말은 매우 현실적이었지 비난을 받을 정도는 아니라고 생각한다.

공자는 세 살 때 아버지를 여의고 홀어머니 밑에서 성장했고, 젊었을 적에 어머니까지 돌아가셨으니 그 모친에 대한 감정이 얼마나 애틋했겠는가는 미루어 짐작할 수 있다. 또 공자는 《논어》에서 제자들에게 효도와 우애 곧 효제孝悌를 강조했고, 또 여러 제자들이 물음에 효도를 설명해 주었지만 아버지에 대한 효도만을 강조한 어떤 말도 없었다.

공자가 '부모의 나이는 꼭 알아야 하지만 한편으로는 기쁘고 한편으로는 (죽을 나이가 되었는지) 두렵다'[44] 라고 말한 것은 공자 자신이 어머니에게 효도를 다하려 했지만 일찍 죽은 모친에 대한 그리움이 배어 있는 말이라 할 수 있다. 이렇듯 홀어머니를 모시지 못한 그리움이

---

44) 《논어 이인》 子曰, 父母之年 不可不知也. 一則以喜 一則以懼.

있는 공자가, 특히 차별 없는 인을 강조한 공자를 위의 말 한마디를 근거로 여성차별주의자라고 단언하기는 좀 무리가 있을 것이다.

그리고 당시의 사회 경제적 여건에서 여자에게 교육의 기회가 전혀 주어지지 않았기에 여자의 능력이 발휘될 수 없는 상황이었고 사회 활동을 할 여건도 전혀 형성되지 않았었다. 말하자면, 공자의 여성 차별적 발언 때문에 여성 차별이 합리화 된 것은 아니었다.

중국에서 남존여비사상은 송대宋代에 성리학性理學 체계가 자리를 잡으면서 남자는 양, 여자는 음으로 나누고 거기에서 양은 형이상形而上, 음은 형이하形以下라는 개념과 양은 음에 앞선다는 생각에서 자리를 잡았다고 한다.

공자의 가정생활

공자가 가정에서 어떻게 기거起居하고 어떤 옷을 입고 어떤 음식을 먹었는가에 대하여 또 궁궐을 출입하는 모습이나 마음 자세, 사람을 만나거나 마을에서의 행동, 심지어는 수레를 타는 자세까지 《논어 향당》편에 비교적 상세한 기록이 있다. 하여튼 공자는 전체적으로 보아 좀 까다로운 성격이었으며 철저한 원칙주의자였다고 볼 수 있다.

음식도 색깔이 좀 이상하다고 생각되거나 제철 음식이 아니거나 알맞게 썰지 않았으면 먹지 않았다. 뿐만 아니라 밖에서 사온 술이나 육포도 먹지 않았으니 그런 사람에 대한 음식 준비가 결코 쉬운 일은 아니었을 것이다. 공자가 입는 평상복의 소매는 손을 덮도록 길게 입었지만 오른쪽 소매는 짧게 만들었다고 하는데 이는 일의 능률을 고려

한 것이었지만 그런 시중을 들어야 하는 사람의 입장에서는 정말 힘들었을 것이다.

공자가 아들 이鯉(잉어 이(리). 字 伯魚)를 낳아 준 아내와 이혼했다는 사실은 《예기 단궁》편의 내용으로 추정할 수 있다. 아마도 음식 장만이나 제사 준비 등에서 공자의 마음에 안 들었기에 내쫓았거나, 아니면 견디다 못한 아내가 가출을 했다고 볼 수도 있다.

《예기 단궁》의 기록으로는 아들 백어가 생모가 죽은 뒤 복상 기간이 끝나도 곡을 계속하자 공자가 '심하다'하여 중지시켰다. 이를 보면, 공자의 부인은 아들이 50세가 되기 전에 죽은 것으로 추정할 수 있다.

우연의 일치라고 생각할 수도 있지만 공자에 이어 아들과 손자(급伋, 字 子思)도 이혼하였으며 공자의 학통을 이어 《효경》을 저술했다는 증자曾子도 이혼한 것으로 알려졌다.

공자 자신은 비록 모범적이고 화목한 가정을 꾸리지는 못했지만 공자는 가정을 복종과 협동심, 효도와 우애를 배울 수 있는 곳으로 생각하였으며 사회화社會化된 행동경험을 쌓는 곳으로 생각하였다.

공자는 집안에서는 효도하고, 밖에 나가서는 우애를 실천하며 근면하면서도 신의를 지키고 모두를 널리 사랑하며 어진 사람을 가까이 하는 것을 학문보다 먼저 실천해야 한다고 보았으며,[45] 효도와 형제간의 우애를 실천하는 가정을 잘 이끌어 가면 그것이 곧 정치라고 생각하였다.[46]

---

45) 《논어 학이》 子曰, 弟子 入則孝 出則悌 謹而信 汎愛衆 而親仁. 行有餘力 則以學文.

46) 《논어 위정》 或謂孔子曰, 子奚不爲政. 子曰, 書云, 孝乎惟孝 友于兄弟 施於有政. 是亦爲政~

09 공자가 강조한 효의 참뜻은?

공자는 효(孝)를 인(仁)의 실천방법의 하나로 강조하였다. 충효는 군주와 어버이에 대한 섬김의 방법이지만 유교문화권에서는 신하(백성)와 자식의 절대적인 의무로 받아들여졌다. 효는 가부장적(家父長的) 이데올로기 확립에 크게 기여했지만 불효에 대한 강박관념은 오늘의 젊은이들이 공자로부터 멀어지게 된 결정적 계기가 되었다고 주장하는 사람도 있다. 공자가 강조한 충효의 본질은 무엇인가?

《효경》의 영향

《효경孝經》은 유가의 13경經의 하나인데, 본문은 1,800여 자로 비교적 적은 분량의 책이다. 이 책은 공자의 뜻을 증자曾子 (기원전 505~435)가 서술한 책으로 알려졌지만, 후세 사람이 지은 것을 증자에게 가탁假託했다고 인정되고 있다. 증자는 공자보다 46세 연하의 제자인데 공자의 학통을 계승했다 하여 종성宗聖으로 추앙받으며[47) 효자로 널리 알려졌다. 이 책의 저술에 대하여 공자와 증자가 거명되는 것은 유가에서 이 책을 그만큼 중시했다는 뜻이라고 해석할 수 있다.

《효경》은 효를 유가 윤리도덕의 핵심으로 확실하게 자리를 잡게 하였는데, 효는 하늘에서 인간에게 내려준 규범이며 인성人性의 근본

---

47) 안회는 복성(復聖), 증자는 종성(宗聖), 공자의 손자 자사(子思)는 술성(述聖), 맹자는 아성(亞聖)으로 불린다.

孝經傳曾　公子가 曾子에게 孝를 가르치다.

이라고 하였다. 그리하여 군주는 효 사상을 바탕으로 나라를 다스리고, 백성들은 효를 바탕으로 가정을 이루며, 효를 실천하면 부귀와 지위를 누릴 수 있다면서 효의 효용성을 강조하고 있다.

《효경》에서는 충군忠君과 효순孝順의 윤리를 연결하여 효도하는 사람이라야 충군할 수 있다고 설명하고 있다. 《효경》에서 천자는 박애의 정신으로 백성들을 감화시켜 나라의 안정을 지키는 것이 천하를 물려준 조상에 대한 효도이며, 신하인 경이나 대부는 예에 맞는 언어나 행실로 모범을 보이는 것이 효이다. 그리고 보통 백성들은 자신의 신체와 체면을 지키며 의식을 풍족케 하여 부모에게 걱정을 끼치지 않는 것이 효도라고 설명하고 있다.

그러면서 부모로부터 물려 받은 신체를 훼손하지 않는 것이 효도의 시작이며 이어 군주에 충성을 바치고 입신立身하여 이름을 후세에 전하며 부모를 높이는 것으로 끝난다고 하였다.[48] 《효경》의 이러한 내용은 봉건적 윤리도덕을 확립하고 유지하는데 매우 큰 영향을 끼쳤다.

사실 효도를 국가에 대한 충성의 개념과 연결시키고 또 군주나 사대부와 서민의 효도가 내용을 달리한다는 이론은 봉건제도하에서 신분계급제도를 유지하고 강화하는데 도움이 되었지 조금도 방해가 되지 않았다.

이러한 봉건체제 유지의 이념이 현대에 들어와서 부정되는 것은 당연한 귀결이지만 그러다 보니 효도의 본질이 흐려지는 것은 효도를 강조한 공자의 본뜻에서 크게 멀어졌다고 볼 수 있다.

---

48) 《효경 개종명의장》 仲尼居 曾子侍. 子曰, ~身体髮膚 受之父母 不敢毁傷 孝之始也. 立身
行道~ 以顯父母 孝之終也.

효도의 본질

공자는 인仁의 실천을 강조하였다.

인의 실천을 위한 자기 수양은 먼 데서 시작하지 않는다. 인간의 기본 생활단위인 가정이야말로 자기 수양의 공간이어야 한다.

공자는 부모에 대한 효도와 형제간의 우애友愛(悌 공경할 제)를 통해 인을 실천해야 한다고 생각하였으니, 이는 가족이 소중하다는 개념과 함께 효도와 우애는 자신의 가까운 곳에서부터 시작되는 것이 당연하기 때문이었다.

가족에서 1차적으로 확대된 것이 혈족血族이고 동족同族 마을이었다. 공자 생존 당시에는 동족 마을 안에서의 공동생산과 공공질서를 위한 여러 행사가 있었을 것이다. 그 동족마을 사람에 대한 공경과 우애 역시 효제孝悌의 실천이었다. 이어 나라와 천하로 인을 확산시킨다는 것은 당연한 논리였다.

공자는 "부모가 살아계실 때 부모의 뜻을 살피고, 부모가 돌아가셨으면 부모의 행적을 살펴 적어도 삼 년 동안은 선친의 도道를 바꾸지 않아야 효도"라고 말하였다.[49]

삼 년간 부모의 행적을 살펴 따르라는 것은 삼 년간 애도하는 삼년상과 같은 뜻이다. 삼 년 동안 부모가 걸었던 길을 바꾸지 않는다는 것은 부모의 유지를 이어간다는 의미 이전에 부모에 대한 예의 차원에서 효행을 강조한 것이다.

---

49) 《논어 학이》 子曰, 父在觀其志 父沒觀其行 三年無改於父之道 可謂孝矣.

그러나 부모가 걷던 길이 크게 잘못되었거나 걸을 수 없다면 당연히 바꿔야 한다. 부모가 죽은 뒤에도 부모의 뜻을 끝까지 어기지 않는다는 것은 곧 맹목적인 순종이다. 공자는 맹목적인 순종을 바라지 않았다. 그래서 삼 년이라는 단서 조항을 언급했을 것이다.

만약 자신의 생각과 부모의 생각이 크게 다르다면 어떻게 해야 하는가? 공자는 "부모를 섬기며 꼭 해야 할 말은 부드럽게 말씀드리되, 부모가 들어주지 않아도 여전히 공손히 모시며 어긋나는 일이 없어야 한다. 또 꾸지람을 들어도 부모를 원망해서는 안 된다."고 하였다.[50]

공자의 이 말은 부모에 대한 공경의 예는 자식의 마음에 따라 달라져서는 안 된다는 것을 가르치고 있다. 부모가 계시면 먼 곳 여행을 삼가고 여행을 하더라도 꼭 가는 곳을 알려야 한다.[51] 이는 자식으로서 부모가 자식 걱정하는 마음을 자식이 헤아려야 한다는 뜻이다. 이처럼 자식이 평소에도 부모에게 예를 갖추고 걱정을 끼쳐드리지 않는다면, 부모 또한 자식의 뜻을 헤아릴 것이다.

말하자면, 부모와 자식이 서로 상대를 위하는 예를 잃지 않는 것이 가정생활에서부터 시작되어야 한다. 이처럼 가정에서 부모에 대한 효도는 가장 가까운 곳에서부터 인을 실천하는 것이니 이것이 바로 효도의 본질일 것이다.

---

50) 《논어 이인》 子曰, 事父母幾諫 見志不從 又敬不違 勞而不怨.

51) 《논어 이인》 子曰, 父母在 不遠遊 遊必有方.

효의 실천

사실 예禮라고 하는 것은 하나의 형식이다.

결혼식의 면사포를 쓰는 전통은 신부가 갖추는 예복의 하나로 전승되어 왔을 뿐 그 면사포가 결혼의 본질은 아니다. 그래서 면사포를 쓰지 않고 한복 원삼에 족두리를 써도 결혼식이며, 아예 평상복을 입어도 결혼은 이루어진다.

이처럼 최소한의 예만 갖추어도 되지만 여유가 있다면 시대의 표준에 적합한 예가 좋을 것이며, 허례허식을 배격한다는 적당한 선에서의 조절이 있어야 한다. 최소한의 예에서 더 나아가 아주 예를 없애면 어떻게 되는가?

공자는 "공경하되 예가 없으면 헛수고이며, 조심하되 예가 없으면 두려운 것이며, 용감하되 예가 없으면 난폭이며, 정직하되 예가 없으면 각박한 것이다."고 말했다.[52]

효도의 본질이 부모에 대한 예의 하나라고 할 때 거기에 얼마나 진실이 담겨져 있느냐를 생각해야 한다. 부모를 공양하는 예를 잘 갖춘다 하더라도 거기에는 얼마만한 진심이 들어 있느냐를 생각해야 한다.

화려하고 멋진 옷으로 예식을 빛내는 것보다는 차라리 검소한 것이 낫고, 상례에서도 능숙하게 잘 처리하는 것보다는 진정으로 슬퍼하는 것이 예의 본질에 가까운 것이다.[53] 공자는 자식이 부모에 대한 봉양과 사람이 가축을 먹여 살리는 것과 무슨 차이가 있는가를 물으면서

---

52) 《논어 태백》 子曰, 恭而無禮則勞 愼而無禮則葸 勇而無禮則亂 直而無禮則絞.

53) 《논어 팔일》 林放問禮之本. 子曰, ~禮 與其奢也寧儉, 喪 與其易也寧戚.

공경이 없는 봉양은 안 된다고 하였다.[54)]

공자는 자식이 자신의 건강관리를 잘 하는 것도 효도라고 말했다.[55)] 자식이 병에 걸렸을 때 부모의 마음이 얼마나 아픈지 헤아린다면 자식이 어찌 자신의 몸을 함부로 할 수 있겠는가? 부모로부터 물려받은 신체를 훼손하지 않는 것이 효도의 시작이라는 증자曾子의 말은 공자의 뜻을 이은 것이라 할 수 있다.

또 공자는 부모 앞에서 얼굴 표정관리가 어렵다는 말을 하였다. 이는 자식의 얼굴 표정에 따라 부모의 심기가 달라진다는 뜻이다. 그리고 젊은이가 힘든 일을 하고 음식이 있을 때 부모에게 먼저 올리는 것이 효의 전부는 아니라고 하였다.[56)]

이를 본다면, 효도는 부모의 마음을 깊은 곳까지 헤아리겠다는 정성된 마음이 있어야 한다. 자식이 부모의 깊은 뜻을 헤아리지 못한다면 사실 좋은 음식공양과 편안한 거주도 아무런 의미가 없을 것이다.

효는 물질 위주의 섬김이 아니라 부모와 자식 간에 또는 어른과 아이 사이의 따뜻한 감정의 교류가 있어야 한다. 이는 자식의 자기 수양이 있어야 하는 것이며, 나(自我) 아닌 다른 사람에게 인을 베푸는 첫 상대라는 점에서 중요한 의미가 있다.

효도는 부모의 권위에 따른 것도 아니며 자식의 의무감에 따른 것도 또 남의 이목을 의식한 예의에 따른 것도 아니다. 효에는 진정이 담겨 있다면 그런 효성은 곧 어진 마음일 것이다.

---

54) 《논어 위정》 子游問孝. 子曰, 今之孝者 是謂能養. 至於犬馬 皆能有養 不敬 何以別乎.
55) 《논어 위정》 孟武伯問孝. 子曰, 父母唯其疾之憂.
56) 《논어 위정》 子夏問孝. 子曰, 色難. 有事 弟子服其勞, 有酒食 先生饌, 曾是以爲孝乎.

효의 연속인 제사

원시종교에서는 인간의 길흉화복은 귀신鬼神과 깊은 관련이 있다고 생각하기에 여러 형태의 귀신을 숭배하였을 것이다. 공자는 당시 사람들이 갖고 있는 일반적인 귀신 숭배에 대해서는 조심스럽지만 상당히 합리적인 의식을 갖고 있었다.

공자는 비현실적이거나 비합리적인 것, 그리고 무력이나 비문화적인 폭력, 무질서나 패륜과 같은 인륜의 파괴인 난잡함, 그리고 비인간적인 요괴와 관련한 일을 입에 올리지 않았다.[57] 이는 공자의 인본주의적 사고와 합리적 생활을 언급한 것이다.

공자는 "섬겨야 할 귀신이 아닌데 제사한다면 그것은 아첨이라고 했다."[58] 이 말은 천자가 제사지내야 할 대상은 하늘인데, 천자가 아닌 사람이 하늘에 대한 제사를 지내서는 안 된다는 뜻이다. 그리고 사대부와 서민은 조상의 신을 섬겨야 하는데 그런 범주를 벗어나서는 안 된다는 말이다. 그러면서 공자는 귀신이나 조상의 신에 대한 각종 의례나 제사에서 최선을 다했다고 볼 수 있다.

제사에 대한 공자의 신념 또한 매우 합리적이었다. 공자는 제사라는 것은 살아있을 때처럼 모시는 것이며 제사에 참여하지 못했으면 제사를 안 지낸 것과 같다고 하였다.[59] 이 말은 조상에 대한 제사는 마치 살아있는 부모에게 하는 효도의 연장이라고 생각한 것이다.

---

57) 《논어 술이》 子不語怪力亂神.
58) 《논어 위정》 子曰, 非其鬼而祭之 諂也.
59) 《논어 팔일》 祭如在 祭神如神在. 子曰, 吾不與祭 如不祭.

이를 본다면, 공자는 귀신 섬기는 것을 근본적으로 반대하지 않은 유신론자로 보이지만 귀신을 멀리하는 것이 지성知性이라고 생각하는 유보적인 견해를 갖고 있었다. 이는 공자가 신을 신앙의 대상으로 생각한 것이 아니라 생활의 방편이며 생활의 일부로 수용한 것이라고 보아야 한다.

중국인들에게 사후의 세계에서 평가를 받는다는 내세 관념이나 세계관이 없었다. 말하자면, 천국이나 극락과 지옥이라는 개념이 없었다고 볼 수 있다. 곧 생전의 신앙이나 선악 또는 공덕을 근거로 하는 어떤 심판에 따라 또 다른 사후세계에서 영생한다는 개념이 없었다.

중국인들은 죽은 다음에도 평생의 지위에 따라 그 지위를 누리기 때문에 거기에 알맞은 준비를 해 주는 것이 장례라는 뜻에서 후장厚葬의 풍습이 있었을 뿐이다. 이는 죽음을 삶의 연장일 뿐 새로운 세계에서의 새로운 삶이나 윤회輪廻한다고 생각하지 않았다는 뜻이다.

공자의 관심은 인간의 현실적인 삶이었고 사후 세계는 아니었다. 이를 본다면, 공자는 하늘의 의지라 할 수 있는 인을 수용하고 인을 지킨다는 도덕적 자신감을 갖고 있는 인본주의자였다.

10 공자가 말한 인생의 단계

공자는 자신의 부단한 노력으로 학문과 고상한 인격을 완성한 사람이었다. 공자의 일생은 지학(志學)−이립(而立)−불혹(不惑)을 거쳐 지명(知命)과 이순(耳順)에서 70세 종심(從心)으로 요약되는데 공자의 이러한 일생은 현대인의 삶과 비교할 때 어떤 의미가 있는가?

 ## 지학志學과 이립而立

공자는 자신의 일생에 대하여 "열다섯에 배움에 뜻을 두었고(지학志學), 서른에 자립했으며(이립而立), 마흔에 현혹됨이 없었고(불혹不惑), 쉰 살에 천명을 알았으며(지명知命), 예순에 순리대로 들을 수 있었고(이순耳順), 일흔에 마음대로 해도 정도를 넘지 않았다(종심從心)."고 말했다.[60]

공자의 이 말은 개인의 학문 또는 이성理性의 성장을 요약한 것이면서 개인생활과 사회생활의 대응 모습 또는 개인 생애의 가장 보편적인 성취기준을 말한 것으로 생각된다.

---

60) 《논어 위정》 子曰, 吾十有五而志于學 三十而立 四十而不惑 五十而知天命 六十而耳順 七十而從心所欲 不踰矩.

우선 열다섯에 학문에 뜻을 두었다고 하였는데 《논어》에 나오는 학學은 학문이라는 의미보다는 배움(학습)이라는 의미로 더 많이 쓰였다. 공자가 생존하던 당시에 인류학이나 윤리학 또는 정치학이라는 학문이 정립되었다고 볼 수는 없다.

아마 그 당시 굳이 학문이라 한다면 《육경》을 근거로 하는 도덕학이나 인간학을 의미했을 것이고 지성적 탐구에 의한 순수한 학문이라는 의미보다는 마음가짐과 실천을 함께 배우는 공부였을 것이다.

공자가 열다섯 살에 배움에 뜻을 두었다는 것은 문자습득을 위한 초학初學을 시작했다는 뜻보다는 배움과 실천의 중요성을 알고 배움을 자신의 인생 목표로 삼았다고 보아야 할 것이다.

말하자면, 요즈음 열다섯 살, 중학교 3학년 정도면 자신이 학문의 길을 가야할 지 아닌지를 결정하고 진로를 선택해야 한다는 의미로 받아들여야 할 것이다. 열다섯 살이면 배움의 필요성과 중요성을 알아야 하기에 열다섯 나이를 지학志學이라고 했다.

공자는 사士의 신분에서 여러 일을 하며 배워야만 했기에, 공자는 스스로 '여러 가지 일에 두루 능통했다'고 말했다.[61] 또 '계씨季氏의 위리委吏로 있을 때 저울질은 공평했고, 사직리司職吏를 할 때 가축은 번성했다.'는 기록을 보면[62] 젊은 시절에 창고지기(委吏)같은 말단 직위에 있었음을 알 수 있다.

공자에게 특별한 스승은 없었으나 공자는 누구에게든 배웠고, 꼭

---

61) 《논어 자한》 大宰問於子貢曰, ~ 吾少也賤, 故多能鄙事.
62) 《맹자 만장》 孔子嘗爲委吏矣 曰會計當而已矣 嘗爲乘田矣 曰牛羊 苗壯長而已矣.

스승을 정해두고 배우지는 않았다.[63] 태묘에 가서는 예의와 기물에 관해 상세히 물었으며,[64] 사양자師襄子한테 거문고를 배우기도 했다.[65]

이는 공자의 면학과정에 대한 단편적인 기록들이지만 이를 과정을 거쳐 30세에는 학문의 기초와 함께 처자를 거느린 가장이었고, 경제적으로 또 사회적으로 자립의 기반을 갖출 수 있었기에, 또 확실한 자기 주관을 가질 수 있는 나이가 되었기에 '삼십이립三十而立'이라고 말했을 것이다.

불혹不惑과 지명知命

공자의 고국인 노魯의 정치상황도 그러했지만, 당시 여러 나라의 정치상황으로 볼 때, 공자는 자신의 뜻을 정치를 통해 실현한다는 것이 사실상 어려웠다. 공자의 '40에 현혹되지 않았다(四十而不惑)'라는 말에서는 당시 정치상황에 대한 실망의 뜻을 감지할 수 있다.

공자는 삼환三桓이 노의 공실公室을 누르고 정치를 전횡하는 상황에서 벼슬할 생각도 없었고, 실제로 기회를 얻을 수도 없었기에 오로지 시서예악詩書禮樂을 연구하며 제자 양성을 힘썼다. 그러자 제자들은 더욱 많아졌고, 먼 곳에서도 찾아와 가르침을 받았다.[66]

---

63) 《논어 자장》 衛公孫朝問~仲尼焉學? 子貢曰, ~夫子焉不學 而亦何常師之有.
　　《논어 술이》 子曰, 三人行 必有我師焉, 擇其善者而從之 其不善者而改之.
64) 《논어 팔일》 子入太廟, 每事問. 或曰, ~.
65) 《사기 공자세가》 孔子學鼓琴師襄子 十日不進. ~.
66) 《사기 공자세가》 ~故孔子不仕 退而脩詩書禮樂 弟子彌衆 至自遠方 莫不受業焉.

공자는 "지혜로운 자는 현혹됨이 없고, 인자한 사람은 근심하지 않고, 용감한 자는 두려워하지 않는다고 말했다.[67] 이는 공자가 40세에 불혹不惑한 것은 지성을 바탕으로 확실한 자기 철학을 가졌다는 뜻으로 해석할 수 있다.

그리고 공자는 "같이 배울 수 있어도 같은 길을 가는 것은 아니며, 같은 길을 가더라도 같이 성공하는 것은 아니다. 같이 성공하더라도 같은 방식으로 살지는 않는다."라는 말을 하였는데,[68] 아마 이런 말은 40세 불혹의 나이를 지나지 않았다면 할 수 없는 말일 것이다.

공자가 50세 되던 노 정공定公 8년(B.C. 502년)에 양호陽虎의 반란이 있었고 노나라의 정치상황은 매우 혼란했다. 또 다른 반란자가 공자를 초빙했지만 공자는 가지 않았다.

공자는 51세(B.C. 501년)에 중도재中都宰라는 지방관地方官으로 처음 관계官界에 들어선다. 이후 공자는 노나라의 토목공사를 담당하는 사공司空이 되었고, 다시 사법司法을 담당하는 대사구大司寇로 승진한다. 이 기간에 협곡이란 곳에서 노와 제나라 군주의 회맹會盟에서 큰 역할을 했지만 공자의 관직생활은 겨우 4년으로 끝난다.

공자는 B.C. 497년(공자 55세) 노나라를 떠났다. 공자는 인정仁政과 덕치德治를 실현할 수 있는 나라를 찾아 역경을 견디며 14년간 각국을 돌아다녔지만, 뜻을 얻지 못하고 B.C. 484년(공자 68세) 노나라로 돌아왔다. 이 모든 것이 공자에게 주어진 명命이었다.

---

67) 《논어 자한》 子曰, 知者不惑 仁者不憂 勇者不懼.
68) 《논어 자한》 子曰, 可與共學 未可與適道, 可與適道 未可與立, 可與立 未可與權.

공자의 '오십에 천명을 알았다(五十而知天命)'는 말은 다양한 해석이 가능하다. 천명은 상천上天의 명령으로 새로운 정권을 세울 때나 왕조 교체를 하면서 내세우는 합법성에 관련된 이론이다. 은殷을 대신한 주周 무왕武王의 천명설에서부터 중국공산당의 중국 장악과 지배에도 이 이론은 적용되었다.

공자가 천명을 알았다는 것은 하, 은, 주의 왕조 교체에 관련된 하늘의 뜻을 이해했다는 뜻보다는 자신에 관하여 어쩔 수 없는 또는 자신의 의지와 상관없이 진행되는 운명運命이란 것을 이해했다는 뜻으로 해석할 수도 있다. 공자가 51세에서 54세에 이르는 관직 생활 동안 자신의 도道를 펴 보이려 했지만 뜻을 이룰 수 없다는 것을 절감했을 것이다.

아무리 하늘이 만물을 생성하고 기른다고 하지만, 인간의 생존 조건이나 방법이 자신의 의지로도 어찌할 수 없는 부분이 있다는 것을 알았을 때 인간은 서글퍼진다. 공자 자신도 그러한 것을 느꼈을 나이가 50이라는 뜻일 것이다. 때문에 공자는 "명命을 알지 못한다면 군자라고 할 수 없다"라고 말했다.[69]

공자가 생각하는 명命이란 빈부귀천貧富貴賤을 뜻할 수도 있다. 지혜와 재주도 없는 사람이 높은 자리를 차지하고 부귀를 누리려 하고, 바른 길을 가지도 않고 거짓으로 재물을 얻으려 한다면 그것은 명을 모르고 사리를 깨우치지 못한 것이고 천벌을 받을 것이라고 공자는 생각했다.

---

69) 《논어 요왈》 孔子曰, 不知命 無以爲君子也.

공자는 자신의 도道가 장차 실현되는 것도 하늘의 뜻이고 실현되지 못하는 것도 명이라고 말했다.[70] 그리하여 소인이 이리저리 날뛴다 하여 명命이 바뀌는 것은 아니라는 신념을 공자는 갖고 있었다.

공자는 자신의 도를 사람들이 알아주지 않지만 자신은 "하늘이나 사람들을 원망하지 않는다. 인간사의 현실을 배워 천명을 알았으니 나를 알아주는 것은 하늘이다."라고 말했다.[71]

그러나 공자는 이런 것에 대한 언급을 극도로 자제하였다.[72] 불확실 것, 보이지 않고 또 증거를 댈 수 없는 것이라면 언급을 하지 않는 것이 인생 50을 살아온 철인의 지혜일 것이다.

 ## 이순耳順과 종심從心

공자가 55세에 노나라를 떠나 68세에 돌아올 때까지 노나라 주변의 여러 나라를 돌아다녔다. 당시 60대 노인이 고국도 아닌 외국을 떠돈다는 것은 대단한 시련이라고 할 수 있다. 그의 제자들과 함께 있었고 제자들의 시중을 받았다고 하지만 세파에 시달려야만 했다.

그러한 공자가 육십에 '순리대로 들을 수 있었다'는 뜻으로 '육십이이순六十而耳順'이라고 한 말에는 '세파를 견디어 낸 노인의 지혜'가 느껴진다.

---

70) 《논어 헌문》 公伯寮愬子路於季孫. ~子曰, 道之將行也與 命也, 道之將廢也與 命也. ~
71) 《논어 헌문》 子曰, 莫我知也夫. ~子曰, 不怨天 不尤人 下學而上達. 知我者其天乎.
72) 《논어 자한》 子罕言利與命與仁.

공자는 듣는 그대로 아무런 비판이나 생각도 없이 내뱉는 말은 덕
德을 버리는 것이라고 말했다.[73] 그리고 사람들의 분쟁에 대하여 이런
저런 판결보다는 그에 앞서 분쟁이 일어나지 않도록 해야 한다는 신념
을 갖고 있었다.[74]

이는 신중하게 생각을 하고 말을 해야 하며 남의 말을 신중하게 잘
들어야 한다는 곧 남에 말에 따라 휘둘리지 않고 시비선악을 제대로
구별할 수 있는 합리적 판단력을 가져야 한다는 뜻이다.

인생이 50, 60을 살았다 하여 모두 건전하고 합리적인 판단력을 갖
추지는 않는다. 50세나 60세에 합리적, 이성적 판단력을 가졌다면 노
년에 실수를 하거나 패가망신하는 사람이 없어야 한다. 그러나 늙을수
록 이익을 탐하거나 지위와 명예를 무리하게 쫓고 또 노탐老貪 때문에
평생 이룬 것을 순간에 모두 망쳐버리는 사람이 많은 것이다.

그래서 공자는 '젊어서는 색을 조심하고, 장년에는 싸움을, 늙을수
록 얻음(得)을 조심해야 한다고 말했을 것이다.[75]

공자 같은 철인이 60세에 이순耳順 했다는 말은 노욕을 버렸다는 말
로도 해석할 수 있다. 때문에 당시 그러한 세파를 극복하면서 더 많은
존경을 받으며 70세를 바라볼 수 있었다.

공자는 귀국 후 가끔 노의 애공哀公과 대화를 나누기도 했지만 애
공은 공자를 등용할 생각도 없었고, 공자 또한 벼슬을 구하지도 않았

---

73) 《논어 양화》 子曰, 道聽而塗說 德之棄也.

74) 《논어 안연》 子曰, 聽訟 吾猶人也. 必也使無訟乎.

75) 《논어 계씨》 孔子曰, 君子有三戒, 少之時~戒之在色, 及其壯也 ~ 戒之在鬪, 及其老也 ~
戒之在得.

다. 당시로는 장수 노인에 해당하는 70대였다.

공자가 자신이 마음 내키는 대로 하더라도 법도에 어긋나지 않았다는 '종심소욕 불유구從心所欲 不踰矩' 라는 말에는 인생을 달관한 철학자의 모습이 담겨져 있다.[76]

이는 자신의 욕망이 사회의 일반적 규범이나 통념에 결코 어긋나지 않았다는 뜻이며 이는 인생에서 해탈解脫의 경지에 이르렀다는 의미로 받아들일 수 있다.

공자는 평민이었지만, 스스로 노력하여 인격을 닦고 학문 역량을 키웠고 제자들을 가르쳤다. 때문에 공자는 사후에 성인聖人으로 호칭되며, 중국 황제의 제사는 물론, 중국과 다른 나라 곳곳에서 제사로 모셔지는 거의 신神과 같은 반열에 올랐다.

공자의 지학에서 종심에 이르는 삶의 단계는 실생활에서의 사색과 체험의 결과라 할 수 있다. 그리고 이러한 단계로 성숙했다는 것은 공자가 얼마나 성실한 한평생을 살았는가를 알 수 있으니, 공자의 일생은 한 인격체의 성장과정과 보통 사람이 노력과 정진精進으로 달성할 수 있는 이상세계를 가장 잘 보여준 삶이라고 말할 수 있다.

---

76) 踰 넘을 유, 矩 곱자 구(직각을 그리는 자), 법도. 인생 70세를 간단히 종심(從心)이라 부른다.

11 공자의 말년과 죽음은 어떠했는가?

노탐(老貪) 때문에 평생에 이룩한 지위와 명성을 잃는 속인들을 볼 때마다 생전의 영광과 명성을 무덤까지 갖고 갈 수 있어야 진정한 행복이라고 생각한다. 담담하게 죽음을 맞이할 수 있거나 행복하게 죽을 수 있을까? 공자의 말년과 그의 죽음은 어떠했는가?

 공자 말년의 비애

공자는 모국 노나라를 떠나 정치적 망명자처럼 14년에 걸쳐 주변 여러 나라를 주유周遊했다. 공자가 천하를 주유했다는 말은 공자의 체면을 보아 좋게 표현한 말이고, 이순耳順(60세)을 넘긴 노인의 타국 여행이란 실제로는 매우 고달픈 여정이었을 것이다.

공자는 노 애공哀公 11년인 기원전 484년, 68세의 고령으로 노나라에 돌아왔다. 공자는 제자 교육과 시, 서, 예기의 고전을 정리하는 일에 전념했다. 그러다가 기원전 479년 4월에 죽으니 만 4년 남짓한 여생이 있었다.

이 시기에 공자 자신은 '마음이 내키는 대로 하더라도 법도를 넘지 않았다.'고 하였다.[77] 말하자면, 이제는 모든 것을 달관하거나 해탈한 지경에 이르렀다는 뜻이다. 사실 늙어 판단력이 흐려지거나 노욕이나

---

[77] 《논어 위정》 子曰, 吾十有五而志于學 ~ 七十而從心所欲不踰矩.

노탐으로 망신亡身하는 속인들의 경지와는 차원이 달랐다고 볼 수 있다.

그러나 공자에게 큰 슬픔이 연이어 닥치는데 그것은 노나라에 돌아온 다음 해에 아들 리(鯉. 伯魚)와 수제자 안회顏回(顏淵)의 죽음이었다. 《논어》에는 아들 백어의 죽음을 직접 언급한 글은 없다. 그러나 자식이 앞서 갈 때 그 아버지의 슬픔이 어떠하겠는가?

공자의 수제자 안회는 몹시 가난했다. 그렇지만 밥 한 그릇에 물 한 모금을 마시며 누추한 골목에 살면서도 그 즐거움을 바꾸지 않는 현명한 안회였다.[78] 영양실조로 나이 29세에 머리가 백발이 되었는데 공자는 어느 제자보다도 진정으로 호학하고 인을 실천하는 안회를 매번 극찬했다. 그리고 안회가 죽었을 때 공자는 '하늘이 나를 버렸구나!' 하며 통곡했다.[79]

안연의 아버지 안로顏路가 안회의 장례에 관棺은 있지만 관을 감싸는 곽槨이 없다며 공자의 수레를 팔아 곽을 마련해 달라고 한다. 그러자 공자는 재주가 있건 없건 아들은 다 같은 아들인데, 내 아들이 죽었을 때도 관만 쓰고 곽은 쓰지 못했다는 이야기를 한다. 이를 본다면 공자는 외아들이 먼저 죽고 연이어 수제자 안회가 죽는 슬픔을 겪었다.

이런 슬픔을 겪으면서 공자는 크게 쇠약해졌을 것이다. 이어 병석에 눕고 자로子路가 공자를 간병하는 기록이 《논어》에 보인다.

---

78) 《논어 옹야》 子曰, 賢哉 回也! 一簞食 一瓢飮 在陋巷 人不堪其憂 回也不改其樂. 賢哉 回也!

79) 《논어 선진》 顔淵死. 子曰, 噫! 天喪予! 天喪予! / 顔淵死, 子哭之慟. 從者曰, 子慟矣! 曰, 有慟乎? 非夫人之爲慟而誰爲? / 顔淵死, 門人欲厚葬之. 子曰, 不可. 門人厚葬之. 子曰, 回也視予猶父也, 予不得視猶子也. 非我也 夫二三子也.

《논어》에는 기록이 없지만 공자가 죽기 전인 노 애공 14년(기원전 481년)에 노나라 서쪽에서 나무를 하던 사람이 기린麒麟을 잡아 죽였다는 사건이 《춘추 공양전春秋公羊傳》에 기록되어 있다. 기린은 인수仁獸이고 왕자王者의 출현을 예고하는 상서로운 동물이다. 그런데 이런 기린이 난세에 출현하여 나무꾼에게 잡혀 죽었다는 소식을 들은 공자는 크게 슬퍼하였고 그간 집필하던 《춘추春秋》를 여기서 마무리(絶筆)한다고 하였다.

기린이라는 동물은 《시경》에도 등장하지만 그 자체가 상상의 동물이니[80] 이런 동물이 노나라에서 잡혔다는 것을 실제 사건이라 볼 수는 없다. 아니면 처음 본 짐승에 대하여 몇 사람을 거치면서 과장된 사실을 가지고 박학다식하다고 알려진 공자에게 의견을 물었을 때, 공자가 '혹 기린이 아닐까?' 라는 말을 했는지도 모른다. 하여튼 당시 병약해진 공자에게 이런저런 말기적 현상이 심신쇠약을 재촉했을 가능성은 충분히 있었을 것이다.

그런데 쇠약해진 공자가 거의 죽음에 이르도록 또 한 번의 충격을 받는데 그것은 자로子路의 죽음이었다. 자로는 공자를 가장 오랫동안 모신 충직한 제자이며 효자로 소문난 사람이었다.

자로는 위衛나라의 정사에 관여하고 있었는데, 기원전 480년 위衛나라 괴외蒯聵의 난에 목숨을 잃었는데 사건의 전말은 매우 복잡하다. 하여튼 사대부로서 의리를 지켜 당당하게 죽어간 강직한 자로였다.

공자는 곧 병석에 누웠고 당시 노나라의 실권자 계강자季康子가 약

---

80) 기린은 신화전설속의 짐승이다. 성질이 온화하여 사람과 다른 짐승을 해치지 않고 화초를 밟지 않는다 하여 인수(仁獸)라고 부른다. 기린의 머리는 용과 같고, 말과 사슴을 닮았고 소의 꼬리를 가졌으며 입으로는 불을 토할 수 있다고 생각한 상상의 동물이다.

을 보내주었다.[81] 공자는 "봉황도 오지 않고 하도河圖도 나타나지 않으니 나는 끝이로다!"라고 탄식하였다.[82]

봉황은 태평성대에 나타난다는 전설상의 새이고 하도는 아주 먼 복희씨 시대에 황하에서 용마龍馬가 등에 지고 나왔다는 그림이다. 공자가 이런 것을 기대하지 못한다는 것은 옛 문물을 다시 일으키겠다는 자신의 이상을 실현할 수 없다는 탄식이라 할 수 있다.

공자는 자신의 죽음을 예언하는 노래를 불렀고[83] 수제자 자공을 만나 죽음을 내다본 꿈 이야기를 하였다. 그리고 7일 동안 앓다가 기원전 479년（魯 哀公 16년） 봄에 73세를 일기로 별세하였다.

 ## 죽음에 임하는 자세

후대에 성인이라 추앙받는 공자이지만 공자의 죽음은 보통 노인들의 죽음과 크게 다르지 않았다. 공자는 평생을 스스로 노력하며 자신의 이상을 이루어내려 했지만 사실 거둔 것이 없었다. 공자는 평생 동안 쉬지 않고 노력하였다. 모든 것을 다 알고 태어나지도 않았으며 평생을 수양하며 학문을 즐겼고 제자들을 교육했다. 이는 바로 자강불식自强不息의 삶이었다.

---

81) 《논어 향당》 康子饋藥 拜而受之. 曰, ~

82) 《논어 자한》 子曰, 鳳鳥不至 河不出圖 吾已矣夫.

83) 《예기 단궁 상》, 《사기 공자세가》; '태산이 무너지려는가?(泰山其壞乎) 대들보가 부러지려는가?(梁木其摧乎) 철인이 죽어 가는가?(哲人其萎乎)' 공자가 자신을 태산, 대들보, 哲人으로 비유할 기가 없다며 위작이라는 주장도 있다.

당시에 공자가 73세까지 살았다는 자체가 공자의 건강을 말해주고 있으며 공자 자신이 세속적 욕망에 초연했었기에 생에 미련을 갖고 있었다거나 죽음을 두려워했다고 볼 수도 없다.

공자의 죽음에 대한 태도는 극히 명백했고 단순했다. 공자는 삶과 죽음을 따로 분리하지 않았다. 공자는 죽음을 삶(生)의 일부이라고 생각했다. 자로가 귀신을 어떻게 섬기느냐고 묻자, 공자는 사람도 제대로 못 섬기는데 어찌 귀신을 섬길 수 있겠느냐고 반문했고, 죽음에 대해서는 사는 것(生)도 모르는데 어찌 죽음을 알겠느냐고 물었던 공자였다.[84]

공자는 평소에 괴이한 현상이나 폭력, 난동이나 귀신에 대한 이야기를 하지 않았다.[85] 이는 비이성적이고 비인간적, 비현실적인 것을 부정하는 공자의 인문정신이며 합리성과 실용성을 존중하는 공자의 신념이라고 말할 수 있다.

공자가 입에 올리지 않았던 괴력난신怪力亂神의 상대적인 개념은 아마도 상常, 덕德, 치治, 인人일 것이다. 이러한 공자의 합리성과 현실성, 인간중심과 인문주의는 곧 인仁 사상과 휴머니즘의 바탕이라고 평가할 수 있다.

---

84) 《논어 선진》 季路問事鬼神. 子曰, 未能事人, 焉能事鬼? 曰, 敢問死. 曰, 未知生, 焉知死?
85) 《논어 선진》 子不語怪力亂神

제자들의 삼년상

조상에 대한 제사 이전에 치르는 것이 상喪 · 장례葬禮이다.

상례가 임종에서 염殮을 할 때까지 시신을 수습하고 정리하는 절차라면, 장례는 출상하여 매장을 마칠 때까지의 예의이며 절차이다. 장례 후에 정기적인 추모행사가 제사인데 상 · 장례 이후 특별한 기간에 추모하고 애도하는 과정을 복상服喪한다고 하는데, 그 복상기간이 얼마인가는 상당히 중요한 문제이다.

공자의 제자 재여宰子(宰我라고도 함)는 공문십철孔門十哲 중에서 언변에 뛰어난 제자였다. 낮잠을 자는 재여를 보고 공자는 '썩은 나무에는 조각을 할 수 없다'도 말한 적도 있는데 그 재여가 공자에게 삼년상은 너무 길다는 말을 했다.

재여의 생각으로는 군자가 삼 년 동안이나 예와 음악을 행하지 않는다면 예악이 훼손될 수 있기에 일 년이면 족하다는 의견을 제시했다.

이에 대하여 공자는 "부모의 상을 당하면 좋은 음식을 먹어도 맛을 모르고, 음악을 들어도 즐겁지 않다. 또 편히 있어도 편하지 않은데 만약 너는 그래도 좋다면 그렇게 하라"고 말했다. 공자는 이어 "자식이 사람은 태어나 삼 년이 지나야 부모의 품을 벗어날 수 있다. 삼년상은 온 천하 사람들이 다 행하고 있다. 재여도 아마 부모의 품에서 삼 년간 사랑을 받았을 것이다"라고 말했다.[86]

---

86) 《논어 양화》 ~子曰, 子之不仁也! 子生三年 然後免於父母之懷. 夫三年之喪 天下之通喪也 子也有三年之愛於其父母乎!

治任別歸
孔子葬魯城北泗上
弟子皆服心喪三年
畢相訣而去各復盡
哀惟子貢廬於塚上
凡六年然後去弟子
及魯人往從塚上而
家者百有餘室

■ 치임별귀(治任別歸) 제자들이 삼 년을 복상하다.

삼년상이라지만 옛 법도(주자가례朱子家禮)대로 정확히 행한다면 만 27개월을 복상하게 된다. 태어나서 삼 년이 지나야만 부모 품에서 나와 제 발로 걸을 수 있고 제 손으로 밥을 먹을 수 있으니 삼년상이란 낳고 길러준 부모의 은혜에 대한 최소한의 기간이기에 결코 길지 않다는 의미였다.

부모와 자식의 관계가 아니라도 인간으로서 서로의 은혜를 느끼며 보답하는 것이 인정이고 이런 기본감정을 부모에게 적용한다면 그것이 효도이다. 부모의 자식 사랑이 본능이라 하더라도 자식은 부모에게 더군다나 늙고 쇠약해진 부모라면 더욱 효도를 해야 한다. 그리고 돌아가신 이후에 슬픔과 존경의 표시로 삼년상을 치른다는 것은 자식으로서 최소한의 도리라고 생각해야 한다. 이처럼 공자는 가정에서 부모에 대한 효도를 인의 출발점으로 인식했다.

공자가 죽은 뒤, 장례에 관한 일은 자공이 주관한다. 제자들은 상복을 입지는 않았으나 부모의 상과 같이 삼 년간 복상하였다. 이를 심상心喪이라 하는데 삼년상 기간이 끝나자 자공과 함께 다시 한 번 통곡한 뒤 떠나갔다.[87]

다만 자공만은 공자 묘 옆에서 다시 삼 년을 더 복상하고 떠나갔다. 그 뒤 제자들 중 일부가 공자의 덕을 흠모하여 공자의 무덤 곁으로 이사하여 사는 사람들이 마을을 이루었는데 이를 공리孔里라 했다.

---

87) 공자와 제자들은 부자 관계가 아니기 때문에 제자들의 복상을 심상(心喪)이라고 한다.

12 사람은 왜 배워야 하나?

먹는 것이 왜 중요한가? 또는 왜 먹어야 하는가?라는 질문처럼 우스운 질문은 없다. 먹어야 생존하고 생존하기 위해 먹는 사람한테 그것은 당위(當爲)의 사실이다. 그러나 왜 요리가 중요하고 왜 요리를 직업으로 택했느냐고 묻는다면 요리사마다 대답이 다를 것이다. 배우려는 사람에게는 왜 배우느냐고 물어볼 수 있다. 공자는 왜 학문을 해야 한다고 생각했는가?

 생계를 위한 배움

공자는 신분상으로 몰락한 무사武士 계급의 아들로 태어났다. 거기다가 3세에 아버지가 돌아가시고 젊은 미망인의 손에 양육되었지만 17세(또는 23세)에 어머니마저 여의었다고 했으니 그 형편의 어려움은 그때나 지금이나 다름없었을 것이다.

그 당시 공자가 아닌 공구孔丘가 나이 열다섯에 배움에 뜻을 두었다는 것은 15세 이전에 기본적인 문자습득은 했었다고 해석할 수 있다. 이어 공자는 육예를 배웠을 것이다.

육예는 유가에서 교육시키는 6가지 기본기능이라 할 수 있는데, 주례周禮에 의하면 예禮, 악樂, 사射, 어御, 서書, 수數를 지칭한다.[88] 이

---

[88] 춘추시대 이후의 육예는 육경(六經), 곧 시경(詩經) 서경(書經), 역경(易經), 예기(禮記), 악경(樂經), 춘추(春秋)를 지칭했으나, 악경은 실전되고, 오경(五經)만이 전승되어 현재에 이르고 있다.

는 다시 몇 가지로 세분되는데, 예는 길吉, 흉凶, 빈賓, 군軍, 가례嘉禮를 익혀야 했다.

육예는 사족의 자제가 이를 배워 하급직에 채용될 수 있는 기초과정이었다. 예를 익혔다면 향당鄕黨의 각종 의례행사 일을 맡을 수 있고, 수를 배웠다면 창고지기와 같은 일을, 사를 습득하면 활쏘기 의식에 참여할 수 있었으며, 어를 익혔다면 고귀한 사람의 수레를 몰며 호구지책을 마련할 수 있었다.

때문에 달항당의 어떤 사람이 '장하도다. 공자여! 널리 많이 배우고서도 이름을 얻지 못했구나!' 하며 공자를 비웃었다. 그 말을 전해들은 공자가 "내가 무슨 일을 할까? 수레를 몰까? 활 쏘는 일을 도울까? 나는 수레를 몰겠다!"라고 말했다.[89]

공자의 언급한 수레몰기御(어)와 활쏘기射(사)는 육예의 한 가지이지만 하급 사족의 자제가 가질 수 있는 직업이었다. 그리고 공자 자신은 젊은 나이에 생계를 위한 방편으로 육예에 두루 밝았다는 뜻이다. 하여튼 공자는 여러 가지를 배워야만 했는데 이는 높은 관직에 나갈 수 없는 신분이었기 때문이다.

위 달항당인이 공자를 비웃었다는 것은 당시 세간에서 공자와 그 제자그룹에 대한 평가가 비우호적이었다는 반증이며 정치적 실권을 쥔 사람들에게 공자의 군자학君子學과 예교주의禮敎主義가 비난받고 있었다는 증거라고 해석할 수도 있다.

당시의 귀족 자제는 가정교사와 같은 독선생獨先生한테서 필요한

---

89) 《논어 자한》 達巷黨人曰, 大哉孔子! 博學而無所成名. 子聞之, 謂門弟子曰, 吾何執? 執御乎? 執射乎? 吾執御矣.

지식을 배웠다. 그러나 공자는 그러한 여유가 없었을 것이다. 곧 공자에게는 일정한 선생이 없었고 누구한테서나 배웠다. 그러니까 '길을 걷는 세 사람 중에도 나의 스승이 있다. 좋은 것을 골라 배우고 나쁜 것은 고치면 된다.' 라고 말할 수 있었다.[90]

자신을 위한 배움

물건을 만드는 사람은 공장에서, 많은 사람들은 자기 일터에서 자신의 일을 수행한다. 그렇다면 학문을 하는 사람의 일터는 어디인가? 그 일터가 학교 또는 대학의 연구실이라는 좁은 개념의 공간일 수는 없다.

공자의 제자 자하子夏는 배우는 사람은 또 진정한 배움을 이룩한 사람은 배움의 과정으로 도를 실현한다고 하였다.[91] 이는 배움의 과정 그 자체가 군자의 일터인 셈이다.

공자는 제자들에게 개념이나 사상을 가르치기 전에 때로는 구체적이고 실질적인 교육을 했다. 예를 들면, 인仁을 좋아하고 추구하지만 학문의 바탕이 없다면 그것은 어리석음이며, 지혜로움(知)을 좋아하지만 배움이 없으면 허황된 것이며, 용기를 추구하면서도 학문적 바탕이 없다면 이는 혼란(亂)이라고 말했다.[92]

---

90) 《논어 술이》 子曰, 三人行 必有我師焉, 擇其善者而從之 其不善者而改之.

91) 《논어 자장》 子夏曰, 百工居肆以成其事 君子學以致其道.

92) 《논어 양화》 子曰, 由也 女聞六言六蔽矣乎. ~好仁不好學 其蔽也愚 ~ 好勇不好學 其蔽也亂~.

시장의 원리를 무시한 제품은 성공을 거둘 수 없다. 다시 말해, 고객의 기호를 무시한 상품이 성공할 수는 없다. 그렇다면 이러한 원리를 배움에도 적용할 수 있겠는가?

요즈음 우리의 현실을 고려한다면, 나를 써 줄만한 기업을 위한 맞춤형 지식을 갖추거나 기능의 수련이 가장 빠른 길일 수도 있다. 첨경을 달려가는 사람은 다른 길을 고려하지 않는다. 이처럼 전문지식만을 고집한다면 다른 인문지식은 필요 없다는 가장 쉬운 결론을 얻을 수 있다. 그러나 그것이 가장 바른 길(正道)이겠는가?

공자의 시대에는 또 공자한테 배우는 제자들은 요즈음과 같은 생존경쟁을 몰랐을 것이다. 때문에 공자는 상당히 포괄적이면서도 실질과는 관련성이 적다고 생각할 수 있는 교육을 한 것 같다.

"군자는 널리 배우고 예를 지키면 아마도 실패하지 않을 것이다."[93]

이를 박문약례博文約禮라고 하는 데 이 말은 지식이 갖춰야 할 기본 바탕을 강조한 것이다. 이에 따라 공자의 제자 자하도 같은 말을 하고 있다.

"널리 배우고 뜻을 돈독히 하고, 열심히 묻고 실질적인 생각을 하는 것이 인仁의 실천이다."[94]

자하子夏의 이 말은 스승 공자의 말보다 훨씬 구체적이다. 다시 말해, 포괄적인 개념에서 좀 더 구체적인 실례를 보여준 것이다. 자하의 가르침은 스승 공자보다 더 현실적이다.

배움이란 자기완성의 과정이다. 자기완성, 나아가 자아실현은 자

---

93) 《논어 옹야》 子曰, 君子博學於文 約之以禮 亦可以弗畔矣夫.
94) 《논어 자장》 子夏曰, 博學而篤志 切問而近思 仁在其中矣.

신을 위한 것이지 남에게 보여주기 위한 것은 아니다.

때문에 공자도 이를 걱정한 것 같다. 그래서 "옛사람들은 자신을 위한 학문을 했지만 요즈음은 남을 위한 학문을 한다."고 말했다.[95]

결국은 자기완성에 이르면 다방면에서 성취할 수 있고 모범이 될 수 있을 것이다. 공자가 바라는 진정한 배움은 우선 자기완성이었고 자아실현이었다. 그러면 저절로 자신의 목표를 성취할 수 있을 것이다. 다시 말해, 폭넓은 배움은 좋은 제품을 만드는 것과 같다. 좋은 제품이 시장에서 잘 팔리는 것처럼 폭 넓은 배움이 곧 자아실현이고 그것은 곧 나와 남을 위한 배움의 길일 것이다.

배움은 깨우침

오늘날의 지식과 정보를 제공하는 교육은 양적으로 엄청나게 많지만 현대의 교육은 학습자에게 '깨우침'을 강조하지는 않는다. 지식과 정보의 교육에는 자신에 대한 성찰省察이 없으며 철학적 통찰洞察이 없다.

공자가 강조한 것은 자신에 대한 성찰과 그 결과 얻을 수 있는 깨우침이었다. 예를 들면, 인仁을 알고 실천하라는 공자의 가르침은 지식과 정보의 습득 또는 기술의 이해나 숙련을 강조하는 현대의 교육과 본질적으로 달랐다. 공자가 제자들에게 강조하는 깨우침이란 지식과 정보의 양이 많다 하여 얻을 수 있는 것은 아니었다.

공자의 중심 사상은 인仁이다. 인을 중시했기에, 인이 무엇인가를

---

95) 《논어 헌문》 子曰, 古之學者爲己 今之學者爲人.

스스로 알기 위하여 공자는 학문을 했고 또 실천하려고 노력도 했다. 그리고 제자들에게 인을 여러 가지로 설명을 하면서 실천하라고 가르쳤다. 공자는 특히 지배층에게 인을 강조했고 인을 깨닫고 실천하려는 의지를 가진 군자가 되어야 한다고 구체적인 인간상을 제시했다.

공자는 군자와 소인을 구분하고 여러 가지로 비교도 했다. 또 효를 가르쳤는데 효와 불효는 구분이 된다. 그렇다면 공자는 이분법적 사고를 벗어나지 못했고 이분법적 사고로 제자들을 가르쳤다고 보아야 하는가?

그러나 군자와 소인의 구분은 언어적 표현이다. 언어는 본래 구분하여 표현하는 것이 그 수단이다. 유와 무, 선과 악이라는 말로 존재나 가치를 설명한다 하여 이분법적 사고라고 단정할 수 없다. 그리고 언어로는 모든 것을 다 표현할 수도 없다. 더군다나 깨우친 사람이 자신의 그 깨우침을 언어로 표현하여 남에게 모든 것을 전달할 수도 없다. 공자의 경우는 분명 그러했다.

실제로, 인이란 곧 인자하려고 스스로 노력한다 하여 얻어지는 것이 아니었다. 인과 불인의 구분을 떠나 모두를 포용할 수 있는 생각과 성찰이 있어야 한다. 포용이 없는 어짊은 없지만 모든 것을 다 포용했다고 해서 어질다는 뜻은 아닐 것이다.

인은 커다란 깨우침이다. 한 사람의 생각이나 행동이 인인가 아닌가를 이분법적으로 구분할 수는 없다. 인仁은 이분법적인 사고나 분별分別의식을 초월하는 통찰을 거쳐야 깨우칠 수 있다. 이처럼 배움은 깨우침을 얻는 것이다.

13 공자가 생각한 배움이란 무엇인가?

공자는 나이 열다섯에 배움에 뜻을 두었는데(志學), 조그만 마을에도 자신처럼 성실한 사람은 있지만 자신만큼 호학하는 사람은 없을 것이라고 말했다.[96] 이는 공자 자신이 누구보다도 호학(好學)한다는 자부심의 표현이었다. 오늘날에는 배우기를 좋아한다면 그 사람에 대한 칭찬이며 열심히 배운다면 성취를 기대할 수 있다는 뜻으로 받아들여진다. 공자가 배움에 뜻을 둔 배경이나 공자가 생각한 배움의 참모습은 어떤 것이었나?

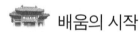 배움의 시작

공자는 스스로 배움의 길을 찾았다고 보아야 한다. 곧 시켜서 하는 공부가 아닌 스스로 자신을 위한 배움이고 학문이었다. 공자가 '옛날에는 자신을 위해 배웠지만 지금은 남을 위해 공부하고 있다.'라고 말했는데,[97] 이 말은 자신을 깨우치기 위한 진정한 학문이 지금은 남에게 등용되기 위한 방편으로 학문을 한다는 의미로 해석할 수 있다.

공자는 스스로 좋아서, 스스로 찾아서 하는 배움만이 즐겁고 또한 유익한 것이라 생각했다.

"배운 다음에 때때로 익히면 기쁘지 아니한가? 벗이 먼 곳에서 찾아오니 기쁘지 아니한가? 사람이 알아주지 않더라도 화를 내지 않으니

---

96) 《논어 공야장》 子曰, 十室之邑 必有忠信如丘者焉 不如丘之好學也.

97) 《논어 헌문》 子曰, 古之學者爲己 今之學者爲人.

군자가 아니겠는가?"[98]

　공자의 이 말은 《논어》의 권두언이면서 공자 가르침의 핵심이며 교육목적이라고 말할 수 있다. 마치 공문孔門의 교훈과 같은 말이면서도 제자를 격려하는 학교장의 신념에 찬 훈화라는 느낌이 오는 구절이다. 이는 공자가 학자였으며 그의 학문 목표가 매우 실질적이며 실천적이었다는 의미를 포함하고 있다.

　곧 배움은 스스로의 일이고 배운 것은 시간이 있을 때마다 반복적으로 연습하여 자기 것으로 만들어야 한다. 그런 과정에서 마음속으로 느끼는 희열喜悅이 곧 배우는 기쁨이다. 그리고 배움을 같이 하는 벗이 먼 곳에서 찾아와 학문을 이야기 하는 것은 벗과 사귀면서 느끼는 또 다른 즐거움(快樂)이다. 그리고 "군자는 학문을 매개로 벗과 사귀고 벗과 함께 인을 실천할 수 있다."는 증자曾子의 말은[99] 개인의 학문연찬에서 학문의 상호 실천과 동시에 사회화 과정이라고 볼 수 있다.

　물론 이런 말들을 논리적으로 본다면 많은 부분이 생략되거나 언급되지 않았다. 무엇을 배우는가? 어떤 정도의 즐거움인가? 등에 대한 구체적인 언급이 없지만 당시 스승과 제자 사이에서는 그만한 교감交感이 있는 대화였다고 보아야 한다.

　그리고 그런 기쁨과 즐거움으로 자신의 성취가 있는데 "남이 알아주지 않아도 화를 내지 않으니 군자가 아니겠는가?"라는 말은 학문에 의해 인격이 수양된 군자의 모습을 서술한 것이다.

---

98) 《논어 학이》 子曰, 學而時習之 不亦說乎 有朋自遠方來 不亦樂乎 人不知而不慍 不亦君子乎.

99) 《논어 안연》 曾子曰, 君子以文會友 以友輔仁.

이 말을 하나의 처세술에 관한 이야기로 해석할 수도 있지만 그런 지경에 도달했다면 절제할 수 있는 감정의 소유자라 볼 수 있으며 그 정도의 인격적인 수양을 해야 한다는 가르침이다. 이는 곧 배움과 사회생활 그리고 인격수양과 자아실현이라는 학문의 참다운 길을 가장 잘 묘사한 말이다.

배움의 끝

《논어》 전체에는 배움의 참뜻과 과정, 배움의 목적과 활용에 대한 공자의 신념이 가득하다. 공자의 학문에 대한 이런 신념은 《논어》 전체에 일관되게 흐르면서 《논어》의 맨 마지막 구절로 다시 한 번, 수미상응首尾相應하듯 강조된다.

'천명을 모른다면 군자라 할 수 없고, 예를 모른다면 세상에 나설 수 없으며, 말을 알아듣지 못하면 사람을 알지 못하는 것이다.'[100]

이는 《논어》의 마지막 결론이면서 배움의 맨 마지막 단계 곧 배움의 끝이 어떠해야 하는가를 서술한 것이다. 《논어》의 편찬자 그 누군가가 지명知命, 지례知禮, 지언知言 의 의미와 가치를 《논어》의 맨 마지막 구절로 마무리 한 것은 정말로 의미심장하다.

배우고 스스로 학문을 연마하며 인의를 실천하는 군자라 하여 반드시 높은 자리에 오르고 남의 존경을 받는 것은 아니다. 배움과 학문의 길을 걸으면서 스스로의 기쁨을 마음껏 누린 사람은 그런 인생 자

---

100) 《논어 요왈》 孔子曰, 不知命 無以爲君子也, 不知禮 無以立也, 不知言 無以知人也.

체가 곧 하늘의 명일 수도 있다. 배움의 과정에서 스스로 천명을 알았다면 그것으로 족한 것이다.

그리고 배우는 사람이라 하여 예를 지키고 행하지 않는다면 사회생활이 불가능하다. 말하자면, 예는 배움이 있건 없건 사회생활의 기본이라는 사실을 한 번 더 새겨주고 있다.

그리고 나의 말은 물론 남의 말을 알아들어야 다른 사람을 알고 살아갈 수 있는 것이다.

이는 배우는 사람이, 한평생 학문의 길을 걷는 사람이 범하기 쉬운 오류를 경계한 말이면서도 배움과 학문의 최종 목표를 마지막으로 다시 강조한 것이라 할 수 있다. 이를 달리 생각하면 공자의 한평생을 요약한 글일 수도 있다.

 배움에 대한 열정

공자는 "종일 먹지도 자지도 않으면서 생각해 보았지만 아무 보탬이 되질 않았고 무엇인가를 배우는 것만 못했다"는 말을 하였다.[101] 이는 아무리 혼자 이런저런 생각과 궁리를 하더라도 실질적인 효과를 얻기 어렵다는 뜻이고 몸소 배움을 실천하는 것만 못하다는 뜻일 것이다. 이처럼 배움은 실질적인 것이지 공상空想으로 이루어지는 것이 아니다.

동시에 배움이 있다 하더라도 그것은 자신의 사색을 통해서 자기

101) 《논어 위령공》 子曰, 吾嘗終日不食 終夜不寢 以思無益 不如學也.

것으로 만들어야 한다. 배움 다음에는 자기 나름대로의 평가나 자기 것으로 만드는 과정이 있어야 한다. 단순한 기억은 곧바로 지워지는 것과 같이 자기화 과정이 없다면 결국 남는 것이 없을 것이다.

이와 반대로 배움이 없는 사색은 위험한 것이다. 생각하는 바가 있다면 그를 바탕으로 실질적인 배움이 있어야 한다. 자신의 생각이 다른 사람의 생각과 어떻게 다르고 옛사람은 어떠했는가를 배워야 한다. 때문에 공자는 "사색이 없는 배움은 얻는 것이 없고, 배움이 없는 사색은 위태롭다"라고 말했다.[102]

배움이라는 행위는 본능의 숙련과는 다르다. 본능적으로 훈련되어 초원을 달리는 치타의 사냥 과정과 인간의 배움 과정이 같을 수는 없다. 인간의 배움에는 열정이 있어야 한다. 공자는 나보다 먼저 배우고 이룩한 것을 따라가는 처지에서는 "배운 것을 따라가지 못할까 걱정하고 잃어버려서는 큰일 날 것처럼 생각"하는 열정이 있어야 성취할 수 있다고 말했다.[103]

또 배움에는 부지런한 열정이 있어야 하고 그런 열정이 있는 사람이라면 지위가 낮은 사람이나 연령적으로 어린 사람한테도 배우는 것을 부끄럽게 여기지 않는다. 이를 불치하문不恥下問이라고 하는데,[104] 불치하문은 학문에 대한 열정이다.

배움에 열중하면 그리고 배움에 대한 갈증이 있다면 그리하여 진정으로 배움을 이룬 사람은 고루하지 않을 것이며 자기 것만을 고집固

---

102) 《논어 위정》 子曰, 學而不思則罔 思而不學則殆.

103) 《논어 태백》 子曰, 學如不及 猶恐失之.

104) 《논어 공야장》 子貢問曰, ~子曰, 敏而好學 不恥下問 是以謂之文也.

執하는 집착이 없을 것이다. 관심과 열성은 한 가지만 집착하는 고집이 아니다.

군자는 가볍게 처신할 수는 없다. 그렇다고 무게를 잡는다고 자신의 생각만을 고집하지 않을 것이다. 진정한 배움을 이룩한 사람은 유연한 사고를 한다. 유연한 사고는 흔들리는 무원칙이 아니라 모든 것을 수용하면서도 개선하는 진보와 적응일 것이다.

그러기에 공자는 "배우면 고루하지 않다"고 말하였는데,[105] 이는 요즈음 세태에서 상당히 새겨 들을만한 말이라고 생각한다. 곧 자신의 주의나 주장만을 고집하는 폐단이 있고 다른 사람의 비판이나 주장을 전혀 용납하지 않는 사고는 위험할 뿐이며 오히려 갈등만을 일으키기 십상이다.

[105] 《논어 학이》 子曰, 君子不重 則不威, 學則不固. ~

14

배움(학문)으로 무엇을 얻는가?

모든 일이나 노력의 뒤에는 얻는 것이 있다. 농사를 지으면 곡식을 얻고 노동의 결과로 소득을 올릴 수 있다. 모든 사람들이 성과나 이득을 위해서만 일하는 것은 아니지만, 노력의 결과로 무엇인가를 얻어야 한다. 공자는 제자들을 가르쳤고 제자들은 열심히 배웠다. 배움으로 얻어지는 효과는 무엇인가?

 지식과 정보

공자가 제자들에게 가르친 지식의 양量은 얼마나 될까?

아마 이런 질문에서 우선 지식이란 구체적으로 무엇을 의미하는가를 생각해야 한다. 예를 들면, 문자의 해득도 엄청난 양의 지식이다. 그러나 문자를 해득했다고 해서 지식이 많은 사람이라고 말할 수는 없다. 공자가 제자들에게 문자해득과 같은, 요즈음의 초등학생이 습득하는 읽기와 셈하기 등 기본 도구적 지식을 가르쳤다고 생각할 수는 없다.

공자가 제자들에게 가르친 내용은 요즈음의 정치학 개론이나 경영학 개론, 아니면 역사학 같은 구체적인 지식이나 정보하고는 차원이 달랐다.

현대인은 자신들의 행위나 사고思考, 사회생활을 영위하는데 필요하거나 의미를 가진 것에 대하여 알고 있는 것, 또는 알아야 하는 것을 정보情報라고 생각한다. 이때의 정보라는 개념은 다분히 실용주의적 의미가 있는 곧 '가치적 정보'이다.

이러한 가치적 정보는 시간에 따라 필요한 것도 있지만 시간이 지나가면 그 가치가 사라지는 정보가 있고 미래에 활용할 수 있는 것도 있을 것이다.

공자의 호학은 기본적으로 '옛것을 익히고 새로운 것을 알고자' 하는 온고지신溫故知新이었다.[106] 온고는 옛 문물을 탐구하거나 익힌다는 뜻이니 과거의 문화유산에 대한 성실한 계승이다. 지신은 옛것만을 지키며 머무는 정체가 아니라 새로운 시대에 따라 같이 발전하는 적응이라 할 수 있다. 온고지신은 교사의 직분을 수행해야 할 모든 사람들이 새겨야 할 교훈이다.

공자의 온고정신은 옛 선왕의 예악이나 문물을 이어받아 충실하게 기술記述하되 곧 전통문물을 계승하지만 새로운 예악이나 제도문물을 만들지는 않는다는 '술이부작述而不作'으로 표현된다.

공자가 주공周公의[107] 예교禮教와 예악禮樂과 선왕의 도道를 높이 평가하고 서술하는 일은 육경六經의 내용을 보완하거나 바로 잡고 풀이하는 작업이었다. 이런 일들은 옛 문물에 대한 신뢰와 옛 문물을 진정으로 좋아하는 호고好古의 정신이었다.[108]

곧 전통의 문물제도를 이어받고 따르는 '술이부작'은 진리를 믿고

---

106) 《논어 위정》 子曰, 溫故而知新 可以爲師矣.

107) 주공(周公) ; 서주의 건국자 무왕(武王)의 아우, 주 무왕이 건국 2년 만에 죽고 아들 성왕(成王)이 어린 나이에 즉위한다. 주공은 작은아버지로서 섭정을 하며 건국 초기의 혼란과 제도 문물을 정비한다. 주공은 성왕이 성인이 되자 섭정에서 깨끗하게 물러난다. 무왕이 주공을 노나라에 봉했지만 주공은 노나라에 가지 못했고 주공의 아들 백금이 노나라의 실질적인 건국자요 통치자가 되었다.

108) 《논어 술이》 子曰, 述而不作 信而好古 竊比於我老彭.

⒃ 그에 순응하는 것을 의미한다. 물론 이런 '술이부작'의 태도는 앞서온 전통만을 답습하라는 의미는 아니라고 해석해야 한다. 이는 과거와 현재의 조화를 의미하는데 현세에서 조화를 이루지 못한다면 차라리 옛것을 따르라는 의미일 것이다.

🏯 생활과 배움의 일치

공자가 '열다섯에 배움에 뜻을 두었다'고 한 말에서 15세를 지학志學이라고 한다. 소년 시절의 공자는 편모슬하의 어려운 가정환경이었다. 그러하였기에 무엇인가를 알아야 하고 배워야만 생활이 가능했을 것이다. 만약 지위가 보장되는 제후의 자식이었다면 배움이 그렇게 절실하지 않았을 지도 모른다.

그러나 공자의 배움은 생존의 방편을 얻기 위한 단순한 배움이었다고는 생각할 수 없다. 단순한 직업적 배움이었다면 공자는 자신의 말대로 육예六藝의 하나인 수레를 모는 어御를 배워 직업으로 삼았을 지도 모른다. 여기서 공자의 배움은 직업의 방편을 떠나 인간으로서 인간다운 생활을 하기 위한 실질적인 배움을 추구했다고 볼 수 있다.

"군자는 배불리 먹고 편히 쉬는 것만을 추구하지 않는다. 일을 열심히 하면서 신중하게 말하고, 바른 길을 찾아 자신을 바로잡는다면 배우기를 좋아하는 사람이다"라고 공자는 말했다.[109]

또 공자는 효도하고 공손하며, 부지런하고 신의를 지키고, 인자한

---

109) 《논어 학이》 子曰, 君子食無求飽 居無求安 敏於事而愼於言 就有道而正焉 可謂好學也已.

사람을 가까이 하면서 여력이 있을 때 학문을 하라고 하였다.[110] 그리고 공자의 제자 자하도 "부모에게 효도하고 나라에 충성하며 벗과의 믿음을 지킨다면 글을 몰라도 배운 사람으로 여기겠다."라고 말했다.[111]

이는 효도의 실천 등 일상생활에 충실할 것을 강조한 것이며 배움에 대한 열정이 있어야 한다는 생활 속의 학문을 강조한 것이다.

공자의 말대로 학문은 우선 생활과 분리된 것이 아니며 배운다는 그 자체가 근본적으로 생활을 위한 것이라는 실용적 차원에서 출발한다. 다시 말해서, 학문은 성인聖人이나 초인超人이 되기 위한 것이 아니라는 뜻이다. 학문은 일상생활이며 이는 학문과 생활의 일치 곧 학행일치學行一致이다.

학즉불고 學則不固

공자가 제자에게 배움을 강조한 것은 스스로의 노력에 의한 배움이 깨우침을 얻을 수 있는 방법이었기 때문이다. 공자는 "배우면 고루해지지 않는다(學則不固)"고 말했다.[112] 고루하지 않다 곧 완고하지 않다는 것은 배움으로 얻을 수 있는 가장 큰 효과라고 생각한다.

고固는 사방이 막혀 있고(塞) 또 닫힌(閉) 상태이다. 또 아주 단단하게 굳어진 상태를 표현한 글자이다. 그보다는 '비루鄙陋하다' 또는 '완고頑固하다'는 뜻이 가장 적절한 표현일 것이다. 비루하다는 것은 천

---

110) 《논어 학이》 子曰, 弟子 入則孝 出則悌 謹而信 汎愛衆 而親仁 行有餘力 則以學文.
111) 《논어 학이》 子夏曰, ~事父母 能竭其力 ~ 雖曰未學, 吾必謂之學矣.
112) 《논어 학이》 子曰~, 學則不固~.

박하며 하급이라는 뜻이고, 완고한 것은 오직 하나만을 고집하며 통달하지 못했다는 뜻이다. 막히고 닫혀 있다는 것은 '알지도 못하면서 묻지도 않는 것'이라는 설명도 있다.

배우면 막혀 있거나 닫힌 상태가 아니라는 것은 사고의 유연성과 다양성을 의미한다. 막혀 있거나 닫혀 있어서는 사리를 깨우칠 수 없다. 막혀 있다는 뜻은 자기 세계에만 갇혀 좁은 소견에 집착하는 것이다. 사고가 유연하다는 것은 포용력이 있다는 의미이다. 이는 지식과 정보의 양을 중시하는 오늘날의 학문과 크게 다른 것이다.

앞에서도 언급했지만 인을 체득하고 실천한다는 것은 깨우침이다. 고루하거나 완고한 사고로는 깨우침을 얻을 수 없다. 또 배운 것을 자기 것으로 만들 수도 없다. 배우는 사람은 또 배운 사람이라면 유연한 사고와 개방적으로 사고하며, 다양하게 적응하는 실천력을 함께 갖고 있어야 한다.

배움을 통해 폐쇄적이고 고루함을 버리고 유연한 사고와 적응력을 길러야만 진보하면서 성취할 수 있다. 학즉불고는 배움을 통해 얻을 수 있고 이렇게 되어야만 배움의 목표인 깨달음에 도달할 수 있다는 말이다.

공자가 제자에게 배움을 강조한 것은 깨달음이었다. 그리고 깨닫기 위해서는 배움을 통해 고루하거나 완고한 것을 버려야만 진보와 향상을 이룩할 수 있다고 믿었던 공자였다. 이는 오늘날에도 통하는 진리라고 생각한다.

이처럼 공자의 학문은 현실에 관심을 가지고 문제를 해결하려는 노력에서 시작했고, 스스로의 노력과 성찰로 인仁을 터득했고 또 실천했다고 말할 수 있다.

15

공자의 호학과 면학은 어떠했는가?

공자가 배우기를 좋아하고 열심히 공부했다는 것은 누구나 다 인정해야 한다. 공자 자신이 즐겨 배웠고 열심히 노력했기에 그에 따른 성취가 있었으며 그만한 학문적 바탕이 있었기에 자기 철학을 확실히 할 수 있었고 제자들에게 호학과 면학을 권했을 것이다. 공자의 호학과 면학은 어느 정도였으며 어떤 영향을 남겼는가?

 공자의 사명감

공자는 주초周初의 정치 지배체제가 붕괴되는 춘추시대의 사회적 혼란 속에서 신분적으로 그 중요성이 더욱 높아지는 사士에 속하는 사람이었다. 춘추시대의 계급적 갈등이나 제후 상호간의 경쟁과 충돌에서 지배계층은 자신의 통치력을 강화하기 위한 방법으로 자신에게 필요로 하는 지식인이나 관료들을 등용하거나 휘하에 두었다. 이 관료들이 대부분 바로 사士에서 나왔으며 이들은 자신의 노력으로 자신들의 사회적 지위를 계속 높여갔다.

본래 유儒는 제사의식을 담당하거나 향촌 사회에서의 여러 행사들을 진행하는 종교적 지식인들이었다. 지배계층의 제사의식이나 조상 숭배의식은 가부장적 지배권을 강화하기 위한 하나의 수단이었으며 그러한 제사의식은 시대가 바뀌면서 점차 복잡해졌기에 유儒의 존재 가치와 필요성은 계속 인정받고 있었다.

유자儒者들은 그들의 복장에 장식용 띠를 매고 있어 보통 진신선생搢紳先生이라고 불렸는데 이 진신선생들은 자신들을 고용해주는 지배계층을 위해 시詩와 서書, 예악禮樂을 배우고 또 전수하고 있었다.

이렇게 학습하고 전수하는 고전에는 주나라 왕실의 지배체제를 강화하는 이데올로기가 내포되어 있었는데 공자시대에 들어와서는 주나라 건국 이후의 예악은 많이 붕괴된 상태였다.

공자가 "주는 하夏와 은殷 두 왕조의 문물을 본받았기에 매우 훌륭했다. 나는 주나라의 문물을 따르겠다."라고 말한 것은[113] 바로 이런 상황을 설명해 주고 있는 것이다.

공자는 제후들이나 집권자들이 제멋대로 행하는 제사의식이나 예악에 대하여 그 참뜻을 깨우쳐 주어야 한다고 생각했다. 그러기 위해서는 유자나 사士에 대한 교육은 시대적 요청이면서 절실한 과제였을 것이다. 공자는 우선 자신이 주대의 문물제도에 대하여 바로 알아야 할 필요성을 절감했을 것이다. 따라서 공자는 그 당시에 가장 절실한 사士 계층에 대한 교육을 자신의 과업이라 자각한 사람이었다.

공자가 스스로 직업교육이라고 생각할 수 있는 육예六藝에 밝았고, 또 시詩, 서書, 악樂을 널리 열심히 배우고 성취한 것은[114] 직업적인 필요성과도 연관이 있었다고 보아야 한다.

113)《논어 팔일》子曰, 周監於二代 郁郁乎文哉. 吾從周.
114)《논어 태백》子曰, 興於詩 立於禮 成於樂.

성실한 독학篤學

'열다섯에 배움에 뜻을 두었다(吾十有五而志于學)'는 말은 노인인 공자가 자신의 일생을 되돌아보면서 한 말이지만 지금 시대에도 통하는 말이라고 생각한다. 적어도 중학교 3학년이나 고등학교에 입학했다면 자신의 삶의 방향을 정해야 할 것이다.

"어느 작은 마을이라도 나처럼 성실한 사람은 있겠지만 그들은 나만큼 배우기를 좋아하지는 않을 것이다."[115]

이 말은 공자의 호학好學을 가장 단적으로 증명한 말이다. 곧 어느 곳이든 성실히 노력하는 사람은 언제나 있겠지만, 나는 누구보다도 배우기를 좋아했다는 뜻이다. 이는 공자의 호학에 대한 자부심의 표현이기도 하지만 한마디로 공자는 매우 성실하게 배움에 임했던 독학자篤學者였음을 말해주고 있다.

공자의 학습능력이 어느 정도였는가는 그때나 지금이나 알 수 있는 방법이 없다. 다만 《논어》를 읽다보면 청년 공자의 성실하게 노력하는 모습이 연상된다. 공자가 생계유지의 방법으로 필요에 의한 배움을 시작했지만 공자는 그 한계를 스스로 넘어선 것이다.

이러한 호학好學의 자세는 일상생활에서도 그대로 강조되었다. 곧 "군자는 배불리 먹고 편히 쉬는 것만을 추구하지 않는다. 일을 열심히 하면서 신중하게 말하고, 바른 길을 찾아 자신을 바로잡는다면 배우기를 좋아하는 사람이다."[116]

---

115) 《논어 공야장》 子曰, 十室之邑, 必有忠信如丘者焉, 不如丘之好學也.

116) 《논어 학이》 子曰, 君子食無求飽 居無求安 敏於事而慎於言 就有道而正焉 可謂好學也已.

이는 배움의 길을 걷는 사람의 일상을 언급한 것이다. 다른 사람과 똑같이 배불리 먹고 편안히 쉬고서야 언제 배우겠는가? 꾸물대면서 일하고 함부로 말하고 바른 행실을 갖지 못한다면 그런 사람에게 누가 가르침을 줄 것이며, 또 그런 사람이 어찌 배움을 성취할 수 있겠는가?

배움은 목표이기도 하지만 그 자체가 과정이라 말할 수 있다. 그 과정이 성실하지 못하다면 성과를 거두지 못하는 것이 배움이다.

발분망식 發憤忘食

청년 공자는 당시의 유명 인사라 할 수 있는 주 왕실에 근무하던 노자老子, 위衛의 거백옥蘧伯玉, 제齊나라의 안평중晏平仲, 정鄭나라의 자산子産, 노나라의 대부 맹공작孟公綽 등을 찾아보거나 아니면 사숙私淑하며 자신의 학문 지평을 넓혀갔다.[117]

공자는 30대에 제나라에 여행한 것으로 알려졌는데 제나라에서 순舜임금의 음악인 소韶를 듣고 배우는 3개월간 기뻐서 고기 맛을 몰랐고 "음악이 이런 경지에까지 이를 줄은 생각하지 못했다"는 말을 하였다.[118] 이처럼 다방면에 걸쳐 몰입의 경지에 이르는 것이 공자의 호학이었다.

공자의 박식에 대하여 제자들이 거의 경탄할 정도였는데 공자 자신은 태어나면서부터 아는 것이 아니며 다만 옛것을 좋아하며 배우는

---

117) 《논어 공야장》 子謂子産, 有君子之道四焉 ~ / 子曰, 晏平仲善與人交 久而敬之.

118) 《논어 술이》 子在齊聞韶 三月 不知肉味, 曰, 不圖爲樂之至於斯也.

데에 부지런했고 열심이었다고 스스로 말했다.[119]

공자의 높은 학문 수준에 대하여 제자들이 '태어나면서부터 아는 사람은 노력할 필요가 없을 것'이라고 생각할 수도 있다. 그러한 생각을 하면 '나는 노력해도 안될 것이야' 하면서 스스로 한계를 긋고 포기할 수도 있는 것이다. 때문에 공자 자신은 결코 '태어나면서부터 지식을 갖춘 사람'이 아니라는 것을 강조하였다.

사실 학문에 있어 '태어나면서부터 아는 경지'는 있을 수 없다. 아무리 많이 아는 사람이라도 그것은 불완전한 지식일 수밖에 없다. 아는 만큼 모르는 것도 보이기 때문에 많이 아는 사람일수록 더 많은 노력을 기울이는 것이다.

공자는 '배움에 도달하지 못할 것처럼 노력하지만 그래도 잃는 것이 많을까 두려워한다.'라고 말하였는데,[120] 이런 말을 할 수 있는 공자는 학문의 속성을 가장 잘 알았고 진정으로 학문을 한 사람이라고 평가해야 한다.

공자의 호학은 일생동안 지속되었다고 보아야 한다. 섭공葉公(잎 엽, 성씨일 때는 '섭')이 자로에게 공자에 대해 물었지만 자로가 대답하질 못했다. 그런 일을 전해 들은 공자가 자로에게 말했다.

"너는 왜 말하지 못했느냐? 그 분은 (학문에) 발분하면 먹는 것도 잊어버리고 즐거워 근심을 잊어버리기에 늙는 줄도 모르는 사람이라 하면 되는데!"[121]

---

119) 《논어 술이》 子曰, 我非生而知之者 好古敏以求之者也.
120) 《논어 泰伯》 子曰, 學如不及 猶恐失之.
121) 《논어 술이》 ~ 子曰, 女奚不曰 其爲人也 發憤忘食 樂以忘憂 不知老之將至云爾.

공자는 이처럼 학문에 푹 빠지는 사람이었으니 마치 구도자와 같은 생활이었다고 보면 될 것이다. 중국에 '배우면서 늙으면 늙는 줄도 모른다(學到老 不會到老)'는 속담이 있는데, 이는 아마 공자의 이러한 경지를 두고 한 말일 것이다.

위편삼절

위편삼절 韋編三絶 이란 말은 《논어》에 있는 말이 아니다. 《사기 공자세가》에는 '공자는 만년에 역易(주역周易)을 읽기를 좋아하여 주역의 내용을 해설하는 글을 지었고 가죽 끈이 세 번이나 끊어질 정도로 많이 읽었다'는 기록이 있다.[122]

위편 韋編 은 죽간竹簡 이나 목간木簡을 꿰어 매는 가죽끈 곧 책을 제본하는 가죽끈이다. 옛날 종이가 발명되기 전에, 글자가 쓰여 있는 목간이나 죽간을 하나씩 넘겨가며 독서를 하다 보니 그 가죽끈이 닳아서 세 번이나 끊어졌으니 얼마나 열심히 독서했는가를 알 수 있다.

공자는 시를 자주 인용하였고 자공과 자하 같은 뛰어난 제자에게 '너는 나와 시를 이야기할 만하다'라고 말한 것을 본다면[123] 공자가 시를 이용한 교육활동을 폈다고 볼 수 있다.

---

122) 《사기 공자세가》孔子晚而喜易 序彖,系,象,說卦,文言, 讀易 韋編三絶. 曰, 假我數年 若是 我於易則彬彬矣.

123) 《논어 학이》子貢曰, 貧而無諂 富而無驕 何如~子曰, 賜也, 始可與言詩已矣~. / 《논어 팔일》子夏問曰, ~巧笑倩兮 美目盼兮 素以爲絢兮 何謂也. ~子曰, 起予者商也. 始可與言詩已矣.

■. 위편삼절(韋編三絕)

　　그 외에 공자가 예에 관한 언급도 예가 필요하다는 것을 강조한 내용이 많지만 《예기》의 어느 구절을 인용하여 말한 적은 없다.

　　공자의 일생을 훑어보면 공자는 처음부터 제자 교육과 학문연구의 길을 걷고자 한 사람은 아니었다. 그는 사회의 혼란과 무질서를 극복하기 위한 방법으로 옛 문물이나 예악의 복구에 의한 평화롭고 안정된 사회를 이룩하고자 했다.

　　따라서 그러한 옛 제도나 문물에 대한 관심과 연구는 당연한 과정이었고 그런 내용을 또한 교육했다. 옛 제도나 문물에 대한 식견을 가진 제자들이 정치 일선에서 활약하기를 기대하고 교육하고 연구를 했다고 보아야 한다. 실제로 공자는 농사에 관한 것을 묻는 제자에게 나는 늙은 농부만 못하다고 가르치기를 거부한 것은 공자의 관심이 윤리나 도덕, 정치에 집중되어 있었다는 증거이다.

　　공자는 박학다식이 중요하지만 그것은 현실과 연결되어야 한다는 입장을 견지했다고 볼 수 있다. 그리고 현실적인 박학다식을 위해서는 꾸준한 호학과 면학을 강조하였다. 위편삼절이란 말은 공자의 호학과 면학을 강조한 하나의 에피소드이다.

만세의 사표師表

공자의 호학은 자신의 학문 영역에 대한 확대와 결코 만족할 수 없는 배움에 대한 갈증, 그리고 그러한 배움을 제자들에게까지 확산시키는 일 곧 가르치는 일로 직결된다.

공자는 "묵묵히 깨우치고, 배우되 싫증을 느끼지 않고, 가르치기를 게을리 하지 않는 일은 나에게 어려운 일은 아니었다."라고 말했는데[124] 이는 공자의 호학과 교육애를 표현한 말이라 할 수 있다.

옛 성현의 문물과 제도를 배우는 일은 학문의 기본이며 학문적 바탕에 대한 인식의 확대이다. 학문을 하면서 '이 정도면 되겠지!' 라고 스스로 한계를 생각하면 학문은 거기서 끝이다. 공자가 배움에 싫증을 느끼지 않았다는 학이불염學而不厭은 지속적인 탐구활동을 했다는 의미이다. 다시 말해, 배움에 싫증을 느낀다면 그런 사람에게서는 학문적 성취를 기대할 수 없는 것이다.

그리고 자신의 학문은 제자들 곧 다음 세대에게 전수되어야 하는데 가르치는 일을 게을리해서도 안 된다. 이를 '회인불권誨人不倦(가르칠 회)' 이라고 하는데 호학과 함께 다음 세대에 대한 교육도 학문의 길을

---

124) 《논어 술이》 子曰, 默而識之 學而不厭 誨人不倦 何有於我哉.

택한 사람의 의무일 것이다. 그렇다면 배움과 가르침을 꼭 같이 병행하는 것은 지행합일知行合─의 정신이라고 말할 수 있다.

공자의 이러한 호학은 그 제자들에게 그대로 전승되었다. 자하子夏는 "널리 배우며 뜻을 돈독히 하고, 깊이 파고들어 질문을 하며 쉬운 일부터 실천하면 인仁이 그 가운데 있다."라고 말하였다.125) 또 "장인이 일터에서 일을 하듯 군자는 학문을 통해 도道를 구현해야 한다."라고 말하였는데126) 이런 말들은 공자의 호학과 실천을 계승한 것이다.

공자는 14년간의 주유를 끝내고 노나라에 돌아와 육경을 정리하고 제자들을 집중적으로 양성했다. 공자는 온고지신과 술이부작의 기본 정신 위에서 고대문화를 집대성하고 제자들을 양성했기에 만세에 이르도록 영원한 스승의 표상表象 곧 만세사표萬歲師表로 추앙을 받기에 이르렀다.

공자의 수제자였던 안회는 위대한 스승에 대하여 "우러러 볼수록 더 높아지고 뚫을수록 더욱 견고해지며, 앞에 계신가 하면 어느새 뒤에 계셨다. 스승께서는 순차적으로 이끌어 깨우쳐 주셨으며, 학문을 통해 나를 넓혀 주셨고, 예로 나의 행동을 잡아주셨으며 그만 두려고 해도 그럴 수가 없었다. 나의 온 노력을 다해도 앞에 새로운 목표를 세워주셨으니 따라가려 해도 따라가지 못했다."라고 말했다.127)

이는 만세의 사표라 할 수 있는 공자의 위대한 모습을 가장 잘 표현할 말이라고 생각한다.

---

125) 《논어 자장》 子夏曰, 博學而篤志 切問而近思 仁在其中矣.
126) 《논어 자장》 子夏曰, 百工居肆以成其事 君子學以致其道.
127) 《논어 자한》 顔淵喟然歎曰, 仰之彌高~. 夫子循循然善誘人 博我以文 約我以禮 欲罷不能. ~

16 공자는 제자들을 어떻게 가르쳤는가?

아무리 좋은 옥(玉)이 있어도 쪼아 다듬어야만(琢) 물건이 되는 것처럼 사람이 배우지 않으면 바른 길을 알 수가 없다.[128] 공자는 자신이 호학하며 면학한 교육자였다. 가르침과 배움은 동시에 진행되기에, 공자 자신의 면학은 곧 그의 교육이라고 말할 수 있다. 공자 자신이 면학하지 않았다면 그 많은 제자들 개개인에게 알맞은 교육을 할 수 없었을 것이다. 공자의 교학(教學) 방법은 무엇이었는가?

 능력의 차이를 인정

공자는 "인간의 본성은 서로 비슷하나 습성에 따라 서로 차이가 난다"고 하였다.[129]

말하자면, 부모에게 효도를 하는 마음이나 자식을 사랑하는 마음은 누구나 다 갖고 있으니 인간의 천성은 큰 차이가 없는 것이다. 그러나 생활을 하다보면 생활습관에 따라 인간의 능력이나 사람의 됨됨이는 크게 차이가 난다고 보았다.

곧 착한 일을 많이 보면서 온유하게 성장했으면 선인善人이 되지만 그 주변에서 악행이나 보고 악인들에 둘러싸여 성장했다면 천성이 그러한 쪽으로 달라질 수 있는 것이다. 여기서 습상원習相遠이란 말을

---

128) 《예기 학기》 玉不琢 不成器, 人不學 不知道.

129) 《논어 양화》 子曰, 性相近也 習相遠也.

'학습에 의해 그 결과가 크게 달라진다.'는 뜻으로 해석하기도 한다. 이는 인간의 학습능력은 차이가 있다는 현실을 그대로 인정한 것이다.

사실 달리기에 뛰어난 사람이 있고, 비상한 두뇌를 가진 기억력의 천재도 있으며 학습 방면에는 영 소질이 없어 진보가 매우 늦은 사람도 분명히 존재한다.

때문에 공자는 "태어나면서 아는 사람이 제일이고, 배워서 아는 사람이 그 다음이며, 어려움을 알고서 배우는 사람이 또 그 다음이나, 어려움을 겪고서도 배우지 않는 사람들은 하층이라 할 수 있다."고 능력에 다른 차이를 설명하고 있다.[130]

공자 자신은 태어나면서 아는 '생지자生知者가 아니며 단지 열심히 노력하는 사람'이라고[131] 자신을 낮추면서 제자들의 면학을 독려하기도 하였다.

그러면서 공자는 맨 위의 능력이 뛰어난 상지上知와 맨 하층의 하우下愚는 바뀌지 않는다면서 교육에 한계가 있음을 인정하였다.[132]

온고지신

공자는 자신은 덕을 수양해야 하는 사람이며 배운 것을 전수해주어야 하는 교육자이며 옳은 일을 실천하려고 하는 사람이며 또 현실개

---

130) 《논어 계씨》 孔子曰, 生而知之者上也 學而知之者次也 困而學之 又其次也 困而不學 斯爲下矣.

131) 《논어 술이》 子曰, 我非生而知之者 好古敏以求之者也.

132) 《논어 양화》 子曰, 唯上知與下愚不移.

혁을 위해 힘써야 하지만 그런 일들이 잘 되지 않아 걱정이라고 말했는데[133] 이러한 경지가 스스로 탐구하며 실천하는 교육자의 참모습일 것이다.

교학상장敎學相長이란 '가르침과 배움을 통해 교사와 학생이 같이 발전한다.'는 뜻이다.[134] 실제로 교사는 가르쳐 보아야 힘든 것을 알고 더 잘 가르치는 방법을 찾고 또 부족한 것을 보완할 수 있다. 배우는 입장에서는 얼마나 부족하고 또 무엇을 더 공부해야 하는지를 알 수 있으며 가르침을 받아야만 독학獨學의 한계를 벗어날 수 있다.

공자의 학습방법은 온고溫故와 지신知新이었다. 본래 교육이란 옛 전통이나 기술의 습득이었다. 아버지한테 농사를 배우는 것은 곧 전통기술의 습득 온고에 해당한다. 그러한 농사를 하다가 그를 바탕으로 새로운 농사기술을 생각해 적용하는 것이 바로 지신이다.

온고를 단순한 답습과 반복이라고 인식하면 잘못이다. 온고에도 반드시 그럴 이유와 타당성을 체득해야 한다. 그러하다면 지신이 과거의 전통이나 기술을 통째로 부정하는 것이 아니라는 것을 알 수 있다.

이 온고지신의 방법에서 결코 빼놓을 수 없는 것이 학문과 사유思惟를 함께 하는 것이다. 공자는 "배우면서 생각하지 않으면 허망하고 생각만 하고 배움이 없다면 위태롭다."라고 말했는데,[135] 이는 곧 학사병진學思竝進의 학습방법이다.

우리가 학습學習이라는 말을 자주 하는데 이 학습에는 배움과 동시

---

133) 《논어 술이》 子曰, 德之不脩 學之不講 聞義不能徙 不善不能改 是吾憂也.
134) 《예기 학기》 故學然後知不足 敎然後知困. ~故曰敎學相長也.
135) 《논어 학이》 子曰 學而不學則罔 思而不學則殆.

■ 행단예악(杏亶禮樂) 행단(杏亶)에서 제자를 교육하다.

에 반복적인 연습의 뜻이 결합된 말이다. 이처럼 배움에 있어 연습은 매우 중요하기에 《논어》의 첫 구절은 바로 "배우고 또 수시로 익히면 즐겁지 아니한가?"라는 공자의 말로 시작한다.[136)]

이러한 반복적인 연습은 충분히 알 때까지 계속해야 한다는 배움의 의지를 포함하고 있다. 사람의 본성이야 서로 비슷하지만 기질이나 습성은 차이가 많다. 배운 것을 쉽게 빨리 잊어버리는 사람과 덜 잊는 사람이 있고 잊은 것을 다시 노력해서 배워 채우려는 사람과 잃어버린 다음에 다시 얻으려 하지 않는 사람이 있다.

사실 이런 것을 잘 살펴 가르치는 것이 유능하고 진실한 스승이라

---

136) 《논어 학이》 子曰 學而時習之 不亦說乎. ~

할 수 있다. 다른 사람이 한 번에 얻을 수 있는 것이라면 나는 열 번에 얻으면 얻는 것은 마찬가지이다. 곧 천성적으로 우수한 사람이나 좀 못한 사람이라도 학습에 의한 터득의 결과는 마찬가지이다.[137)

때문에 공자는 학습자의 부단한 노력을 중시하였다. 예를 들어, "흙을 날라다가 산을 만들 때 마지막 한 번을 못 채워 포기하는 것도 나의 포기이고, 흙을 깔아 평평하게 할 때 한 번을 나르는 것도 나의 성취이다."라 하여 학습자의 중단 없는 노력이 있어야 한다는 것을 강조하였다.[138)

하학상달

공자의 박학다식博學多識은 제자들은 물론 당시의 위정자들에게도 널리 알려졌었다. 때문에 위정자들이 공자에게 이런저런 많은 질문을 했고 공자는 그때마다 적절한 답변이나 깨우침을 주었다. 이러한 스승의 모습에 제자들은 선천적인 우수함 또는 태어나면서부터 박식한 것이라 생각했지만 공자 자신은 결코 그렇지 않으며 자신은 부단히 노력했다는 것을 강조했다.[139)

공자는 제자들의 학습과 교육에서 남의 탓이 아닌 자신의 노력과 단계적 학습과 실천을 강조하였다. 곧 가장 쉬운 것으로부터 어려운 것으로 또는 자기 주변으로부터 이웃이나 한 나라에 이르도록 넓혀나

---

137) 《중용 13장》 ~ 或生而知之 或學而知之 或困而知之 及其知之一也. ~
138) 《논어 자한》 子曰, 譬如爲山 未成一簣 止 吾止也. ~
139) 《논어 술이》 子曰, 我非生而知之者 好古敏以求之者也.

가야 한다고 생각하였으니, 이를 하학상달下學上達 이라 한다.

　여기서 공자의 하학下學은 구체적으로 부모에 대한 효도와 형제간의 우애와 공경, 곧 효제孝悌 교육이라고 말할 수 있다. 효제에 대한 교육과 실천은 인생 최초의 인성교육이면서 평생에 걸쳐 이루어지는 평생교육의 내용이라 할 수 있다.

　효제를 바탕으로 가정이 화평하고 바로 서며 이웃과 향촌으로 확산되고 온 나라가 바로 설 수 있을 것이다. 때문에 효제 교육은 인을 알고 실천하는 밑바탕이라 할 수 있다. 그리고 가장 중요한 것은 자신이 효제를 생활에서 실천하는 것은 다른 사람에게 영향을 주게 되므로 그 효과는 위정자의 교화와 같은 효과가 있으며 그 자체가 정치라고 생각한 공자였다.

　그리고 공자가 생각한 상달上達은 오십에 지천명知天命하고 육십에 이순耳順, 칠십에 마음대로 행해도 법도에 어긋나지 않는 종심소욕불유구從心所欲不踰矩 의 경지를 뜻하며 구체적으로는 천도天道와 일치하는 경지라고 할 수 있다.

　이 하학상달의 교육은 공부의 방법론이면서 동시에 실천방법론이라 할 수 있다. 수양은 자신의 의지와 노력이지만 실천은 상대가 있어야 한다. 말하자면, 혼자 하학상달하는 것이 아니라 타인과 더불어 실천해야 하기 때문에 거부를 당하거나 실패할 수도 있을 것이다.

　공자는 "하늘을 원망하지도 않고 남을 탓하지도 않으며 아래부터 배워 위로 통달하니 하늘은 나를 알아줄 것이다."라고 말했다.140)

　이는 공자의 면학과 교육활동에 대하여 남이 알아주느냐 몰라주느

---

140) 《논어 헌문》 子曰, 不怨天 不尤人 下學而上達. 知我者其天乎.

냐가 문제가 되지 않는다는 자신감의 표현이라고 생각한다.

자기주도적 학습–거일반삼

공자의 배움에는 일정한 장소도 없었고 정해진 스승이 없었기에 누구한테서나 배웠다.[141] 그래서 길을 가는 3인 중에도 나의 스승이 있다고 하였으니,[142] 이는 현자이든 아니든 누구에게나 배우며 취하고 버릴 것이 있다는 뜻이다.

이는 호학과 면학에 공식적인 제도 교육만 고집하지 않는다는 뜻으로 받아들일 수 있다. 그래서 공자도 그중 좋은 것은 골라 본받고 나쁜 것은 고쳐야 한다고 하였다. 곧 공자 자신의 호학과 면학은 자기 스스로의 노력이었으니 곧 자기 주도의 학습이었다.

자기 주도적 학습은 배우는 사람의 의지가 중요하다. 그래서 공자는 찾아오는 모든 사람에게 다 가르침을 주면서도[143] 의지가 없으면 가르치지 않았고, 안타까워하지 않으면 끝을 열어주지 않았으며, 한쪽을 들어주었을 때 나머지가 따라오지 않으면 다시 거듭하지 않았다.[144]

스승에게 가르침을 요청할 때 간단한 예물을 가져오는 것을 속수束脩라고 하는데 보통 15세 이상이면 스승을 찾아간다고 하였다. 공자는 가르침을 청하는 모든 젊은이를 다 수용하였다.

---

141) 《논어 자장》衛公孫朝~ 仲尼焉學. 子貢曰, ~夫子焉不學, 而亦何常師之有.

142) 《논어 술이》子曰, 三人行 必有我師焉. 擇其善者而從之 其不善者而改之.

143) 《논어 술이》子曰, 自行束脩以上 吾未嘗無誨焉.

144) 《논어 술이》子曰, 不憤不啓 不悱不發. 擧一隅 不以三隅反 則不復也.

그들에게 가르침을 베풀 때 스스로 분발하지 않으면, 곧 의욕이 없다면 학문의 세계로 들어가는 문을 열어주지 않았다. 그리고 스승의 질문이나 문제에 대하여 알 듯하면서도 말로 표현을 못해 안타까워하는 지경이 아니라면 말문을 트게 힌트를 주지 않았다. 이는 자기 주도적 노력이 없다면 가르침의 효과가 나지 않는다는 경험에 의한 교육방법일 것이다.

그리고 실제 교육 현장에서 스승이 한쪽 모서리를 들어주었을 때 배우는 사람의 노력으로 나머지 세 모서리가 같이 들려야 한다. 이를 거일반삼擧一反三이라고 한다. 즉 스승이 하나를 가르쳐 주었다면 그것을 바탕으로 학습자가 더욱 노력하며 더 많은 둘이나 셋을 알려는 노력이 있어야 한다.

곧 스스로의 노력이 뒤따르지 않는다면 거듭 가르치지 않았다는 것은 배우는 자의 자율적 노력을 중시하고 기대했다는 뜻이다. 우리가 어린아이를 안아줄 때, 안겨오는 아이는 가볍게 안아 올릴 수 있지만, 안아주는 것을 거부하고 늘어지는 아이를 안아줄 수 없는 것과 똑같은 이치이다. 이처럼 자율적 학습의지는 배우는 사람에게도 또 가르치는 사람에게도 다 같이 중요하다.

공자 자신은 "묵묵히 깨우치고, 배우되 싫증을 느끼지 않고, 가르치기를 게을리 하지 않는 일은 나에게 어려운 일은 아니었다."라고 겸손하게 말했다.[145]

그러나 공자만큼 위대한 학인學人이며 학자學者도 또 교육자敎育者도 없었다는 것은 주지周知의 사실이다.

---

145) 《논어 술이》 子曰, 默而識之 學而不厭 誨人不倦 何有 於我哉.

17 공자의 제자들은 어떤 일을 했나?

공자는 정치가나 사상가보다는 교육자로 명성이 있었고, 공자의 제자가 3,000명이었다는데 과장이 아니겠는가? 그중 육예(六藝)에 뛰어난 자가 72명이었다는데 《논어》나 다른 문헌에 구체적 근거가 있는가? 또 이 제자들은 공자의 사상 전파에 어떤 역할을 했는가?

 교육의 중요성

인류 역사상 훌륭한 선각자는 동시에 유능한 교육자였다.

선각자들이 자신의 깨친 바를 후세에 전달하지 못했다면 그 혼자 깨우친 것이 무슨 의미가 있겠는가? 그리고 위대한 선각자가 아니더라도 성실한 생활과 고상한 인품으로 또 부단한 진리 탐구의 자세로 후학들을 이끌어주는 훌륭한 교육자는 존경받아야 한다.

'장원한 훈장은 없어도 장원한 제자는 있다'는 속담이 있다. 역사적으로 장원급제한 인재는 정치 일선에서 활동했지, 시골의 서당이나 서원에서 후학을 가르치려 하지 않았다. 그러나 무명의 마을 훈장이 없었다면 어찌 장원급제하는 제자가 성장할 수 있었겠는가?

중국에도 수많은 교육자가 있었지만 후세에 지대한 영향력을 끼친 사람이라면 우선 공자를 손꼽아야 한다. 공자는 자신의 노력으로 학문을 성취했고 인격을 도야했다. 그리고 공자가 제자들을 교육하고 양성한 것은 공자가 느끼는 사회적 책무였다.

다음 세대의 젊은이가 호학하여 바른 인재로 성장하고 그들의 활동으로 나라가 바로 서고 백성들이 안정된 생활을 누릴 수 있기 때문에 공자는 온갖 어려움을 이겨내며 제자들을 양성해야만 했다. 공자의 교육활동은 선각자가 수행해야 할 사회적 책무의 하나였다.

사학私學의 개척자

공자 이전에는 국가의 공식적인 교육기관으로 25가구에 숙塾, 500가구의 당黨에는 상庠, 그리고 주州에는 서序라는 교육기관이 있었고, 국가에는 학學이라는 공식 교육기관이 있었다는 기록은 있지만[146] 그 실체에 대해서는 의문의 여지가 많다. 그러나 국가가 필요로 하는 인재 양성이란 측면에서 본다면 어떤 형태이든 교육은 이루어졌을 것이다.

공자 이전에 귀족들은 개인교사에게 학문을 배웠고 미관말직의 젊은 관리들은 그 관청의 상급자에게서 배웠다. 고위 왕족이나 귀족의 자제는 관직으로의 출세가 보장된 상황이었고 현직관리들에 대한 교육은 직무 연수나 직업훈련의 성격이었다고 볼 수 있다. 그러나 공자의 교육은 출발부터 이들과 달랐다. 공자는 중국 역사상 최초로 사교육私教育을 시작하였다.

---

146) 《예기 학기》 古之敎者 家有塾 黨有庠 鄕有序 國有學.

공자가 언제부터 제자들을 모아 가르쳤는가에 대한 자세한 기록은 없다. 다만 《사기 공자세가》에는 공자가 노의 남궁경숙南宮敬叔이란 사람과 노군魯君의 도움으로 주周 나라를 여행했고 노자에게 예禮에 대해 물었다는 기록이 있다. 이어 '주나라를 여행하고 노나라로 돌아온 이후 제자들이 조금씩 모여 들었다' 는 기록이 있으니,147) 이것이 공자가 제자를 모아 가르치기 시작한 것이라 볼 수 있다.

공자는 자신을 찾아와 제자로서의 예를 표하는 15세 이상의 제자들을 받아들였다.148) 그 당시 제자가 되고자 하는 사람은 스승에게 예물을 갖고 찾아가 뵈웠는데 그 예물을 속수束脩라고 하였다. 그 속수를 가지고 스승을 찾아뵙는 나이를 15세라고 생각할 수 있는데, 이는 공자가 학문에 뜻을 두었다는 15세와 연관을 지을 수 있다.

우선 공자는 학생들의 신분이나 빈부를 구분하지 않았다.149)

이는 교육을 받을 수 있는 또 받고자 하는 사람을 차별하지 않았다는 뜻이지, 그 교육에서 능력의 차이를 무시했다는 뜻은 아니다.

그리고 현직 관리들이 아닌 사람들을 대상으로 교육활동을 폈다. 물론 미래에 관직에 나갈 기회를 잡을 수 있었겠지만 공자에게 가르침을 받는 과정에 어떠한 보장도 없었다. 말하자면, 공자는 중국 역사에서 최초의 사립학교를 세운 개척자였다.

공자의 교육활동은 공자가 73세에 죽을 때까지 계속되었다.

---

147) 《사기 공자세가》 孔子自周反於魯 弟子稍益進焉
148) 《논어 술이》 子曰, 自行束脩以上 吾未嘗無誨焉.
149) 《논어 위령공》 子曰 有敎無類.

교육내용

공자는 제자들에게 4가지 영역(四教) 곧 문文, 행行, 충忠, 신信을 교육했다.[150]

여기서 문은 넓은 의미의 학문으로 선왕先王의 도나 덕치德治, 예교禮教에 관한 내용이니 구체적으로는 육경六經의 취지를 교육했다는 뜻이다. 그리고 행은 행실이나 덕행을 의미하고, 충은 성심으로 노력하는 것이고, 신은 신의信義이니 이런 명칭으로 불리는 과목이 있었다는 뜻이 아니고, 학문과 행실은 탐구와 수양을 배우고, 충과 신을 달성하기 위한 가치였다. 곧 언행일치, 학행일치의 살아있고 실용적인 교육을 전개했다고 보아야 한다.

공자가 제자들에게 실천으로 가르친 것은 가정의 안이나 밖에서의 효제孝悌 교육이었다. 가정에서 효제를 실천하고 근면하고 신의를 지켜 생활하되 여력이 있다면 그때서야 글공부를 하라고 하였다.[151] 말하자면, 바른 행실이 먼저이고 다음에 문자습득과 학문탐구를 하라고 가르쳤다.

공자는 노나라에서 태어나 노나라에서 내내 생활하였기에 공자와 관계했던 사람은 많았을 것이다. 그리고 공자가 51세에 관직 생활을 시작하기 이전부터 젊은이들을 가르쳤기에 제자들이 많다는 것을 인정할 수 있다.

그렇지만 이웃에 사는 젊은이까지 다 제자로 계산한다 하여도

---

150) 《논어 술이》子以四教 文行忠信.
151) 《논어 학이》子曰, 弟子 入則孝 出則悌 謹而信 汎愛衆 而親仁. 行有餘力 則以學文.

3,000이란 숫자는 과장이 있다고 믿어도 괜찮을 것이다. 사실 삼천이 란 숫자는 다수라는 막연한 경우를 표현할 때 머리에 제일 먼저 떠오 르는 숫자일 수도 있다. 가령 백제의 '3천 궁녀'라는 숫자와 같이 생각 하면 될 것이다.

《맹자》에는 공자의 제자가 70여 명이었다는데[152] 이는 어느 정도 사실에 가까운 숫자라고 볼 수 있다. 사마천의 《사기》에는 〈중니제자 열전〉이 있어 76명이 이름이 나오지만 이름만 수록된 제자들이 40여 명이나 된다. 《논어》에는 공자의 제자로 생각해도 무방한 사람 22명이 언급되어 있다.

 제자들의 여러 모습

공자는 이들 제자들의 개성과 자질에 따라 교육방법과 설명을 달 리하고 있다. 공자는 제자들의 개성을 잘 알고 있었다. 공자의 제자 중 에 '고시高柴는 답답하고, 증삼曾參은 고지식하고, 전손사는 겉치레가 많고, 자로는 거칠다.'는[153] 평을 받을 정도로 개성이 제각각이었다.

또 자장子張이 적극적이어서 지나칠 정도였으며, 자하子夏는 소극 적이어서 좀 부족한 것 같았다. 그래서 자공이 "자장이 더 현명합니

---

152) 《맹자 공손추 상》 ~如七十子之服孔子也.

153) 《논어 선진》 柴也愚 參也魯 師也辟 由也喭. 柴의 성은 高, 字는 자고(子羔), 參은 증자 (曾子;曾參), 師는 자장(子張), 由는 자로(子路). 제자들에 대한 이러한 비평은 그 단점 을 지적한 것이며 그 단점이 곧 장점이 될 수 있었다. 증자 같은 제자는 '미련하다 할 정도로 고지식한 사람'이었다.

까?" 라고 물었을 때, 공자는 "지나친 것이나 모자란 것이나 다 마찬가지다."라고 말했다(과유불급過猶不及). [154]

이는 지나친 것이나 부족한 것이나 중용을 벗어났다는 점에서 다 마찬가지라는 뜻이었다. 공자는 제자들에 대하여 그만큼 잘 알고 있었다.

공자의 제자 중 여러 부분에서 특히 뛰어난 10명의 제자를 공문십철孔門十哲(사과십철四科十哲)이라고 한다. 이는 《논어 선진》 편에 다음과 같은 공자의 말에서 따온 것이다.

"나를 따라 진陳과 채蔡에서 고생을 했던 제자들은 아무도 벼슬을 못했구나. 덕행德行에는 안연顔淵과 민자건閔子騫, 염백우冉伯牛와 중궁仲弓이 뛰어났고, 언어言語에는 재아宰我와 자공子貢, 정사政事에는 염유冉有와 계로季路(子路), 문학文學에는 자유子游와 자하子夏가 뛰어났도다."

공자의 제자 중 제일 연장자는 자로子路(본명은 중유仲由)로 공자보다 9세 연하였으니 말년에는 거의 친구와 같은 사이였을 것이다. 자로는 《논어》에 가장 많이 거명되는 공자의 제자인데, [155] 성실하면서도 강직한 기질의 소유자였으며 직선적이었고 용감했으며 공자에게 자주 직언을 하였다. 자로는 널리 알려진 효자로 '자로가 부모를 위해 (백 리 밖에서라도) 쌀을 지고 왔다' 라는 자로부미子路負米 고사의 주인공이다.

공자의 제자 중 다방면에 뛰어난 제자는 자공子貢(본명 端木賜) 이었

---

154) 《논어 선진》 子貢問, 師與商也孰賢. 子曰, 師也過, 商也不及. 曰, 然則師愈與. 子曰, 過猶不及.

155) 공문십철 가운데 자로는 38회, 자공은 36회, 자하는 20회, 안연은 19회 《논어》에 나타난다.

다. 구변이 뛰어났고 다재다능하며 모든 상황에 두루 적응할 수 있는 호인이었으며 정치적으로 특히 외교분야에서 많은 활약을 했고 경제 적으로도 크게 성공하였다. 스승 공자를 잘 모셨으며 공자의 위대함을 가장 잘 알고 있었던 제자였다.

《논어 자장》편에서 자공은 '나는 겨우 어깨 높이의 담이기에 담 너머로 궁궐의 아름다움을 볼 수 있으나, 스승 공자의 담은 여러 길의 높은 담이라 문으로 들어가지 않으면 종묘의 아름다움이나 만조백관 의 위엄을 볼 수 없다. 다만 그 문을 찾아들어가는 사람은 매우 적다.' 고 말하여 공자의 위대한 모습을 표현하였다. 공자 또한 자공의 현명 과 유능함을 수시로 칭찬하였다.

공자 사후에 다른 제자들이 삼년상을 마치고 흩어졌지만 자공만은 삼 년을 더 복상한 뒤 떠났다.

 ## 공자 사상의 계승과 전파

공자의 제자 중 정치적으로 비교적 고위직에 올랐던 사람은 자로 나 자공, 염구冉求 정도였다. 그러나 이들 때문에 공자의 명성이 전해 진 것이 아니라 공자의 제자들이 공자 사후에도 계속 제자들을 길러냈 기 때문이었다.

공자의 가르침은 제자에서 다시 제자로 이어지면서 비록 약간의 전설이 가미되기는 했지만 유가의 학통은 면면히 이어질 수 있었다. 공자의 제자 중에서 자유子游, 자장子張, 자하子夏, 증삼曾參(曾子)이 공 자의 학통을 계승 발전시켰다고 인정받고 있다.

특히 증삼은 《논어》에 증자曾子로 기록된 부분도 있어 증삼의 제자들이 《논어》 편집에 관여했을 것이라는 주장도 있다. 증자는 효자로 유명한 사람이며 《효경孝經》을 편찬한 것으로도 알려졌다.

공자가 노나라를 떠나기 이전에 가르쳤던 제자들이 현실참여를 열망했었다면 공자가 각국을 주유하고 돌아온 뒤의 제자들은 교육과 의례에 더 많은 관심과 개인의 수양에 힘썼다고 제자들을 구분하는 주장도 있지만 하여튼 공자의 사상과 학문은 그 제자들에 의해 계승발전되었음은 틀림없는 사실이다.

공자 역시 다른 성인들처럼 예를 들면, 예수나 석가모니처럼 살아 있을 당시에는 그의 주장과 철학이 현실에서 받아들여지지 않았고 또 존경을 받지도 못했으며 별다른 영향력을 행사하지도 못했다. 그러나 뒤를 잇는 많은 제자들에 의해 광채를 내게 된다. 그 광채는 본연本然의 빛이었지만 오랜 세월이 지나면서 희미해지지 않고 더 커지며 더욱 찬란하게 빛났다.

■ 성문사과(聖門四科) 공문십철(孔門十哲)

01 공자 사상의 근원은 무엇인가?

공자는 성인(聖人)이지만 종교의 창시자는 아니다. 나무에 뿌리가 있고 냇물에 원류가 있는 것처럼 공자의 사상도 그 근원은 있다고 보아야 한다. 가령 옛날의 어떤 선인(先人)을 본받는다든지, 아니면 종교적 신념이라든지 무엇인가 그 근원이 있어야 할 것이다. 공자 사상의 원 뿌리는 무엇인가?

 사상과 철학

유교는 종교라는 의미보다는 사상思想으로 인식하는 것이 더 옳을 것이다. 또 공자의 사상이라고 표현하느냐 아니면 철학哲學이라는 용어를 써야 하는가는 한 번쯤 생각해 보아야 한다.

철학자가 아닌 평범한 사람들은 때때로 철학과 사상을 구별 없이 사용하지만 철학과 사상은 분명히 차이가 있다.

사상이란 인간의 정신 속에 일어나는 모든 현상을 말하는데, 어떤 객관적 현상現象(예를 들면, 인간의 존재나 인간 사회)이나 어떤 가치價値(예를 들어 도덕적 미학적 인식)에 대하여 체계를 갖춘 신념을 총칭하는 말이라고 할 수 있다. 인간이 갖고 있는 모든 신념은 의식적이든 아니든 어떤 근거를 갖고 있으니 맹목적인 신념은 논리적으로 존재할 수 없을 것이다.

인생에 대한 자신의 신념을 인생관이라고 하는데 이러한 인생관도 하나의 사상이며 일상생활을 하면서 어떤 일을 어떻게 처리하느냐에 대한 개인의 견해도 말하자면 사상이다. 그렇다면 자신의 정치적 견해를 갖고 있는 정치가나 자연을 이렇게 인식하고 있다는 과학자가 모두 사상가의 범주에 포함되는 것은 당연하다. 사실 공자나 노자, 마르크스나 모택동은 모두 다 훌륭한 사상가라고 말할 수 있다.

철학은 세계의 본질과 진리에 대하여 또는 생명의 의의와 존재의 가치와 도덕을 어떻게 인식하고 무엇을 해야 하며, 무엇을 바라는가에 대하여 '생각하는 방법'이라고 말할 수 있다. 곧 철학은 일반적 신념 체제라기보다는 그러한 신념체제를 추구하고 확실히 하고자 하는 분석적 논리적 활동 그 자체라고 할 수 있다. 따라서 철학도 사상의 일종이다.

그리고 철학이 다르다는 것은 생각하는 방법이 다르다는 뜻이며 철학적 연구는 이성적 사고에 의한 것이다. 따라서 철학이 같지 않다면 사고의 본질에 대하여 각기 다른 생각을 하고 그 결과가 다르고 그 표현이 또한 달라지기에 당연히 사상이 다르다고 할 수 있다.

한 개인이 자신의 삶에 대하여 어떤 생각을 갖고 있으며, 세상을 살아가는 기본원칙(가치관, 사상, 행위)에 대하여 어떤 생각이나 의문을 갖고 있느냐는 매우 중요한 일이다. 그리고 어떻게 생각하는가에 따라 각기 다른 주장이나 이론이 나온다.

공자의 제자 중 뛰어난 사변思辨과 깊이 있는 학문을 이룩한 10명의 제자를 특별히 공문십철孔門十哲이라 불렀는데, 이때 '십철(10명의 철인哲人)'이란 요즈음 서양 철학자와 같은 개념보다는 '명철明哲한 생각이나 지혜의 소유자'라는 뜻으로 보아야 할 것이다.

이 시기에는 공자의 유가뿐만 아니라 노자의 도가道家, 묵자墨子의 묵가, 좀 늦게 형성된 법가法家는 당시의 대표적인 사상가 그룹이었다고 보아야 한다.

많은 사람들이 공통적으로 언급하는 것을 종합한다면, 공자의 현실적 인식 곧 그의 세계관이나 인간관, 사회관 그리고 정치사상과 도덕관은 당시로서는 매우 진보적이었고 참신한 것이었다. 또 기득권이나 기존의 사상체계와는 본질적으로 달랐고 인간의 존엄성과 가치를 인정하고 능력 본위의 평등을 추구하며 적극적 참여와 현실개조를 주장하는 진보적인 사상가였다고 말할 수 있다.

이러한 공자의 사상을 가장 잘 보여주는 책이 바로 《논어》이며 《논어》에 대한 바른 인식은 곧 공자의 사상에 대한 바른 이해라 할 수 있다.

 공자와 하늘(天)

사실 한 사람이 갖고 있는 종교관은 그 사람의 문화와 사상의 중심이라고 볼 수 있다. 공자의 종교관은 한마디로 단언할 수 없지만 공자는 어떤 제의祭儀에는 복고적인 태도를 취하고 또 어떤 때는 의식의 정신적 의미를 강조하기도 하였다.[156]

그러나 종교적 신앙에 관한 어떤 문제를 강력히 주장하거나 비판

---

156) 《논어 팔일》子曰 夏禮吾能言之~, / 子貢欲去告朔之餼羊~ 子曰, 賜也, 爾愛其羊 我愛 其禮.

匡人解圍
孔子去衛過陳過匡
陽虎嘗暴於匡孔子
狀類陽虎匡人拘圍
五日弟子懼孔子曰
文王既沒文不在茲
乎匡人其如予何匡
人曰吾初以為晉之
陽虎也遂解圍

■ 광인해위(匡人解圍) 광(匡) 사람들이 공자에 대한 포위를 풀다.

하지도 않고 상당히 유보적인 태도를 견지하였는데, 실제로 공자는 '기이한 현상이나 힘, 전통 파괴, 귀신'에 관해서는 말하지 않았다.[157]

공자는 제자들의 귀신 섬기기나 죽음에 대한 질문에 응답을 유보한 것으로 공자의 종교에 관한 단면을 파악할 수는 있지만 그것이 공자의 종교관이라고 볼 수는 없다. 공자는 자신의 종교적 신념으로 천天을 중심으로 하는 사유체계 내지 종교관을 갖고 있다고 말할 수 있다.

종교란 인간으로서는 어찌할 수 없는 힘의 세계에 관한 생각이라고도 말할 수 있다.

공자는 고통 받는 현실의 삶을 어떻게 하면 더 좋게 개선할 수 있는가에 관심을 가졌기 때문에 인간으로서 어찌할 수 없는 문제는 공자의 관심을 끌지 못했다고 보아야 한다. 공자가 생각한 하늘도 이와 같은 것이라고 말할 수 있다.

중국의 한자漢字에서 하늘(天)은 본래 대인大人을 묘사한 글자라고 한다. 天은 사후死後에 하늘에 거처하는 선왕先王들을 지칭하는 의미가 있으니, 곧 천공天空에서 인간들을 지배하는 천제天帝로 형상화 되었다. 따라서 인간세계의 왕, 곧 주왕周王은 천자天子로 불리면서 위대한 조상들인 천제의 도움을 받아 인간을 다스린다고 생각하였다.

공자가 노나라를 떠나 각국을 여행하던 중 사마환퇴라는 사람한테 위협을 받은 적이 있었다. 그때 공자는 "하늘이 나에게 덕을 내렸는데 환퇴가 나를 어찌하겠는가?"라고 말했다.[158]

또 공자가 광匡이란 곳에서 그곳 사람들에게 포위되어 위기에 처

---

157) 《논어 술이》 子不語怪力亂神.
158) 《논어 술이》 子曰, 天生德於予 桓魋其如予何.

했을 때도 "문왕이 죽은 후 문文이 나에게 있는데 하늘은 이 문을 없애려 하지 않을 것이니, 광의 사람들이 나에게 어찌 하겠는가?"라고 말했다.[159]

공자의 이러한 말에는 자신의 존재 의미를 확신하는 자긍심이 들어 있다. 곧 이 땅에 주나라 문왕과 무왕에 의해 행해졌던 문文에 의한 교화敎化를 계승하는 신성하고도 막중한 책임을 받았으며, 그러한 책임을 자신에게 부여한 존재가 바로 하늘이라고 생각한 것이다. 곧 공자는 천天이라는 존재에 대해서는 종교적인 신념을 갖고 있었다고 볼 수 있다.

그렇다고 해서 공자가 하늘을 '인간의 의지를 가진 인격체'로 생각하지는 않았다. 공자는 '하늘'에 대해 거의 말하지 않았기에 공자의 가까운 수제자 자공도 "공자가 하늘의 공능功能(어떤 힘의 작용이나 행위)이나 천도天道에 대해서는 말하지 않았다"고 했다.[160]

공자는 인격이 없지만 윤리적인 힘을 가지고 있기에 인간의 행위를 내려다보고 선악을 판단하는 존재로서의 하늘(天), 그리고 인간에 내재하는 윤리의식에 상응하는 절대적인 존재로서의 하늘이며, 인간의 정의감에 공감하는 존재로 하늘을 상정했다. 공자는 이러한 하늘의 의지를 천명天命이라고 파악했다. 그래서 공자는 "군자는 천명과 대인大人과 성인의 말을 두려워한다."고 말했을 것이다.[161]

---

159) 《논어 자한》 子畏於匡, 日, 文王旣沒 文不在玆乎. ~天之未喪斯文也 匡人其如子何.

160) 《논어 공야장》 子貢日, 夫子之文章~. 夫子之言性與天道 不可得而聞也.

161) 《논어 계씨》 孔子曰, 君子有三畏 畏天命 畏大人 畏聖人之言. 小人不知天命而~

뜻대로 되지 않는 일-명命

한자의 명命을 행정적인 명령이나 포고를 의미할 때는 영어의 'decree(포고, 법령)'로 번역할 수 있지만, 영어의 fate(운명, 팔자, 숙명)로 번역할 때는 인간의 의지와 다른 절대적인 힘에 의한 작용이라고 볼 수 있다.

그리고 명命은 생명 또는 수명이라는 의미로도 널리 사용한다. 공자가 "안회는 불행하게도 단명하여~" 또 '견위수명 見危授命'이라는 말을 한 것은 모두 생명이라는 뜻으로 사용했다.[162]

공자는 수명이라는 것을 정해진 것이라 보지는 않았다. 인간의 희망대로 모두 장수할 수는 없지만 그렇다고 해서 개개인의 출생에 맞춰 하늘이 인간의 수명을 정해 준다고 볼 수는 없는 것이다. 그리고 인仁을 실천하기 위해서 또는 정당한 원칙을 지키기 위해서라면 목숨이라도 내줄 수 있다고 생각하였다.

그러나 공자는 명命을 '주어졌기에 어쩔 수 없는 것'으로 받아들이기도 했다. 공자는 "도가 실현되거나 실현되지 않는 것은 모두 천명이다."라고 말했고,[163] 자하子夏는 공자한테 들었다면서 "죽고 사는 것이 다 천명이고 부귀는 하늘에 있다"라는 말을 했다.[164]

위의 말뜻은 인간이 바라는 대로 모든 것이 다 이루어지는 것은 아니니, 곧 아무리 힘써 오래 살고 부귀를 얻으려 해도 되지 않는, 곧 인

---

162) 《논어 헌문》 子路問成人. 子曰, ~今之成人者何必然 見利思義, 見危授命~
163) 《논어 헌문》 公伯寮愬子路於季孫. ~子曰, 道之將行也與 命也, 道之將廢也與 命也. ~
164) 《논어 안연》 司馬牛憂曰, 人皆有兄弟~, 子夏曰, 商聞之矣. 死生有命 富貴在天. ~

간의 의지만으로는 실현할 수 없는 일이 있다는 객관적 사실을 인정한 것으로 받아들여야 한다.

공자의 생각은 인간이 가질 수 있는 그대로 '실현되지 않는 인간의 희망'을 하늘이라는 존재에 가탁한 것이지 '하늘의 의지나 힘이 작용하여 실현될 수 없다'는 뜻은 아니라고 생각해야 한다.

사실 삶과 죽음은 인간 개개인이 상대적으로 견주어 보면서 어떻게 할 수 있는 것은 아니다. 최선을 다하면서 열심히 살지만 죽음이 찾아오면 운명처럼 받아들일 수밖에 없는 것이 인간의 한계이다. 사실 공자가 오래 살고 싶은 의지가 강해서 70을 넘긴 것도 아니었고 안회가 스스로 서둘러서 일찍 죽은 것도 아니었다. 사람이 누리는 부귀 또한 그러했으니 안회가 영양실조에 걸릴 정도로 빈한했던 것은 자신의 의지와 무관한 것이었다.

이는 열심히 농사를 짓더라도 끼니를 잇지 못하는 사람이 있는 것과 마찬가지이다. 또 학문으로 벼슬을 얻을 수도 있지만 얻지 못할 수도 있다. 그러하기에 군자는 도道의 실천을 걱정할 뿐 가난을 걱정하지 않아야 한다.[165]

공자의 이 말은 수명의 장단이나 부귀에 대해서는 인간의 의지에 따른 것이 아니기에 '하늘에 달려있다'고 치지도외置之度外한 말이라고 보아야 한다. 그렇다 하여 하늘에 절대적으로 매달리는 것보다는 군자라면 개인의 노력과 최선을 다하는 성실한 생활을 해야 하며, 학문을 하는 사람의 올바른 신념을 견지하면서 보통 사람들을 깨우치고 이끌

---

165) 《논어 위령공》 子曰, 君子謀道不謀食. 耕也 餒在其中矣, 學也 祿在其中矣. 君子憂道不憂貧.

어야 한다고 생각한 공자였다.

　결론적으로 공자는 당시 사람들과 마찬가지로 조상을 숭배한다든지 산천에 대한 제사 같은 관습이나 제례에 성실히 참여하였지만 모든 것을 하늘이라는 절대적 존재에 의지하지는 않았다. 인간의 의지로 어쩔 수 없는 일에 대하여 이를 절대자의 힘이나 명령으로 알고 귀의하는 것보다는 군자로서의 의무나 현실생활의 개선 등 실제적인 문제에 공자는 더 많은 관심을 갖고 있었다.

02 도道와 덕德은 어떻게 다른가?

우리가 일상생활에서 자연스럽게 사용하는 도덕이란 개인생활이나 사회생활의 기본이다. 노자의 《도덕경》과 공자의 언행을 기록한 《논어》는 중국의 사상을 대표하는 고전인데 두 책에서 모두 도(道)를 논하고 있다. 《논어》에서도 도와 덕(德)을 구분하여 설명을 하는데 공자의 도와 덕은 서로 어떻게 다른가?

 최고의 가치로서의 도道

한자의 도道는 보통 영어의 'way'로 번역되지만 모든 한자가 그러하듯이 한 글자에 여러 의미를 포함하고 있다. 갑골문에는 道라는 글자가 나타나지 않는다는 연구 결과도 있는데, 공자 이전의 금문金文에서는 도는 '길(way)'이라는 의미로 쓰였다고 한다.

《논어》에 '길에서 들은 것을 길에서 말하는 것은 덕을 버리는 짓이다.'라는 공자의 말에서 도는 길을 뜻한다.[166]

道의 길이라는 본래 의미에서 '길을 인도하다'라는 뜻이 나왔고, 다시 길을 일러 준다는 뜻에서 '말하다'라는 의미와 함께 '행동의 지

---

166) 《논어 양화》 子曰, 道聽而塗說 德之棄也. 듣자마자 말하는 것은 사색과 실천이 없기에 「덕」을 버리는 것과 같다는 뜻이다. 그러나 원문의 도(道)와 도(塗, 진흙 도)를 달리 해석하여, 길에서 들은 이야기를 가지고 진흙탕과 같은 싸움판에서 말하는 것은 덕을 버리는 것이라는 해석도 있다.

침'이라는 뜻이 생겼다고 한다. 《논어》에서는 이와 같은 여러 가지 뜻으로 두루 쓰였다.

그러나 도는 대부분의 경우에 사람이 해야 할 바른 길 곧 행동의 원칙이나 지침으로 많이 쓰였다. 공자가 "도가 같지 않다면 같이 일을 하지 말라"고 하였는데,[167] 이때의 도는 추구하는 목표나 방법 또는 이상이라는 여러 가지 의미로 해석하여도 그 뜻이 통한다. 또한 이 말에는 다른 사람의 옳지 못한 길이나 방법도 또한 도라고 인정한다는 의미를 포함한다. 그렇다면 이 경우 도는 공자의 철학이나 사상만을 지칭하지 않는 일반 명사의 의미가 들어있다.

"도에 뜻을 두고, 덕에 의거하며, 인에 의지하며 육예를 배워야 한다."라는 공자의 말은[168] 군자의 수행 방법을 설명한 것인데, 여기서는 도와 덕을 구분하고 있다.

여기서 도는 군자가 확신하는 만고불변의 진리를 의미하고 덕은 군자가 지녀야 할 마음의 품성 곧 인성人性으로서의 덕이다. 그리고 인은 군자가 갖고 있는 도가 구체화된 개념이고 육예는 인격 수양 과정에서 배워야 하는 내용이라고 설명할 수 있다.

"군자는 근본에 힘써야 하는 데 근본이 확립된 다음에 도가 생긴다."라는 공자의 제자 유자有子의 말도[169] 역시 같은 뜻으로 해석해야 한다.

"아침에 도를 깨우쳤다면 저녁에 죽어도 좋다."[170]

---

167) 《논어 위령공》 子曰, 道不同, 不相爲謀.
168) 《논어 술이》 子曰, 志於道 據於德 依於仁 遊於藝.
169) 《논어 학이》 有子曰, ~君子務本 本立而道生. ~
170) 《논어 이인》 子曰, 朝聞道 夕死可矣.

"사士가 도에 뜻을 두고도 나쁜 의복과 음식을 부끄럽게 여긴다면 같이 의논할 수 없다."

"나의 도는 하나로 관철되어 있다."171)

공자의 이런 언급에서 도는 '인간이 취해야 할 바른 길'이나 '진리'라는 뜻으로 받아들여야 한다. 이는 현실적, 물질적 이해를 넘어서는 '정신적 원칙'이다. 공자에게는 이러한 원칙의 추구가 본바탕이었고 부귀와 같은 현실적이고 개인적인 이利는 뜬구름이며 부질없는 것이었다.

그러하기에 아침에 도를 깨우쳤다는 것은 인仁을 실천했다는 뜻이며, 공자의 도는 곧 인에 최고 지선의 가치가 있음을 알 수 있다.

 ## 바른 길과 바른 정치의 도

"사람이 도道를 넓힐 수야 있지만 도가 사람을 크게 할 수는 없다."172)

이런 경우의 도는 실천적이고 윤리적인 개념이라 할 수 있다. 윤리적 규범은 인간들이 스스로 찾아내는 것이고 인간의 이성으로부터 나온다고 보아야 할 것이며, 이를 따르는 것이 곧 선善이며 도라고 할 수 있을 것이다.

공자는 "누가 문을 거치지 않고 나갈 수 있는가? 어찌 이 도를 따

---

171) 《논어 이인》 參乎! 吾道一以貫之.~ / 子曰, 士志於道 而恥惡衣惡食者 未足與議也.
172) 《논어 위령공》 子曰, 人能弘道, 非道弘人.

르지 않는가?"라고 말하였는데, [173) 이를 본다면 공자는 도를 '행동의 정당한 방식'으로 보았다고 할 수 있다.

그렇다면 공자의 도는 객관적 사물의 '무엇'이라는 실체보다는 '어떻게'라는 방법 또는 '해야 할 것'이라는 당위성을 갖는 규범을 의미한다.

도가 '인간이 취해야 할 바른 길', 또는 '인간 행동의 지침'이라는 뜻으로 쓰일 경우에 도는 나라의 법률이나 통치자의 명령보다도 더 항구적이고 지속적인 원칙이라고 생각할 수 있다. 이러한 도는 춘추전국 시대와 같은 혼란의 시대에는 특별한 가치를 가질 것이다.

왜냐하면 절대적인 가치나 권위가 무너진 사회일수록 도가 공통의 규범과 변함없는 가치를 제공하는 역할을 하기 때문이다. 그리고 이 도는 그것을 따르지 않았다 하여 어떤 제재를 수반하지 않는다. 곧 도가 체제에 의해 바뀌거나 적용을 달리 하지 않는다는 의미이다.

그리고 인간이 바른 길을 간다면 혼란의 시대에 어떤 핍박이나 재앙을 당하지 않는다는 현실적인 생각을 할 수 있으며 선량한 정도正道는 결국은 이익을 갖다 줄 것이라는 믿음과도 연결될 수 있다.

"대신大臣은 정도로 주군을 섬기다가 안 되면 물러나야 한다."[174)

"나라에 도가 행해지면 녹을 먹지만 도가 없는데도 녹을 먹는 것이 수치이다."[175)

---

173) 《논어 옹야》 子曰, 誰能出不由戶 何莫由斯道也.

174) 《논어 선진》 季子然問, ~子曰, ~所謂大臣者 以道事君 不可則止. ~

175) 《논어 헌문》 憲問恥. 子曰, 邦有道 穀, 邦無道 穀 恥也.

공자가 이렇게 말한 도는 정치를 하는데 있어 올바른 도리를 의미한다.

공자가 정鄭나라의 유명한 정치가 자산子産을[176) 다음과 같이 평했다.

"그에게 군자의 도 4개가 있는데 그 자신의 행동은 공손했고, 윗사람을 공경으로 섬기었으며 백성들에게 자혜를 베풀었고 의리로 백성들을 다스렸다."[177)

이를 종합한다면 도에는 공경恭敬, 은혜와 정의正義와 인정仁政을 포함하는 여러 가지 뜻이 내포되었음을 알 수 있다.

 ## 덕德은 바른 품성

우리는 '~덕분에' 또는 '~덕에' 라는 말을 자주 쓴다. 이 경우는 다른 사람이 베풀어 주는 은혜 또는 보살핌이라는 뜻으로 해석할 수 있다.

"도에 뜻을 두고, 덕에 의거하며~"

"군자의 덕은 바람이며 소인의 덕은 풀과 같으니?"[178)

"덕이 있는 사람은 틀림없이 바른말을 하지만 바른말을 하는 모든

---

176) 자산(子産) ; 본명 공손교(公孫僑). 정나라 간공(簡公) 이후~성공(聲公)까지 섬긴 재상으로 정나라의 안정과 번영을 이룩한 대부(大夫).

177) 《논어 공야장》 子謂子産, 有君子之道四焉 其行己也恭 其事上也敬 其養民也惠 其使民也義.

178) 《논어 안연》 季康子問政於孔子曰, ~君子之德風 小人之德草. 草上之風 必偃.

사람이 덕이 있는 것은 아니다."[179]

이 경우에는 덕은 사람이 살아가는데 꼭 갖추어야 할 바른 성품을 의미한다.

"덕으로 이끄는 정치는 마치 제자리에 있는 북극성을 따라 모든 별이 운행하는 것과 같다."[180]

"덕으로써 이끌고 예로 다지면 부끄러움을 알고 바르게 된다."[181]

"다른 사람들이 따르지 않는다면 문화의 덕을 베풀어 그들이 따라오게 해야 한다."[182]

이 경우의 덕은 정치하는 사람이 갖추어야 할 바람직한 바탕이나 자질을 의미한다.

이처럼 덕은 한 개인이 가지고 있는 또는 한 사회에 내재되어 있는 품격品格이나 바람직한 가치관을 의미한다. 물론 이 경우에 덕이 선천적으로 타고난 것일 수도, 또는 수양에 의하여 다듬어지고 갖추어진 것일 수도 있다.

여하튼 이러한 덕은 사람 특히 위정자나 군자가 갖추어야 할 기본 자질이지만 이러한 덕을 갖추고자 노력하거나 그러한 덕을 갖춘 사람을 좋아하는 사람이 많지 않은 것은 사실이다.

그러하기에 공자는

"나는 여색을 좋아하는 만큼 덕을 좋아하는 사람을 보지 못했다."[183]

---

179) 《논어 헌문》 子曰, 有德者必有言 有言者不必有德. 仁者必有勇 勇者不必有仁.

180) 《논어 위정》 子曰, 爲政以德 譬如北辰 居其所而衆星共之.

181) 《논어 위정》 子曰, 道之以政~, 道之以德 齊之以禮 有恥且格.

182) 《논어 계씨》 季氏將伐顓臾. ~夫如是 故遠人不服 則脩文德以來之. 旣來之~.

183) 《논어 자한》 子曰, 吾未見好德如好色者也.

"자로야! 덕을 아는 사람은 많지 않다."[184]

이와 같은 공자의 여러 말을 종합한다면 덕은 사람의 생활 속에 나타나고 베풀어지는 가치이다.

결론적으로 도와 덕은 밀접한 관계가 있다. 도는 객관적으로 존재하고 지극히 올바르고 합당한 도리道理나 원리로 유가의 여러 가지 덕목들은 모두 포괄하고 있다.

따라서 도는 사람이 없어도 우주와 자연에 존재하는 것이다. 다만 사람은 그것을 인지할 때 그 사람의 도는 넓어지는 것이라고 공자는 말했다.[185]

이러한 도리를 따르는 바탕이나 심성이 수양에 의하여 갖추어져 외부로 표출되어 인지할 수 있을 때 그것을 보통 덕德이라고 말할 수 있다. 따라서 덕은 사람이 갖고, 기르고, 실천할 수 있는 것이어야 하고 인간의 행동은 덕에 의거하여야 한다.[186]

도가 없다면 바른 품성이나 가치관을 가지지 못하는 것이니, 곧 무덕無德은 무도無道하기 때문이다. 그렇다면 바른 도를 가진 사람이라면 바른 덕을 가졌다고 말할 수 있다.

이처럼 도는 자연계의 순환이나 우주의 질서와 같은 상위의 개념이라고 할 수 있고 사람이 이를 따라야 하는 최고의 원리나 법칙과 같은 것이다.

이러한 도를 깨달아 마음에 지니고 있다면 바른 품성 곧 바른 덕을

184)《논어 위령공》子曰, 由. 知德者鮮矣.

185)《논어 위령공》子曰, 人能弘道 非道弘人.

186)《논어 술이》子曰, 志於道 據於德~.

갖추게 된다. 따라서 도는 덕보다 위대한 가치이며 존재라 할 수 있다.

　여하튼 사람은 도를 안 다음에 덕을 갖출 수 있고 그것을 다른 사람에게 베풀 수 있다. 따라서 군자는 도를 깨닫겠다는 의지가 있어야 하며(志於道) 덕에 의거하여(據於德) 덕을 베풀며 생활을 해야 한다.

03 인仁이란 무엇인가?

인간은 동물이지만 이성적 판단에 따라 행동한다. 인간의 이성적 판단이란, 곧 가치의 판단이라고 보아야 한다. 가치를 고려하지 않는 인간의 행동이란 있을 수 없다. 인간이 생각하는 삶의 의미는 결국 어떤 가치를 가장 중요시하고 그 가치를 얼마나 실현하는가의 문제일 것이다.

공자 또한 그의 생을 통하여 많은 가치를 논했고 또 추구했을 것이다. 공자 사상의 바탕이라 할 수 있는 인(仁)이란 무엇인가?

 ## 인仁의 의미

'의리의 사나이' 라면 주먹들의 세계에서 통하는 의리가 먼저 머리에 떠오른다. '예의염치를 모르는 사람' 이라면 너무 무식하여 부끄러운 짓을 서슴지 않는 사람이 연상된다. 그리고 '살신성인했다' 고 하면 남을 위해 자기의 목숨을 버린 사람이며 정말 훌륭한 사람이라는 존경의 마음을 갖게 된다.

인仁은 인亻, 人과 이二가 합성된 글자로 '두 사람 이상의 인간관계' 와 연관되는 개념을 가진 글자로 仁과 人은 서로 불가분의 관계이다. 그래서 仁은 人의 뜻으로 통용되기도 한다.[187]

---

187) 《논어 옹야》 宰我問曰, 仁者 雖告之曰 '井有仁焉' ~, 井有仁焉 우물에 사람이 있다(빠졌다).

인이라는 말은 공자가 처음 사용하지도 않았고 공자만의 용어도 아니다. 다만 공자는 인을 본질로 하고 인을 실천하려는 자신의 철학 체계를 굳건하게 다졌고 자신의 삶과 학문도 모두 인에 귀결시키고 있다. 따라서 공자의 학문은 인학仁學이라고 이름 지을 수도 있다고 생각한다.

한자로 仁은 글자 하나만으로도 그 자체의 개념이 명확하다. 이는 다른 사물이나 개념으로 설명하기가 불가능한 '본원적인 개념(原槪念)'이다. 말하자면, '그 글자 그대로' 또는 '직관으로 통찰하고 이해해야 할 개념'이다. '仁'이 그 안에 포함된 개념을 모두 설명하는 2음절어가 없는 것은 인이 원개념原槪念이기 때문이다. 인의仁義, 인덕仁德, 인애仁愛와 같은 용어에서는 仁이 형용사처럼 바뀌기 때문에 仁의 원개념과는 다른 뜻이 되어 버린다.

더구나 인仁을 '인'이라고 한글로만 표기했을 때는 매우 애매한 개념으로 인식이 된다. 꼭 우리말로 써야 한다면 명사로는 '어짊', 또는 '사랑'이라는 말이 가장 적합할 것이고 형용사처럼 쓸 수 있다면 '어진 ~'으로 쓸 수 있을 것이다. 그러나 '사랑'이라는 말도 여러 가지 의미를 내포하고 있기에 인에 꼭 적합한 말이라고 할 수도 없다.

공자의 제자 번지樊遲가 인에 대해 물었을 때 공자는 '인은 사람을 사랑하는 것'[188] 곧 타인에 대한 사랑이라고 간단하게 정의하였다.

이는 통치의 소임을 맡은 군자君子로서 하층의 피지배계층에 대한 폭넓은 의미의 사랑 곧 시혜를 의미할 수 있지만 그보다는 '순수한 인간관계에서의 사랑'이라고 생각할 수 있다.

---

188) 《논어 안연》 樊遲問仁. 子曰, 愛人. 問知. 子曰, 知人.

공자가 생각하는 인의 실천방법으로서 애인愛人은 지배와 피지배의 관계에서 오는 대립적 이해와 충돌을 막으면서 한 발 더 나아가 모든 계층의 조화와 화합을 위한 본질적인 사랑이며 도덕적인 양보와 일체감의 형성을 위한 행위라고 볼 수 있다.

 ## 인仁의 실천은?

공자는 "사람이 어질지 않다면 예가 무슨 의미가 있으며, 어질지 않다면 악樂이 무슨 소용이 있겠는가?"라 하여[189] 인仁을 예나 악보다도 더 가치 있는 것으로 생각하였다.

그리고 공자의 '자신의 몸을 버려서라도 인을 성취해야 한다'는 살신성인殺身成仁이라는 말은 《논어 위령공》 편에 나온다.[190]

이러한 말은 공자가 의義나 예보다도 인을 가장 중요한 덕목으로 생각했다는 뜻이니, 인은 《논어》의 중심이 되는 가치이면서 공자 가르침의 핵심이며 유교사상의 중추中樞라 할 수 있다. 공자 그 자신도 일상생활에서 인을 실현하려고 노력했고 제자들에게도 인을 체득한 어진 사람(仁人)이 되라고 가르쳤다. 때문에 공자의 사상은 '인의 철학'이라고 말할 수 있다.

"인이 먼 곳에 있는가? 내가 실천하려 한다면 그것이 바로 인이다."

---

189) 《논어 팔일》 子曰, "人而不仁, 如禮何? 人而不仁, 如樂何?"
190) 《논어 위령공》 子曰, "志士仁人, 無求生以害仁, 有殺身以成仁."

"인은 나로부터 시작하는 것이지 남에게 있는 것이 아니다."라고 공자는 말하였다.[191]

위의 명제를 살펴보면 인은 행위의 동기이고 선한 의지의 표현이며 그것은 나 스스로 행할 수 있는 도덕적인 의지이다. 그리고 인의 모습은 객관적으로 존재하거나 그러한 존재 개념이 아니라 인간의 주관적인 생각과 태도이며 인간의 마음 바탕의 한 측면을 지칭하고 있다는 것을 알 수 있다. 이처럼 인은 이론의 명제가 아닌 실천의 주제이다.

인이 없다면 다른 사람과의 화해和諧(어울림)도 불가능하다. 공자는 가정에서 효도(孝)와 우애(悌 제)가 바로 인의 실천이라고 강조하고 있다.

"효도와 우애는 아마도 인의 바탕이라 할 수 있다."

"군자가 부모를 착실히 모시면 백성들에게 인의 기풍이 생긴다."라는 공자의 말을 읽어보면[192] 부모에 대한 효도와 형제간의 우애는 인의 바탕이 된다.

곧 효도와 우애는 인의 또 다른 모습이라는 것을 가르치고 있다. 동시에 그런 실천행위를 배우는 수양 즉 인을 배우고 실천하려는 의지 역시 인이며, 수양에 의해 함양된 품성 또한 인이라고 가르치고 있다. 그리고 부모와 형제에 대한 인의 실천은 자연스레 이웃과 나라 전체로 확산될 것이라고 했다.

---

191) 《논어 술이》 子曰, 仁遠乎哉. 我欲仁 斯仁至矣.
   《논어 안연》 顏淵問仁. 子曰, 克己復禮爲仁~ 爲仁由己, 而由人乎哉?
192) 《논어 학이》 子曰, ~君子務本 本立而道生. 孝弟也者 其爲仁之本與.
   《논어 태백》 子曰, ~君子篤於親, 則民興於仁, ~.

그리고 공자는 인을 모든 사람이 선천적으로 타고난 심성으로 보았다. 그런데도 인을 가르쳐야 하고 깨닫도록 노력해야 하는 것은 인간에게 내재된 심성이 개인적 무지나 사회적 환경에 따라 은폐되어 외부로 드러나지 않기 때문이라고 보았다.

그러므로 공자의 가르침은 인이라는 심성을 새롭게 가져다주는 것이 아니라 누구에게나 잠재해 있는 것을 밖으로 드러내 보이고 인식하게 하는 과정이라고 볼 수 있다.

이 때문에 공자는 여러 제자에게 여러 가지 다른 형태로 인을 설명했다. 《논어》는 그러한 공자의 모습이 잘 나타나 있는 심신수양을 위한 교과서라고 할 수 있다.

충忠과 서恕

한 가지 예를 들면, 공자는 자신의 도道는 '하나로 일관한다(一以貫之)'라고 말했고, 그 말을 들은 증자曾子는 곧 바로 '알았습니다.' 라고 대답했다. 공자가 나간 뒤 다른 제자들이 그 말뜻을 묻자, 증자는 '선생님의 도는 충忠과 서恕뿐이다.' 라고 말했다.[193]

공자의 도道는 인仁 하나뿐이며 그 인의 구체적인 행위나 상태는 곧 자신의 양심에 충실한 마음(忠)과 타인의 마음에서 생각하고 타인의 입장해서 수용할 수 있는 마음(恕)이라는 뜻이다.

---

193) 《논어 이인》 子曰, 參乎! 吾道一以貫之. ~曾子曰, 夫子之道 忠恕而已矣.

여기서 충은 모든 일이나 행위에서 변함없이 충실한 것이니 곧 최선을 다한다는 의미라고 볼 수 있으며, 서는 남을 위하는 이타주의利他主義나 역지사지易地思之 또는 호혜평등이나 공평의 원칙을 견지하는 마음이라고 해석할 수 있다.

공자는 그의 유능한 제자 자공에게도 이를 다시 강조한다. 자공이 '마음에 깊이 간직하고 한평생을 지킬 수 있는 말'을 말씀해 달라고 했을 때 공자는 "아마도 서일 것이다. 내가 원하지 않는 것을 남에게 요구하지 말라."고 말했다. [194]

공자의 이 말은 나(己)나 남(他)이나 똑같은 것이니 네가 하기 싫으면 다른 사람도 하기 싫을 것이며, 네가 편하기 위해서 남이 해 주기를 바라는 것을 다른 사람에게 강요하지 말라는 뜻이다. 이처럼 공자는 지극히 호혜평등互惠平等의 원칙을 강조하고 있다.

인을 베풀고 적용하는 관계가 곧 사회생활이고 사회라는 공동체에서는 충과 서 중에서 서가 더 중요하다고 생각할 수 있다. 곧 내가 원하지 않는 것을 상대도 원하지 않을 수 있고, 그렇게 원하지 않는 것은 무시되는 것이 아니라 존중되어야 할 것이다.

이는 나의 기준으로 사유하고 행동하는 것이 아니라 타자他者의 입장에서 생각해 보는 것이며, 타자는 나의 의지가 언제나 관철될 수 있는 물질적 존재가 아니라는 것을 인식하는 것이다. 그렇다면 이는 평등과 같은 개념일 것이다.

그리고 또 한 가지, 서의 개념은 모든 것을 용서한다는 관용寬容의

---

194) 《논어 위령공》 子貢問曰, 有一言而可以終身行之者乎? 子曰, 其恕乎! 己所不欲, 勿施於人.

개념과는 같지 않다. 나의 잘못을 내가 용서하듯 다른 사람의 악행이나 잘못도 그럴 수 있다고 인정하고 용서하라는 개념은 아닐 것이다.

나와 그리고 타인 모두에게 관용을 베푼다는 것은 처음에는 너그럽다고 인식되겠지만 곧 타락이나 무책임의 혼란에 빠질 수 있다고 생각한다. 이는 적어도 다른 사람에게 폐해를 주거나 타인에 대한 악행은 자신의 의지로 행하지 않는다는 의지이다. 이는 선善의 의지를 적극적으로 베풀지는 않더라도 악행은 저지르지 않는다는 타인에 대한 배려의 개념이라 할 수 있다.

결국 충과 서는 2개이지만 이는 인의 개념 하나인 것이다.

이는 예禮와 절節이 2개의 개념이지만 그것이 인간의 마음이나 행동으로 나타날 때는 하나의 개념으로 받아들일 수 있는 것과 마찬가지라 할 수 있다. 여기서 공자 자신의 인에 대하여 증자가 충서로 재해석하고 구체화한 것은 인의 개념을 구체화하여 보여준 것이다.

04 인仁을 쉽게 설명할 수는 없는가?

사실 철학적인 명제나 개념을 구체화하여 설명하기란 쉬운 일은 아니다. 그렇다고 해서 인식 능력이 다 갖추어진 다음에야 철학을 이해하고 공부할 수는 없는 것이다. 고등학생에게는 고등학생 수준에 맞춰, 또 대학생도 그 수준에 맞춰 개념을 이해할 수 있도록 설명해야 한다. 공자철학의 중심은 인(仁)이 무엇이냐고 물었을 때 그 해답은 간단하지 않다. 인을 어떻게 설명하면 이해하기 쉽겠는가?

 인仁의 가치

우리가 일상에서 쓰는 언어에는 가치 개념이 들어 있는 말이 있다. 가령 책, 연필, 노트북 같은 단어는 그 가치를 평가하지 않은 가치중립적인 말이다. 그러나 선과 악, 참됨과 거짓, 예의와 무례라는 말에는 추상적이지만 가치에 대한 평가가 담겨져 있다.

공자가 그렇게 강조한 인仁은 필자가 조사한 바에 의하면 《논어》 텍스트 전체에서 110번이나 보인다. 물론 한 구절에서 2번 사용된 경우도 있지만 그만큼 중요한 개념이라는 뜻이다. 또 구체적으로 인이라는 언급은 없어도 인을 설명하고 있는 말도 상당히 많이 있다.

다시 말하자면, 인은 세상에 물질이나 현상으로 존재하는 것이 아니며 서술적 언어로 쓰는 단어가 아니다. 인은 가장 인간다운 인간으로 존재하기 위해 가치 있는 덕목으로 존재하는 것이며 이미 그 가치는 평가가 되었다고 생각하여야 한다.

여기서 우리가 생각하는 가치란 무엇을 위한 또는 무엇인가의 가치일 것이다. '아무것도 아닌 것의 가치'라든지 굳이 '무엇을 위한 가치인가를 따질 필요가 없는 가치'라면 그것은 가치가 아닐 것이다.

그리고 인이 가치 있는 덕목이라고 하지만 구체적으로 어떤 개념인가? 또 어떤 효용성이 있으며, 구체화할 수 있다면 어떤 모양이나 상황을 인이라고 하느냐고 물을 경우에 그 대답 또한 쉽지는 않을 것이다.

농사의 가치는 곡식을 얻는데 있고, 국사 교과서는 역사지식 습득의 도구로서 가치를 가지고 있다. 그리고 봉급의 가치는 나의 안락한 생활을 보장받을 수 있는 욕구를 충족시켜주는 도구로서의 가치가 있다.

그러나 교육이라는 가치는 어떠한가? 가르침을 베풀고 그 성과가 학생들한테서 나타날 때는 힘들었어도 정신적으로 기쁨을 느끼는 효용가치가 있다. 또 아프리카의 굶주리는 아이를 위하여 염소보내기 운동에 참여하는 것은 상대적인 것은 아니지만 또 그런 행위 자체에서 스스로 느낄 수 있는 내재적, 정신적인 가치가 있다.

다시 말해, 모든 가치가 욕구나 목적이라는 측면에서 도구적 의미가 있는 가치만은 아니다. 상대적으로 추구하거나 정당화하지 않아도 되는 절대적인 가치 곧 내재적인 가치가 있다.

《논어》에서 공자가 강조한 인은 물리적 가치가 아니라 정신적 가치이며, 외적 가치가 아니고 내면적 가치로 바로 나 자신에서 찾아야 할 가장 숭고하면서도 절대적인 가치일 것이다.

인의 구체화

《논어》에는 인에 대한 사전적 정의도 없으며 공자가 구체적으로 이런 것이라고 표현한 구절도 없다. 다만 '이 경우에 인은 이런 것이다' 라는 설명이 있을 뿐이다.

예를 들어, 공자가 '꾸며댄 말이나 얼굴 표정에는 인이 없을 것이다.' 라는 말을 했는데,[195] 이런 경우 그런 사람한테서는 가식과 허위가 있을 뿐 인이 없다는 뜻이다. 곧 인은 가식이나 허위와는 다른 개념이라고 설명하고 있다.

공자의 제자 번지樊遲는 공자에게 인에 대하여 여러 번 질문을 했다. 그때마다 공자는 인에 대하여 아래와 같이 다른 말로 설명해 주었다.

"힘든 일에는 남보다 먼저 나서고, 얻는 것은 남보다 뒤에 한다면 인이라 할 수 있다."

"남을 사랑하는 것이다."

"일상생활에 공손하면서, 일을 처리할 때는 정성껏, 다른 사람에게는 진실해야 한다."[196]

이처럼 공자는 일상생활에서 인의 실천을 여러 가지로 설명하고 있다. 어렵거나 힘든 일에 아무도 나서지 않을 때 먼저 그런 일을 담당

---

195) 《논어 학이》子曰, 巧言令色 鮮矣仁. 令色 남의 비위를 맞추려고 아첨하는 얼굴 빛.
〈鮮 고울 선, 드물다.〉

196) 《논어 옹야》樊遲問仁. 曰 仁者先難而後獲 可謂仁矣.
《논어 안연》樊遲問仁. 子曰, 愛人.
《논어 자로》樊遲問仁. 子曰, 居處恭, 執事敬, 與人忠. ~

하고, 성과를 분배할 때 남보다 늦게 얻는다면 어진 사람이며 남을 널리 사랑하는 것이며 성실한 일상생활의 모습이 곧 인이라고 공자는 가르쳤다.

그리고 안연顔淵에게는 인이란 극기복례克己復禮이며, 인은 나 스스로 실천하는 것이며, 예가 아니면 보고 듣거나 말하거나 행하지도 말라고 가르쳤다.[197]

또 제자 중궁仲弓에게는 모든 사람들을 큰 손님처럼 받들고 백성들을 부리더라도 큰 제사를 지내듯 해야 하며 자신이 하기 싫은 일은 남에게 시키지도 말라고 하였다.[198]

사실 '내가 하기 싫은 일은 남에게 시키지도 말라'는 간단한 이 말은 그 실천이 얼마나 어려운가! 이런 가르침에 '그거야 당연한 일이다'며 수긍은 하지만 '전부터 그렇게 나는 실천했다'며 당당하게 말할 수 있는 사람은 결코 많지 않을 것이다.

공자는 사마우司馬牛에게는 인이란 말은 "쉽게 할 수 있는 말이 아니다."라고 가르쳤다.[199]

왜냐면 그 실천이 어렵기 때문에 금방 이렇다 저렇다고 말을 할 수 없다는 뜻이었다. '남을 사랑하라'는 간단한 이 말을 모르는 성직자가 어디 있는가? 그러나 실제로 모든 성직자가 이 말을 실천하고 있다고 생각하는 사람은 많지 않을 것이다. 공자도 인이란 말을 쉽게 입에 올

---

197) 《논어 안연》 顔淵問仁. 子曰, 克己復禮爲仁. 一日克己復禮, ~子曰, 非禮勿視 非禮勿聽 非禮勿言 非禮勿動.

198) 《논어 안연》 仲弓問仁. 子曰, 出門如見大賓 使民如承大祭. 己所不欲 勿施於人.~

199) 《논어 안연》 司馬牛問仁. 子曰, 仁者, 其言也訒. ~子曰, 爲之難, 言之得無訒乎. 〈訒 말더듬을 인.〉

릴 수 없다고 가르쳤다는 것은 그가 인을 잘 알고 실천하려고 노력했기에 그런 말을 할 수 있었을 것이다.

그리고 공자는 인을 '공경(恭), 관대(寬), 신의(信), 빠른 일 처리(敏), 은혜의 베풂(惠)' 등 5가지 덕목으로 구체화하여 제자 자장을 가르치기도 했다.[200)

실제로 공손하다면 남이 무시하지 않고, 관대하다면 여러 사람의 마음을 얻을 수가 있다. 그리고 신의를 지킨다면 남의 신임을 받고, 일에 민첩하면 성과를 올릴 수 있으며 은혜를 베푼다면 다른 사람의 협조를 얻을 수 있을 것이다. 이는 인자한 사람이 인으로 얻을 수 있는 인의 효과를 설명한 것이다.

 ## 생활 속의 인(仁)

인은 군자의 생활이며 실천이다.

인은 유식한 사람이 책을 읽어 아는 것이 아니다. 군자는 어느 한 순간이라도 인을 떠나서 살 수가 없다. 인은 마치 우리 생활에서 물(水)과 불(火)처럼 요긴한 것이라고 공자는 설명했다.

공자는 "인은 사람에게 물과 불보다도 더 유용하다. 나는 물과 불에 들어갔다가 죽는 사람은 보았지만, 인을 실천하다가 죽는 사람은 보지 못했다."고 말했다.[201)

---

200) 《논어 양화》 子張問仁於孔子. 孔子曰, ~曰, "恭寬信敏惠. ~

201) 《논어 위령공》 子曰, 民之於仁也 甚於水火. 水火 吾見蹈而死者矣 未見蹈仁而死者也.

이처럼 인은 인간이 인간으로 생존하기 위한 필수불가결의 요소이다. 인간이 물불을 이용할 줄 알았기에 다른 동물과 달리 문화를 발전시킨 것처럼 사람에게 인의 실천은 생활필수품이며 인류문화 발전을 이룩하는 도구라고 볼 수 있다.

때문에 인의 실천을 남에게 먼저 양보할 수 있는 것이 아니다. 인은 내가 실천하는 것이기에 "스승에게도 양보할 수 없는" 것이다. [202]

---

202) 《논어 위령공》 子曰, 當仁 不讓於師.

05 인仁은 인본주의인가?

인간의 존엄성과 가치를 으뜸으로 생각하며 인간중심의 생각에 뿌리를 두는 이념을 우리는 인본주의(人本主義) 또는 휴머니즘(humanism)이라 부른다. 그리고 이러한 사상을 갖고 있는 사람을 인도주의자 또는 휴머니스트라고 부른다. 그렇다면 공자 사상의 중심인 인(仁)은 인본주의라고 말할 수 있는가? 또 공자는 휴머니스트라 할 수 있는가?

 ## 인을 내세워야 할 이유

공자가 살았던 시대는 봉건제도가 운영된 지 약 600년의 세월이 지나 봉건제도가 붕괴되는 시기였다. 이 시대에 제후들은 영토 확장을 꾀하며 보다 강력한 국가로 발전하기 위하여 문벌에 의한 인재 등용이 아니라 능력을 가진 사士를 대거 등용하였다.

공자는 이 시대에 무너져 가는 사회질서를 회복하기 위한 방법으로 주周의 예禮를 절대적이고 가장 보편타당한 사회질서라 간주하며 예의 실천을 강조하였다.

공자는 인간이 예를 실천하는 것은 가장 타당성이 있는 사회규범을 지키는 것이며 이를 통하여 인간의 윤리 의식 곧 인을 함양할 수 있다고 본 것이다. 이는 공자가 예와 악보다는 인에 더 높은 의미를 부여한 것이라 생각할 수 있다.

공자는 예의 실천과 주례周禮로의 복귀가 곧 인이라고 보았으며 인

仁은 예禮의 근본정신이며 예의 실천은 곧 사회질서의 회복이었다. 그렇기 때문에 공자는 "사람이 어질지 않다면 예가 무슨 소용이며, 악樂은 무슨 소용이 있겠는가?"라고 말했다. [203)]

공자가 살았던 그 당시에는 천天 또는 상제上帝의 개념과 함께 조상숭배는 물론 여러 귀鬼와 신神의 존재를 믿고 또 그에 대한 숭배가 극히 자연스러운 시대였다. 그런 시대에 공자는 귀신에 대한 존재와 숭배의 관념을 넘어 인도人道, 곧 인본人本의 사상을 크게 강조하였다.

상제, 조상, 자연의 위력에 의하여 숙명적으로 지배를 당하는 인간이 아니라 인간의 의지로 그러한 것을 멀리하라고 주장한 공자였다. 공자의 제자 번지가 지知에 대하여 물었을 때, 공자는 "귀신을 경배하면서도 멀리하는 것"이라고 대답했다. [204)]

이는 공자의 인식에서 귀신에 대한 숭배를 인정하지만 귀신을 멀리하는 것 곧 그 영향력에서 벗어나는 것이 지식이라고 생각하였다.

공자의 제자 자로子路(季路라고도 함)가 귀신을 섬기는 방법에 대해 묻자, 공자는 "사람 섬길 줄도 모르는데 어찌 귀신을 섬길 수 있겠는가?"라고 대답하였다. 또 죽음에 대해 묻자, 공자는 "삶도 모르면서 어찌 죽음을 알겠는가?"라고 일러주었다. [205)]

이는 공자가 모르기 때문에 대답을 회피한 것이 아닐 것이다. 공자에게 문제가 되고 중요한 것은 귀신이나 요괴에 의해 지배된다는 미신이 아니었고, 사후의 세계와 같은 비현실적, 비이성적 세계가 아니었

---

203) 《논어 팔일》 子曰, 人而不仁 如禮何. 人而不仁 如樂何.
204) 《논어 옹야》 樊遲問知. 子曰, 務民之義 敬鬼神而遠之 可謂知矣.
205) 《논어 선진》 季路問事鬼神. 子曰, 未能事人 焉能事鬼. 敢問死. 曰 未知生, 焉知死.

다. 공자는 인간의 이성이나 주관, 윤리적 의지를 귀한 것으로 생각했다.

공자는 인간의 이성理性으로서 이해할 수 없는 '괴이(怪), 폭력(力), 혼란(亂), 귀신(神)'에 대해서는 말하지 않았다.206) 동시에 조상 숭배를 위한 몸과 마음의 준비라 할 수 있는 재계齋戒, 국가 단위의 큰일이라 할 수 있는 전쟁, 인간의 생명과 직결되는 질병(疾)에 대해서 매우 신중한 태도를 취하였다.207)

이를 본다면, 공자는 현세의 인간과 삶과 인간의 의지를 중시했다는 뜻이다. 곧 공자는 인본주의 사상을 갖고 있었다고 볼 수 있다. 공자는 인간이 객관적 이성의 주체이며 인간이 자연의 주인이라는 극히 인본주의적 사상을 갖고 있었다.

인仁은 인본주의적 의지

인仁이라는 글자는 '사람(亻, 人)'과 '두 이二'가 합쳐진 글자로 '두 사람 이상의 관계' 곧 여러 사람이 친하게 지낼 수 있는 마음이나 상태를 뜻한다고 풀이할 수 있다. 그러한 마음이나 상태가 '사랑'일 수도 있고 인간을 소중히 여기는 휴머니즘이며 타인에 대한 이해와 동정일 수도 있다. 말하자면, 사람을 우선시 하지 않는다면 실현될 수 없는 상태이다.

---

206) 《논어 술이》 子不語怪力亂神.

207) 《논어 술이》 子之所愼 齊, 戰, 疾.

이러하기에 공자는 "어진 사람은 자신이 누리고 싶은 것을 다른 사람이 먼저 누리게 하고, 자신이 이루고자 하는 것을 남이 먼저 이루게 한다. 자기를 기준으로 남을 이해하는 것이 인을 실천하는 것이다."라고 말했다.[208]

사실 내가 누리고 싶은 지위나 처지, 내가 성취하고 싶은 목표를 남에게 먼저 양보한다는 것이 쉬운 일이 아니다. 자신의 욕구나 희망은 자기 마음인데 이를 가지고 남을 이해하고 남을 도와주는 것이야말로 사랑일 것이다. 이처럼 인은 남에 대한 이해로부터 출발하는 것이며 모든 인간들에 대한 동정은 인본주의 사상의 출발이며 발아發芽라고 할 수 있다.

그리고 공자의 제자 번지가 인에 대하여 묻자, "힘든 일에는 남보다 먼저 나서고, 얻는 것은 남보다 뒤에 하는 것이 인이다."라고 대답하였다.[209]

남들이 어려워 기피하는 일을 내가 먼저 하고, 남들이 모두 먼저 차지하려고 할 때 나중에 차지하는 일이란 정말 어려운 일이다. 이는 타인에 대한 사랑이 아니라면 곧 휴머니즘적 바탕이 없다면 결코 실천할 수 없는 것이다.

맹자는 그의 사단설四端說에서 인간이 가지는 '측은히 여기는 마음(惻隱之心)'이 인仁의 단서가 된다고 말했다.[210] 곧 측은히 여기는 마음

---

208) 《논어 옹야》 子貢曰, 如有博施於民而能濟衆~, 子曰, 夫仁者 己欲立而立人 己欲達而達人. 能近取譬 可謂仁之方也已.

209) 《논어 옹야》 樊遲問知. ~問仁. 曰, 仁者先難而後獲 可謂仁矣.

210) 《맹자 공손추 上》 惻隱之心 仁之端也, 羞惡之心 義之端也, 辭讓之心 禮之端也, 是非之心 智之端也,

이 인의 시작일 수는 있다. 그러나 그러한 마음이 있더라도 인에 대한
실천의지가 없다면 결국은 아무것도 아닌 것이다.

차등이 있는 인仁

공자의 인은 서양의 박애와는 약간 차이가 있다. 공자가 주장하는
인은 '인간에 대한 절대적 사랑'과는 다르다. 공자는 사람들의 친소관
계를 전제로 또 예禮를 바탕으로 한 인仁이라 할 수 있다. 곧 공자의
인은 차등差等이 있는 인이다.

가령 여기에 몹시 굶주린 한 무리의 사람들이 있는데 그 속에는 자
신의 부모도 들어있다. 내가 먹을 것을 가지고 있어 자신의 부모에게
먼저 주었다 하여 그것을 굶주린 사람들에 대한 차별이라고 말할 수는
없다.

부모와 자식, 나와 나의 형제들은 나와 타인에 비해 분명히 친소親
疏의 차이가 있다. 내가 인을 베풀면서 친소의 차이를 염두에 두지 않
는다면 그것은 위선僞善이다. 친소간에 차등이 있는 인이란 인간 차별
과는 다른 것이다. 인간 차별이란 나의 자의적恣意的 기준에 의한 차별
이고 그런 차별은 비난받을 수 있다. 그러나 인륜에 의한 차별은 당연
한 것이라고 생각하였다.

공자는 "군자가 부모를 독실하게 모시면 백성들도 인의 기풍을 따
르게 된다."고 하였다. [211] 이는 인의 출발은 우선 부모에 대한 효도라

---

211) 《논어 태백》子曰, 恭而無禮則勞, ~君子篤於親 則民興於仁, ~.

고 본 것이다. 공자의 이러한 인식은 그의 제자 유자有子에 의해 좀 더 범위를 넓혀 효도와 형제간의 우애를 인을 실천하는 근본이라고 했다.[212]

그리고 《중용中庸》에서도 "인이란 것은 사람다움이니 어버이를 친히 모시는 것이 가장 큰일이다"라고 하였다.[213] 이는 인이 부모를 위하는 마음에서부터 출발하여 비록 혈육이 아닌 사람에게까지 인을 확대하여야 한다는 의미로 해석할 수 있다.

그리고 공자가 생각한 인은 매우 그 범위가 넓다. 공자는 위정자로서 나라 전체나 백성들 전체에 혜택이 돌아간다면 그것이 바로 인이라고 생각하였다. 공자는 제齊나라의 패업을 이룩한 관중管仲에[214] 대하여 "그릇이 작고 검소하지도 않고 예도 모르는 사람"이라고 하였지만,[215] 무력을 쓰지 않고도 훌륭한 정치적 치적을 쌓았으니 "그 정도면 어진 것"이라 평가하였다.[216]

공자의 이러한 평가는 인仁에 대한 개념이 인간에 대한 단순한 사랑을 초월했음을 의미한다. 공자의 이러한 차등이 있는 인을 진정한 박애가 아니라고 폄하한다면 그것은 공자의 참뜻을 모르는 오해라 할 수 있다.

---

212) 《논어 학이》 有子曰, 其爲人也孝弟 ~ 孝弟也者 其爲仁之本與.
213) 《중용 31장》 哀公問政. 子曰, ~仁者人也 親親爲大. ~
214) 기원전 723~645. 名 이오(夷吾) 춘추시대 제(齊)의 정치가. 관포지교(管鮑之交)의 주인공.
215) 《논어 팔일》 子曰, 管仲之器小哉. ~
216) 《논어 헌문》 子路曰, 桓公殺公子糾~. ~不以兵車 管仲之力也. 如其仁 如其仁.

공자도 남을 미워했는가?

명암(明暗)이나 흑백(黑白) 그리고 선악(善惡)이나 애증(愛憎)과 같은 단어는 극단적인
상대어이다. 이런 말은 극적인 대비가 되는 만큼 쉽게 이해되고 기억에 남는다.
　공자사상의 핵심인 인(仁)은 우리말로 '다른 사람에 대한 사랑'이라고 옮길 수 있다.
사랑에 대한 상대어가 미움이나 증오라고 할 때 공자가 인을 강조한 그만큼 미움이나 증
오에 대해서도 언급했는가? 쉽게 말해, 공자도 남에 대한 미움이 있었는가? 미워했다면
어떤 사람을 미워했는가?

 미움이라는 감정

　공자는 "어진 사람만이 남을 좋아할 수도 또 미워할 수 있다."고
말했다. [217)

　이 말은 쉽고도 평범한 것 같지만 깊은 뜻을 가지고 있다. 좋고 싫
다든지, 좋아하거나 미워하는 감정은 인간의 원초적인 감정인데 꼭 인
仁을 체득하고 실천하는 사람만이 남을 좋아하거나 미워할 수 있다는
뜻인가?

　사실 성인이 어린아이처럼 느끼면 느끼는 그대로 자신의 감정을
표현할 수는 없다. 성인이 솔직한 것이 좋다는 신념을 갖고 있어도 호
오好惡의 감정을 그대로 표출한다면 그 관계는 거기서 끝날 것이다.

---

217) 《논어 이인》 子曰, 唯仁者能好人 能惡人. 〈惡 미워할 오〉

벗과의 사귐에 있어 상대의 진정眞情을 알기까지는 오랜 시간이 걸릴 것이다. 사귀는 과정에서 서로의 감정을 직접 표현하지 않아도 상대의 속마음을 모르는 것은 아니겠지만, 확신을 갖기 전까지 아무런 내색을 하지 않는 것도 어찌 보면 불가능한 일이다.

공자가 인간감정의 이러한 기본적 요소를 모르고 위와 같은 말을 하지는 않았을 것이다. 공자가 말하는 호오好惡의 감정은 자신의 행동을 책임져야 하는 성인成人이 가져야 할 '행동의 기본원칙'으로 내세운 것이라 할 수 있다.

그렇다면 우선, 공자가 생각하는 인자仁者는 누구인가?

공자는 어떤 사람이 진정으로 인의 실천에 뜻을 두었다면 그는 어떠한 악행도 하지 않을 것이라고 하였다. [218]

인을 실천하려는 의지를 가진 사람은 곧 악을 행하지 않는 사람이라고 공자는 생각했다. 곧 악을 행하지 않는 선한 사람만이 선한 사람을 알기에 진정 남을 좋아할 수 있는 것이다.

그렇다면 공자가 미워하는 사람이란 인을 부정하거나 알면서도 실천하지 않는 사람일 것이다.

어진 사람이란 선善—한걸음 더 나아가 절대선絶對善을 체득한 사람이다. 진정한 휴머니스트만이 선인善人을 좋아하고 악인惡人을 미워할 수 있다.

다르게 표현한다면, 시비선악에 대한 분명한 기준을 가지고 그 신념대로 행동하여야 한다. 자신의 감정을 확실히 하지 않는 것은 중용이 아니라 눈치를 보는 것이다. 선악에 대한 가치 판단의 유보나 회피

---

218) 《논어 이인》 子曰, 苟志於仁矣 無惡也.

는 선악의 혼동을 초래하거나 악에 의한 선의 소멸을 초래한다. 그리고 분명한 가치 기준이 없다는 것은 가치혼란의 시작이다.

선은 선이고 악은 악이라는 분명한 식별과 단호한 구분은 악을 물리치기 위해서라도 꼭 필요하다. 선악의 구분이 모호하고 대처가 분명하지 않다면, 이는 곧 악에게 밀리고 악의 승리를 지원하는 것이다. 공자의 말은 선을 지키려는 군자의 단호한 의지를 표현한 것이다.

 ## 사이비를 증오함

한 인간이 타인이나 어떤 대상을 싫어하거나 피하는 것을 단순하고 일회적인 감정 표현이라고 할 수 있다. 그러나 미움(嫌惡 혐오)은 싫어하는 단계를 넘어서서 논리적이고 보다 항구적恒久的인 감정이다.

가난하거나 낮은 지위를 좋아하는 사람은 없다. 그러나 자신이 부귀를 누린다 하여 빈천한 사람을 무시한다면 그는 인자한 사람이라 할 수 없다. 따라서 그가 부귀를 누리기 때문에 미움을 받는 것이 아니라 그가 다른 사람을 무시하기에 사람의 미움을 받는 것이다. 미움이란 감정은 이처럼 논리적이다.

제자 자공子貢이 공자에게 군자도 미움이 있는가 물었을 때 공자는 있다고 하면서 그 예를 구체적으로 열거했다. 공자는 남의 악을 떠벌리는 사람, 아랫사람으로서 윗사람을 헐뜯는 사람, 그리고 용감하지만 무례한 사람, 과감果敢하지만 꽉 막힌 사람을 미워한다고 하였다.

그리고 공자가 자공에게 너는 어떤 사람을 미워하느냐고 묻자, 자공은 엿보거나 엿들어 아는 것을 자신이 쌓은 지식처럼 자랑하는 사람이나, 불손한 것을 용기라고 여기며, 남의 비밀을 폭로하며 정직하다고 생각하는 사람을 미워한다고 하였다.[219]

공자가 미워한 사람이 주로 상층에 자리 잡고 있으면서 인을 실천하지 않는 사람이라면, 자공이 미워한 사람은 보통 사람들의 일상생활 속의 미움을 받는 행위를 열거하였다.

그리고 공자와 자공에게 공통적인 것은 그런 부류들이 품고 있는 거짓(僞)에 대한 미움이다. 참(眞)이 아닌데도 참이라고 주장하거나 억지를 부리는 것이니, 요즈음의 세태에도 꼭 그대로 적용되는 말이다.

공자가 증오하는 것 중에 마지막의 '과감하지만 꽉 막힌 사람'은 누구인가? 과감하다는 것은 자신이 알고 있는 것만을 전부로 생각하거나 옳다고 고집하며 마구 행동하는 짓을 의미한다. 그리고 막혔다는 것(窒 막을 질)은 남의 말에 귀 기울이지 않는다는 뜻이다. 자기 것만을 고집하는 것은 자신을 성찰하지 않는 것이며, 남의 말에 귀를 막은 인간은 상대방을 인정하지 않는 것이니 미움을 받을 수밖에 없다.

사실 남의 말을 귀담아 듣지 않는 것은 자신의 것이 없기 때문이다. 자공이 미워하는 사람이 구체적으로 그런 사람들이다. 엿보거나 엿들어 아는 것이나 주워들은 것을 자기 지식인 양 자랑하는 것은 곧 사이비似而非 지식인이다.

사이비는 사실대로 바로 알려고 노력하지도 않는다. 겨우 자신에게 알맞은 것만을 골라 전체라고 과장하면서 그런 것으로 상대를 공격한다. 이는 변화를 알지 못하고 변화에 적응하지 못하는 어리석음 곧

---

219) 《논어 양화》 子貢曰, 君子亦有惡乎. 子曰, 有惡, 惡(미워할 오)稱人之惡(악할 악)者 ~ 曰, 賜也亦有惡乎. ~

몽매蒙昧함이니, 이 모두가 바른 사회의 진정한 소통을 가로막는 것들이다.

그리고 공자는 자신의 증오를 한 번 더 구체적으로 열거하였다.

공자는 "보라색(紫色 자색)이 붉은색을 가리고, 음란한 음악이 바른 음악(雅樂 아악)을 어지럽히며 '그럴듯한 말'(利口)로 나라를 뒤엎으려는 자를 미워한다."고 하였다. 220)

붉은색(朱, 주)이 순수하다면 보라색(紫, 자)은 간색間色이다. 차라리 청출어람靑出於藍이라면 가상하기라도 하지만 보라색이 스스로 붉은색이라고 자처한다면 사실이나 원리원칙에 벗어났으면서도 원칙이라고 내세우는 것과 같다. 그러니 어찌 가증스럽지 않겠는가?

정鄭나라의 음악은 음란한 음악이라고 모든 사람들이 다 알고 있다. 정악正樂인 아악보다 그런 음악을 좋아하는 사람, 입에 발린 소리를 하면서 또 한쪽으로 치우친 편향된 의식을 갖고서 자신만이 정의라고 우겨대는 사람, 긍정적인 타인의 견해를 꼭 부정적으로 받아들이고 호의마저 의심하며 매사에 부정적인 사람들이 모두 사이비이다. 그러한 사이비는 진정성이 없다. 그래서 공자가 미워한 것이니 오늘날의 세태와 너무 닮아 두려움이 느껴진다.

사이비에 대한 공자의 질책은 여기서 끝나지 않고 다른 예를 열거하였지만 공자는 아주 짧은 말로 결론을 맺었다.

"남이 좋아하는 말이나 낯빛을 꾸미는 사람은 어질지 않다." 221)

우리는 교언영색巧言令色이라는 말을 쉽게 하지만 교묘하게 남의

---

220) 《논어 양화》 子曰, 惡紫之奪朱也 惡鄭聲之亂雅樂也 惡利口之覆邦家者.

221) 《논어 학이》 子曰, 巧言令色 鮮矣仁.

비위나 맞추고 인기에 영합하려는 사이비 인간에 대한 성인聖人의 분노는 이 한마디에 다 들어있다.

 분노의 전이轉移

공자는 인을 좋아하는 것(好仁)만큼 불인不仁을 미워하였다.

인을 좋아하는 것은 인을 적극적으로 실천하려는 의지이고, 불인을 미워하는 것은 불인한 짓을 하지 않겠다는 뜻이다. 하루라도 자신의 의지로 인을 실천한다면 그만큼 좋은 것이다. 자신의 힘이 모자라 인을 실천하지 못하는 사람이 있을는지는 모르겠지만 공자는 그런 사람을 아직 보지 못했다고 하였다.[222] 말하자면, 인의 실천은 이처럼 자신의 의지이며 진정인 것이다.

공자의 사이비 지식과 사이비 인간에 대한 미움은 이처럼 철저했다.

그렇지만 공자의 미움은 사사로운 감정의 표현이 아니라 공분公憤이었다. 공자의 미움은 오로지 미움을 받아 마땅한 상대에게 국한되었지 다른 사람에게 옮겨가거나 확산되는 것을 반대하였다.

자신의 분노를 타인에게 전이轉移하지 않았던 공자의 수제자는 안회顔回(안연)이었다. 공자의 다른 제자들이 하루 이틀이나 한 달 정도 인仁을 실천했다면, 안회는 3개월 정도 인을 실천할 수 있다고 공자는 안회를 높이 평가하였다.[223]

---

222) 《논어 이인》 子曰, 我未見好仁者 惡不仁者. ~我未見力不足者.
223) 《논어 옹야》 子曰, 回也 其心三月不違仁, 其餘則日月至焉而已矣.

안회는 진정으로 호학했고 공자는 안회의 호학을 자주 칭찬했다. 그리고 안회는 그의 분노를 다른 대상으로 전이하지 않았으며 똑같은 실수를 거듭하지도 않았다. [224)]

분노를 전이하지 않고 또 같은 실수를 두 번 거듭하지 않는 것은 인仁이다. 그리고 안회의 그러한 바탕은 그의 호학好學과 그의 부단한 실천의지에서 나왔다. 안회는 자신의 마음속에 밝은 거울을 품고 부지런히 갈고 닦고 또 닦았다. 결코 자신이 인을 실천하지 못하는 것을 결코 남의 탓으로 돌리지 않았다.

말만 그럴듯하게 하면서 없는 말도 지어내고, '아니면 말고'라며 거짓을 사실처럼 늘어놓고, 자신들만이 정의를 잘 아는 사람들이라고 말하는 요즈음의 꼼수들이 결코 생각하거나 따라올 수도 없는 호학과 인을 실천한 안회였다.

 ## 여론—대중의 평가

공자는 "나이 40에도 다른 사람의 미움을 받는다면 그 사람은 더 볼 것이 없는 사람"이라고 말했다. [225)]

이를 다른 말로 해석하면, 여러 사람의 평가가 정확할 수 있고 그 때문에 미움을 받는 것은 정당하다고 생각할 수 있다. 그러나 여러 사람의 평가가, 곧 여론이 항상 옳은 것은 아니다.

---

224) 《논어 옹야》 哀公問, 弟子孰爲好學. 孔子對曰, 有顔回者好學 不遷怒 不貳過. ~
225) 《논어 양화》 子曰, 年四十而見惡焉 其終也已.

자공이 공자에게 "마을 사람 모두가 좋아하고 모두가 미워하는 사람은 어떻습니까?"라고 물었을 때, 공자는 "마을 사람 모두가 좋아한다고 좋은 사람이 아니며, 모두가 미워한다고 나쁜 사람이 아니다."라고 말했다. 그러면서 마을 사람들 전체보다는 마을 사람들 중에서 착한 사람이 착하다고 하면 착한 사람이고, 나쁜 사람조차도 미워한다면 그가 나쁜 사람이라고 하였다. 226)

원래 대중의 판단이나 감정은 냉철하지 못하고 분위기에 휩쓸리는 경우가 많다. 문명의 정도가 낮은 곳에서는 한두 사람에 의해 여론이 이끌어지고 바뀌기도 한다.

공자는 이 점을 간파했기에 모두가 좋아한다고 선인도 아니며, 모두가 미워한다 하여 악인이 아니라고 했다. 곧 착한 사람이나 군자의 평가가 보다 정확하다는 뜻일 것이다.

그러나 문명이 극도로 발달하여 모든 사람들이 통신의 수단을 갖고 있고 매스컴이 대중에게 열려 있는 현대에는 어떠한가? 대중의 선악에 대한 평가는 정확한가? 대중이 모두 미워할 때 그 대중을 이루는 개개인의 평가는 정확한가?

현대에는 오히려 그 평가가 감정적이고 기복이 심한 것을 알 수 있다. 일부 선동가들이 매스컴을 통한 선동—예를 들면, 일부 인터넷 방송에 열광하는 수많은 젊은이의 감정을 한두 사람이 조정하고 있는 현실은 어떠한가?

한두 사람은 대중의 감정을 조작하면서 쾌감을 느낄 것이며 자신만이 선이라고 생각하며 더욱 기고만장할 것이다. 그러나 대다수의 휩

---

226) 《논어 자로》 子貢問日, 鄕人皆好之 何如. 子曰, 未可也. ~其不善者惡之.

쓸리는 사람들은 조작 당하는 줄도 모르면서 맹목적으로 따라가는 것이다. 선과 악에 대한 여론은 이처럼 미묘한 것이다.

그래서 공자는 "모두가 미워하더라도 다시 살펴보아야 하고, 모두가 좋아해도 반드시 살펴보아야 한다."고 말했다. [227]

이는 '오직 어진 사람만이 남을 좋아하고 또 미워할 수 있다'는 뜻을 다시 한 번 강조한 것으로 공자의 혜안은 2,500년이 지난 오늘에 더욱 빛을 발하고 있다.

---

227) 《논어 위령공》 子曰, 衆惡之 必察焉, 衆好之 必察焉.

07 인자仁者의 생활 모습은 어떠한가?

한 사람의 생활모습은 그 사람의 철학이나 인격의 반영이라고 말할 수 있다. 바탕이 성실한 사람은 그 생활도 성실하고 학문적 바탕을 가진 사람의 생활은 학구적이라 할 수 있다. 군자(君子)의 실제 생활이 모범적이 아니라면 누가 그를 군자라 하겠는가? 인자의 생활모습은 어떠하겠는가?

 ## 생활 속에 살아 있는 인

우리는 일상생활에서 '인자한 사람이다' 또는 '훌륭한 덕德을 가진 사람'이라는 말을 하는데, 공자가 말하는 인은 때로는 덕이란 말로 대체할 수 있다. 우리는 일상생활에서 인과 덕을 구별하지 않고 사용한다.

예를 들어 "덕이 있는 사람은 바른말을 하지만 바른말을 한다 하여 꼭 덕이 있는 것은 아니다. 인자仁者는 반드시 용감하지만 용감하다 하여 모두 어질지는 않다."라는 공자의 말에서 인과 덕은 서로 바꾸어도 그대로 의미가 통한다. 228)

---

228) 《논어 헌문》 子曰, 有德者必有言 有言者不必有德. 仁者必有勇 勇者不必有仁.
　　《논어 자한》 子曰, 知者不惑 仁者不憂 勇者不懼.

이 경우 덕이란 글자에는 인仁의 의미가 포함되어 있다고 볼 수 있으며, 인을 행동으로 구현한 것이 덕이며, 인의 정신에 입각한 용기 있는 행동이 바로 덕이라고 할 수 있다.

공자에게 인은 최고의 가치이기에 잠시 잊어버릴 수 있거나 바뀔 수 있는 신념이 아니었다. 인간에게 인은 잠시라도 예를 든다면, 식사를 하는 짧은 동안이라도 잊어버릴 수도 없으며, 양보할 수 있는 개념 다시 말해 '스승께서 인을 베풀도록 제자가 양보'할 수 있는 것이 아니다.[229]

공자에게 인은 해와 달이 뜨고 지는 자연의 섭리와도 같았으며 인간 본성의 근본도 인이었다. 공자는 제자들에게 인을 가르쳤다. 동시에 인을 인식하고 체득하며 실천하는 것이 공자 자신의 생활이었다.

그렇지만 공자 자신은 인에 미처 도달하지 못한 사람으로 자처하면서 노력했다.[230] 공자는 인은 결코 멀리 있는 것이 아니며 스스로의 노력으로 얻을 수 있다는 신념을 갖고 있었다.[231]

인의 실천은 인간이 지고 있는 무거운 의무와 같은 것이었고 그런 임무 수행은 죽어야만 끝나는 것이었다.[232] 이는 인이 완료형의 도덕 실천이 아니라 인류가 존재하는 한 계속되어야 할 지속반복형의 원리라는 뜻이다.

---

229) 《논어 이인》 君子無終食之間違仁 造次必於是 顚沛必於是.
　　《논어 위령공》 子曰, 當仁 不讓於師.
230) 《논어 술이》 子曰, 若聖與仁 則吾豈敢. 抑爲之不厭 誨人不倦 則可謂云爾已矣. ~
231) 《논어 술이》 子曰, 仁遠乎哉 我欲仁 斯仁至矣.
232) 《논어 태백》 曾子曰, ~任重而道遠. 仁以爲己任 不亦重乎. 死而後已 不亦遠乎.

공자에게 인은 인식認識이었으며 존재存在였고 윤리倫理였다. 그러하기에 공자의 학문은 곧 인학仁學이라고 말할 수 있다. 이처럼 인은 공자의 모든 것이었고, 《논어》는 공자의 인학을 펼쳐 전개한 교과서로 지금까지 또 앞으로도 생명을 갖고 살아 있을 하나의 경전이다.

인자仁者의 생활

인간에게 자신만의 강렬한 주체의식이 있어야 하는데, 우리는 그런 것을 보통 개성個性이며 생활철학生活哲學이라고 말한다.

보통 사람은 역경에 처하면 타락이나 배신할 수 있고 부귀하면 오만무례해진다. 그리고 부유한 생활을 염원하는 사람에게 가난은 참을 수 없는 것이다.

어질지 못한 사람은 가난이나 부귀에도 오래 있지 못한다. 빈곤을 빈곤으로 받아들이고 스스로 정직한 노력을 해야 하며, 부귀에도 오만무례하지 않고 더욱 정진해야 하는데 어질지 못한 사람은 그렇지 못하다.

인자는 인에 안주하고 지자知者는 인이 가장 좋은 것인 줄 알기에 인에 의거 행동하고 인을 추구한다. 곧 인을 자신에게 이롭도록 이용한다. 233)

인자仁者는 용기를 갖고 어떠한 경우도 두려워하지 않는다. 그렇다 하여 용감한 사람이 꼭 인을 가지고 행하는 사람은 아닐 것이다. 또한

---

233) 《논어 이인》 子曰, 不仁者不可以久處約 不可以長處樂. 仁者安仁 知者利仁.

근심이나 걱정을 갖고 생활하지 않는다.

왜냐하면 인은 사람이 꼭 지켜나가야 할 바른 길이기에 바른 길을 가는데 무슨 두려움이나 걱정이 있겠는가?

공자는 "인자만이 남을 좋아할 수도 또 미워할 수도 있다."고 하였는데, [234] 이는 절대선絶對善을 체득한 인자라야 흔들리지 않는 선악을 기준으로 선인을 좋아하고 악인을 미워할 수 있다는 뜻이다. 선은 선이며 악은 악이라는 분명한 도덕 기준이 있어야 한다는 뜻일 것이니, 시비선악이 분명치 않다면 곧 가치 판단기준이 없다는 뜻일 것이다. 동시에 그 가치 판단의 기준은 인이라는 뜻이다. 인자는 절대로 악과 타협할 수 없고 타협해서도 안 된다는 뜻이다.

실제로 인에 뜻을 둔 사람은 절대로 악을 행하지 않는다. [235]

인의 실천

이기利己의 반대되는 개념으로 박애와 대동大同을 생각할 수 있다. 사람으로서 인仁의 실천에 뜻을 둔 사람은 많다. 그러나 그들이 과연 악을 미워하고 악을 멀리하려고 노력한다고는 쉽게 말할 수 없을 것이다.

높은 지위에 있다 하여 훌륭한 덕행을 가진 사람은 아니며 모두 인에 뜻을 두고 실천하는 군자라고 말할 수도 없다. 군자인 척하지만 불

---

234) 《논어 이인》 子曰, 唯仁者能好人, 能惡人.
235) 《논어 이인》 子曰, 苟志於仁矣 無惡也.

인을 행하는 사람은 분명히 존재한다. 그리고 처음부터 이기적이거나 사리사욕을 추구하는 소인小人은 절대로 인자가 될 수 없다는 신념을 공자는 갖고 있었다. 236)

공자는 인을 실천하는 구체적 예를 제자 자공에게 설명해 주었다.

곧 많은 사람들에게 널리 베풀고 역경에 처한 어려운 사람을 구제하는 것은 인의 단계를 넘어 성聖이라고 말하면서 "내가 이루고자 하는 것을 다른 사람이 먼저 이루게 하고, 내가 하고 싶은 것을 남이 먼저 할 수 있게 하는 것이 곧 인을 실천하는 방법"이라고 했다. 237)

이처럼 인의 실천은 나(自己)라는 개인과 남(他人)이라는 인류를 모두 하나가 되게 하는 최고의 방책이라 할 수 있다.

---

236) 《논어 헌문》 子曰, 君子而不仁者有矣夫 未有小人而仁者也. 이 구절은 '군자 중에서도 계급 간의 조화를 깨뜨리는 어질지 못한 자(不仁者)가 있지만 소인은 처음부터 동(同: 평등)을 주장하기 때문에 어진 사람이 있을 수 없다' 라는 해석도 있지만, 공자가 군자와 소인을 구분하는 것은 지배와 피지배의 사회계층을 떠나 인격적, 도덕적 수양 여부에 따라 군자와 소인을 구별한 것이라고 보아야 할 것이다.

237) 《논어 옹야》 子貢曰, 如有博施於民而能濟衆 何如, 可謂仁乎. 子曰, ~夫仁者, 己欲立而立人 己欲達而達人. ~

08 인자仁者와 지자知者의 차이는?

우리는 요산요수(樂山樂水)라는 말을 자주 듣는다. 산수(山水)라고 표현하는 자연 속에 살면서 자연을 즐기는 일은 정말 멋있고 낭만적인 생활이라 할 수 있다. 그러나 요산요수는 본래 인자(仁者)와 지자(知者)의 생활이 어떤 차이가 있는가를 설명한 말이다. 어진 사람과 지혜로운 사람은 어떤 차이가 있는가?

인에 대한 확신과 생활화

보통 사람들은 역경이나 위기에서 표변하거나 좌절한다. 또 부귀하면 교만무례해지고 부귀 앞에서는 비굴해지는데, 이는 인에 대한 신념이 없기 때문일 것이다.

휴머니즘에 대한 확실한 신념을 가진 사람, 곧 절대선에 대한 확신이 있는 사람이 어진 사람이며, 그런 경지에 도달한 인인(仁人)은 부귀나 곤궁에서도 변함이 없으니 그 생활이 곧 인의 실천이라 할 수 있다.

공자는 "인자하지 못한 사람은 가난을 견디거나 안온한 상태를 오래 유지할 수 없다. 어진 사람은 인에 안주하고 지혜로운 사람이라면 인을 활용할 수 있다."라고 말했다. [238]

---

238) 《논어 이인》 子曰, 不仁者不可以久處約, 不可以長處樂. 仁者安仁, 知者利仁.

공자의 가르침을 볼 때 인은 최고의 덕목이며 인자는 그런 수준에 도달한 사람이다. 공자는 수제자 안회조차 3개월 동안 인에 머물 수 있다고 말했다. 이는 인의 실천이 어렵다는 뜻이다.

그렇다면 어질지 못한 행위나 삶은 아무런 노력이 없어도 잘 즐길 수 있다는 뜻일 것이다. 이것이 인과 불인의 생활상의 차이라 할 수 있다.

또 어진 사람만이 선인善人을 사랑하고 악인을 미워할 수 있다. [239] 선과 악에 대하여 아무런 인식도 없고 행동도 따르지 않는다면, 곧 시비선악에 대한 분명한 의지가 없다면 가치 인식이 흔들린다는 뜻이며, 이는 인자한 사람이 취할 수 있는 태도가 아니다.

그리고 선에 대한 확실한 의지가 있는 사람은 인의 경지에까지 나가지는 못하더라도 적어도 악행에 가담하지는 않을 것이다. [240]

인간의 악덕은 이기주의利己主義와 탐욕에서 시작된다. 이기의 반대 개념으로는 박애와 대동大同을 생각할 수 있다. 인의 미덕을 알고 추구하는 사람이라면 적어도 이기와 탐욕에 빠지지는 않을 것이다. 이는 인에 대한 확실한 의지가 없다는 그 자체가 악이라는 뜻으로 받아들일 수도 있다.

군자라면 언제나 인을 생각하지 않을 수 없고 인을 버린 행위를 해서는 안 될 것이다. 인은 군자에게 생명과도 같은 것이니, 잠시라도 인을 떠난다면 어찌 군자라고 할 수 있겠는가, 라고 공자는 반문하고 있다.

---

239) 《논어 이인》 子曰, 唯仁者能好人, 能惡人.
240) 《논어 이인》 子曰, 苟志於仁矣 無惡也.

군자가 인을 실천하는 것이 호인好仁이고, 불인不仁을 미워하는 것이 바로 인으로 나아가는 길이라고 생각한 공자였다. 힘이 부족하여 인을 실천하지 못하는 것이 아니라 그럴 의지가 없기 때문에 인을 실천하지 못하는 것이라며 인의 실천을 강조한 공자였다.

 지知—지혜로움

　공자가 그의 제자 자로子路에게 말했다.

　"자로여! 너에게 앎(知)이 무엇인가를 일러 주겠다. 아는 것을 안다고 말하고, 모르는 것은 모른다고 말하는 것이 아는 것이다." 241)

　아는 것을 안다고 확실하게 말하는 것이 쉬운 일인가? 모르면 당연히 모른다고 해야 한다. 그러나 내가 아는지 모르는지 그 자체를 모른다면 어찌 해야 하는가?

　'똑똑한 척', 또는 '똑똑한 줄 알았다'라고 말하면 결과적으로 똑똑하다는 뜻은 아니다. 그러나 그 장본인은 똑똑하다고 생각할 것이다.

　알고 있는 것은 쉽다. 알고 있기에 대처하기도 쉽다. 그래서 남들이 보면 지혜롭다고 한다. 안다는 지식과 슬기로운 능력 곧 지혜가 같지는 않지만 비슷할 수 있다. 사물의 실상을 바로 직시하거나 관조觀照할 수 있기에 의혹을 배제할 수 있다. 유혹당하지 않는 것이 지혜이고 지혜롭기 위해서는 알아야 한다.

---

241) 《논어 위정》 子曰, 由(자로의 이름). 誨女知之乎. 知之爲知之 不知爲不知 是知也.

그래서 아는 사람이 지혜로운 사람이 된다. 지혜로운 사람은 아는 것이 있는 사람이다. 그러나 그가 인仁인가? 불인不仁인가는 아직 판단할 수가 없다.

"더불어 이야기를 해야 하는 사람인데 이야기를 하지 않는다면 사람을 잃는 것이다. 같이 이야기할 수 없는 사람인데 이야기를 했다면 말(言)을 잃어버린 것이다. 지혜로운 사람은 사람도, 말도, 잃지 않는다."고 공자가 말했다.[242]

인정해주고 그의 말을 들어야 하는 데 상대하지 않았다면 사람을 잃을 수밖에 없다. 진실하지 않은 사람, 어질지 않은 사람과 종일 대화를 했다면 종일 헛수고를 한 것이니 자신의 말을 잃은 것이다. 사람을 잘못 보거나 해서는 안 될 말을 한 것이 바로 혹惑에 빠진 것, 한마디로 지혜롭지 못하다.

공자의 지식과 지혜에 대한 설명은 이처럼 간결하고도 명확했다.

지자知者는 바른 인식과 지성을 가지고 있으며 인자仁者가 되기를 목표로 하지만 아직은 인의 경지에 도달하지 못한 사람이다. 인의 경지에서 마음이 편한 사람과 인의 경지를 잘 활용하여 사회를 보다 나은 방향으로 이끌려는 적극적인 의지를 가진 사람이 지자이다. 곧 바르고 건전한 인식과 함께 적극적인 참여의식을 가진 사람이 지혜로운 사람일 것이다.

---

242) 《논어 위령공》 子曰, 可與言而不與言 失人, 不可與言而與之言 失言. 知者不失人 亦不失言.

요산요수樂山樂水

"지자知者는 물을 즐기고(樂水), 인자仁者는 산을 즐긴다(樂山). 지자는 동적動的이고, 인자는 정적靜的이다. 지자는 인생을 즐기고, 인자는 수를 누린다."243)

공자의 이 짧은 말은 너무나 유명하다.

우선 지자는 '슬기로운 사람'이니 지성적이거나 이지적理智的이란 사람으로, 인자는 '인자한 사람'이니 박애를 실천하는 인도주의적인 사람으로 개념을 정리할 필요가 있다.

인간의 지知는 시대와 더불어 바뀌며 냉철하고 현실적이니 물적이고 현실이기에 사물과 더불어 유동하고 변천한다고 생각할 수 있다. 이는 물이 지형을 따라 흘러가고 그릇의 형태에 따라 달라지고 또 얼음이었다가 수증기로 그 모양이나 모습도 바뀔 수 있다. 따라서 지성적인 사람은 현실적이고 즉물적即物的이고 유동적인 것에 더 관심을 가질 것이다.

그러나 인자한 사람, 박애의 정신을 가진 사람은 대범하다. 그 사람은 무게가 있고 깊이를 생각하며 감정에 휘둘리지 않는 자비와 자애를 실천한다. 마치 산이 제자리에 있으면서 모든 것을 품고 생장生長 케 하는 것과 같다.

산은 외물外物에 의해 움직이지도 않으며 영겁의 침묵처럼 태연泰然하다. 하늘이나 땅에서 일어나는 변화를 산은 그대로 다 수용하며 받

---

243) 《논어 옹야》 子曰, 知者樂水 仁者樂山. 知者動 仁者靜. 知者樂 仁者壽.

아들인다. 움직이지 않고 시종일관 변하지 않으니 정적靜的이다. 그러하기에 그 생명은 오래간다. 물처럼 증발하지도 않고 멀리 흘러가지도 않으니 수壽를 누린다고 표현할 수 있다. 그러하니 인자는 산을 좋아한다고 요약할 수 있고 산의 속성을 따라 정적이고 수를 누린다고 지자와 비교했다.

간단한 말이지만 너무 많은 것을 생각하게 하는 말이며 인자仁者의 모습은 산에서 찾아야 할 것이다.

공자는 "인자는 근심 걱정이 없고, 지혜로운 사람은 현혹되지 않으며, 용감한 사람은 두려움이 없다"고 하였다. 244)

이 말에 대하여 공자의 수제자 자공子貢은 공자 자신을 설명한 말이라고 받아들였다. 곧 공자는 인과 지와 용 모두를 갖춘 성인이라는 의미일 것이다.

---

244) 《논어 헌문》 子曰, ~仁者不憂 知者不惑 勇者不懼. 子貢曰, 夫子自道也.

09 도덕과 예禮는 어떤 차이가 있는가?

인간사회에 무한경쟁 곧 정글의 법칙만이 적용된다면 인류는 멸망할 것이다. 약육강식, 무질서, 공포로부터 인간의 생존을 보장하기 위하여 최소한의 규범이 있어야 한다. 법이나 규범은 사회 구성원 모두에게 적용되며 상호간의 약속에 의해 정해지는 규칙이다.

이러한 규범 중에서도 가장 기본적인 도덕규범이 있다. 사회의 일반적인 도덕규범과 공자가 강조하는 예(禮)는 그 본질적인 면에서 어떤 차이가 있는가?

 도덕규범

인간사회에서는 여러 규범과 수많은 법에 의하여 인간의 행위에 대한 규제가 이루어진다. 이러한 법과 규범은 사회라는 건축물의 주춧돌이라 할 수 있다. 규범이나 법은 사회 구성원을 결속시키는 보이지 않는 끈이며 사회라는 문화적 구조물을 만드는 기자재의 일부라고 생각할 수 있다.

사실 이러한 법이나 규범의 강제성이 없다면 인간사회는 논리적으로 존재할 수가 없다. 다시 말해, 인간사회에는 인간으로서 존재가 아닌 동물적 존재만이 생존할 수 있을 것이다. 여러 가지 규범이나 법적 규제는 생물학적인 인간이 사회적 동물로 생존하기 위한 필수 불가결의 요소이다.

그러나 이러한 법과 규범이 있다 하여 인간사회의 갈등이나 대립,

혼란과 무질서가 사라지지는 않는다. 왜냐면 이러한 법과 규범 자체는 인간이 만든 것이며 거기에는 인간의 욕망이 들어 있기 때문이다. 곧 규범이나 법은 잘 지켜지지도 않고 사회 일부 구성원의 합의에 의해 폐기될 수도 있다. 법의 준수를 강요하며 위반자에 대한 형벌만으로 백성을 다스리면 그런 규제에서 빠져나가면 그뿐이며, 어떠한 죄책감도 느끼지 못할 것이고, 부끄럽지도 않을 것이다. 실정법이나 규범을 어기고도 제재를 받지 않았을 때 느끼는 일종의 쾌감을 우리도 겪어 보았으며 법규로부터의 또 다른 일탈을 상상하게 된다.

인간 세계에 규범이 없는 곳이나 규범을 교육하지 않거나 강요하지 않는 곳은 없을 것이다. 사실 규범과 법적 규제는 사회 구성원이 본래 지니고 있는 선의나 자유를 구속할 수가 있고 잘못된 규범이나 제재는 구성원 모두를 혼란에 빠뜨리는 위험성을 내포할 수도 있다.

그렇다면 법과 규범의 제정이나 적용에 앞서 모든 사회 구성원이 존중하고 지켜야 할 최소한의 이해나 인식이 필요할 것이다.

사회가 필요로 하는 여러 규범 중의 핵심은 도덕이다. 그리고 도덕을 교육하고 준수를 강요하는 것은 훈육이며 그러한 도덕적 규범이나 반복되는 훈육은 피교육자의 입장에서 보면 따분하고 답답한 것이다. 이러한 도덕규범이 인간들의 삶에 불가피하다는 것을 인정하더라도 그 규범이 강요된다면 반발하는 것은 필연일 것이다.

문제는 그러한 도덕규범을 인간적인 속성으로 다듬고 포장해서 가르쳐야 한다는 점이다. 인간 내부에는 그런 도덕을 지킬 수 있는 도덕적 속성, 곧 도덕성이 있으며, 그 도덕성은 가장 인간적인 속성이라고 볼 수 있다.

이런 이유에서 공자는 덕과 예를 강조하면서 "법(政令)으로 이끌고 형벌로 다스리면 백성들은 빠져나가도 부끄럽지가 않지만, 덕으로 이끌고 예로 고르게 하면 염치를 알고 선에 이를 수 있다."고 하였다. [245]

 ## 법과 도덕심

인간 사회에서 가장 큰 조직은 국가일 것이다.

국가에서 준수하기를 요구하는 법과 사회적 규범은 거의 강제적이라고 볼 수 있다. 법은 행동의 동기나 의도와는 상관없이 그 결과가 법이라는 외형에 일치하느냐 않느냐를 따지게 된다.

이에 비하여 인간사회에서 그 제정 주체를 찾기 어려운 것, 곧 자연 발생적인 행동규범으로 관습이나 예절을 생각할 수 있다. 그리고 우리가 보통 도덕道德과 비슷한 의미로 사용하면서 혼용하기 쉬운 행동규범이 윤리倫理라는 개념이다.

윤리는 사회생활에서 선과 악이나 옳음과 그름(시비 是非)의 판단 기준이 될 수 있는 관념을 의미한다. 이에 반해 도덕은 윤리보다도 더 개인적인 기준에 의거한 개별적 행동에 관한 신념이라고 볼 수 있다. 곧 도덕은 사적私的인 행동규범이라 볼 수 있다. 물론 도덕을 전제하지 않는 윤리를 생각할 수 없으며 참다운 윤리는 도덕성에 뿌리를 두어야 한다.

말하자면, 윤리보다 더 내면적이고 개인적인 정신적 만족 여부를

---

245) 《논어 위정》 子曰, 道之以政 齊之以刑 民免而無恥, 道之以德 齊之以禮 有恥且格. 이때 道는 이끌다(導)의 뜻.

따지는 것이 도덕이라고 할 수 있다. 그리고 도덕성은 인간의 계산이나 습관 이성적 판단이 아니라 감성感性과 관련이 있다.

공자가 만난 섭공葉公이 '아버지의 도둑질을 아들이 증언했다.'고 말하자, 공자는 '아버지가 아들을 숨겨주고 아들이 아버지를 숨겨주는 것이 정직'이라고 말했다. [246)

여기서 섭공의 말은 범죄를 저지른 사람이 아버지일지라도 고발해야 하는 것이 바른 시민정신이며 정직의 표본이라고 생각한 것인데, 이는 윤리적으로 옳고 그른가에 대한 판단이라고 할 수 있다.

아버지가 양을 훔쳤다면 아들이 고발하는 것이 도덕적으로 옳은 것이다. 그러나 공자는 그것은 곧 사람의 기본 도리를 부정하는 것이며, 인간적 기본 도리를 벗어난 것이 참된 정직일 수 없다고 보았다. 부자간에 숨겨주는 것이 언제나 예외 없이 옳은 것은 아니지만 인간이라면 법의 형벌에 앞서 그 형벌을 피하기 위해 우선은 숨겨주는 것이 인간적이라는 것이다.

이는 곧 도덕과 법의 관련성에 관한 문제이며 국가라는 전체와 가족이라는 개인과의 대치이며, 전체성과 개별성에 관한 논쟁으로 지금에도 아주 중요한 논쟁의 대상이 될 수 있는 논제이다.

그러나 공자에게는 이것이 문제가 되지는 않았다. 공자는 도덕적 규범이라 해서 무조건 일률적으로 적용할 수 없다는 뜻이며, 법치法治보다는 예치禮治를 중시한 것이라 할 수 있다. 공자의 대답은 국가의 법률과 상치되는 비상식적인 도덕관념이지만, 합리성을 따지기 이전

---

246) 《논어 자로》 葉公語孔子曰, 吾黨有直躬者 其父攘羊 而子證之. 孔子曰, 吾黨之直者異於是 父爲子隱 子爲父隱 直在其中矣.

에 인간의 감성으로 느낄 수 있는 도덕성을 더 중시한 것이라고 말할 수 있다.

 ## 예의 본질

또 한 가지 예를 든다면, 자식이 부모를 봉양할 때 경제적으로 유복한 공양이라도 공경심이 없는 봉양은 효도가 아니라는 공자의 견해가 《논어》에 실려 있다.[247]

노인복지회관에서 또는 공원 입구에서 무료로 배식해 주는 한 끼 식사가 노인에게 더 영양가가 있을 수 있다. 그러나 가난한 아들이 효성으로 지어 올리는 한 끼 식사와 같을 수는 없다.

이런 사례처럼 모든 감정이 다 도덕성을 갖고 있는 것은 아니며 모두 다 선한 것은 아니다. 곧 기본적으로 착한 심성에 바탕을 둔 따뜻한 마음에서 우러나오는 예禮가 옳고도 진정한 예라고 생각한 공자였다.

아버지와 아들이 서로의 범법 사실을 숨겨주는 감정과 따뜻한 감성의 공양이 진정 효라고 생각한 공자의 기본 도덕관념은 예의 본질에 대한 깊은 성찰이라 볼 수 있다.

---

247) 《논어 위정》 子游問孝, 子曰, 今之孝者 是謂能養. 至於犬馬 皆能有養 不敬 何以別乎.

10 공자는 예禮를 어떻게 인식했는가?

공자는 인간의 삶에서 예의 필요성과 중요성을 깊이 인식했었다. 공자 자신이 예를 공부하고 제자들에게 가르쳤으며, 실천을 강조한 것은 예가 인성을 순화하는 방법이며, 군자의 품위 있는 언행에 필요했기 때문이다. 그리고 사회 구성원간의 갈등 완화와 안정 추구라는 현실적 목적에도 부합했기 때문이었다. 공자는 예를 어떻게 인식했으며 어떤 변화를 가져왔는가?

인본주의人本主義의 예

공자가 생존하던 시기는 주(西周)나라가 건국되고도 600년 가까운 세월이 흘렀던 춘추시대 말기였다. 주 이전에 은(殷, 商)나라가 있고, 그 이전에 하夏나라가 존재했다고 한다. 그리하여 하·은·주를 보통 삼대三代라고 부른다.

공자孔子는 하·은·주의 문물은 그 앞 왕조의 제도를 따르며 가감했기에 이후 여러 나라의 문물을 알 수 있다고 말하면서[248] 하와 은나라의 문물을 본떴으면서도 가장 찬란한 주나라의 문물을 따르겠다고 공자는 말하였다.[249]

여기서 공자가 말하는 예禮는 나라의 의례儀禮인데, 이는 그 당시

248) 《논어 위정》 子張問十世可知也. 子曰, 殷因於夏禮~, 周因於殷禮~.
249) 《논어 팔일》 子曰, 周監於二代 郁郁乎文哉. 吾從周.

그 나라를 의미했다고 볼 수 있다. 국가 통치자가 하늘에 제사하는 의식이나 절차는 곧 그 나라의 정치와 사상, 문화의 총결이었다. 통치자가 어떤 대상에게 어떻게 제사하느냐는 그 나라에 있어 최고의 정치행위였다.

공자는 삼대 중에서도 서주의 문물을 본받으면서도 예에 대한 중대한 변화를 이끌었다.

우선 그 하나는 예의 중심대상을 귀신에서 인간으로, 국가의 통치행위에서 개인의 일상적 행위로 예의 대상을 바꾸어 인식하였다.

공자는 "주周 문왕文王은 이미 돌아가셨고 그 문물의 정신은 나에게 있지 않은가? 하늘이 이 문물을 없애려 한다면 후세 사람들은 이를 모르게 될 것이다. ~"라고 하면서 자신은 서주의 예를 계승한 사람으로 자부하였다.[250]

이렇듯 정통 주례周禮의 계승자로 자처한 공자는 그 제자 자로가 귀신을 섬기는 방법을 물었을 때, "사람을 섬기는 것도 모르면서 어찌 귀신을 섬길 수 있느냐?"고 되물었다.[251]

공자의 대답은 하늘이나 산천의 신에 대한 제사를 거부하는 것은 아니나 사람을 우선해야 한다는 의지의 표현이라 보아야 한다.

그리고 공자는 "백성을 위한다는 뜻에서 귀신을 공경하되 멀리하는 것을 지혜라 할 수 있다."고 말하였는데,[252] 이는 귀신에 대한 숭배보다 인간의 삶을 더 중시해야 한다는 인본주의적 사고라 할 수 있다.

---

250) 《논어 자한》 子畏於匡, 曰, 文王旣沒 文不在玆乎. 天之將喪斯文也~.

251) 《논어 선진》 季路問事鬼神. 子曰, 未能事人 焉能事鬼. ~

252) 《논어 옹야》 樊遲問知. 子曰, 務民之義 敬鬼神而遠之 可謂知矣.

공자의 이러한 생각은 은殷나라의 상제上帝 숭배의 전통을 이어온 주周의 하늘에 대한 제사를 지내며 숭배하는 예禮를 '인간생활 속의 예'로 전환한 것이다.

사람이 예를 갖추고 상대해야 할 대상으로는 부모나 조상, 나라의 주군主君이나 군자가 있으며, 또 마을의 연장자도 그 대상이라 할 수 있다. 공자의 이러한 전통은 맹자에 이르러 '나라에서는 고관, 마을에서는 연장자 그리고 사회적으로는 덕을 가진 사람이 존중해야 할 대상'으로 바뀌게 된다. 253)

이는 나라의 문물의 집대성인 예가 인간 중심이며 개인 중심으로 전환한 것이다. 이러한 전환의 근본은 공자의 인仁의 강조 때문이다. 인은 사람을 대상으로 하며 그러한 인을 실천하는 방법 중의 하나가 예이기 때문이다.

 예의 본질로서의 인仁

공자는 사람이 어질지 못하다면, 곧 어진 마음이 없다면, 예를 행하는 것이 무슨 쓸모가 있느냐고 묻고 있다. 254)

예악禮樂이란 사람이 하는 것이고 예악의 근본 목적이 나라와 백성을 위한 것이라면 '어진 마음'이 없이 예악을 행한다면 결국 그것은 허

---

253) 《맹자 공손추 下》 天下有達尊三 爵一齒一德一, 朝廷莫如爵 鄕黨莫如齒 輔世長民莫如 德~

254) 《논어 팔일》 子曰, 人而不仁 如禮何. 人而不仁 如樂何.

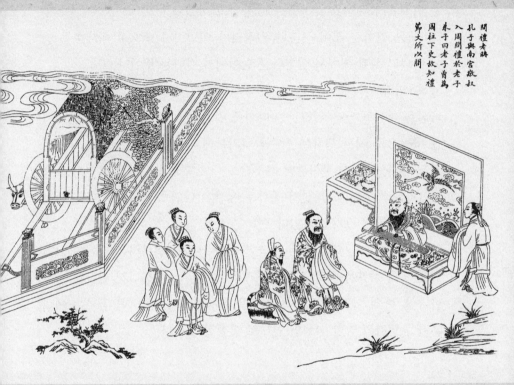

問禮老聃
孔子與南宮敬叔
入周問禮於老子
朱子曰老子嘗爲
周柱下史故知禮
節文所以間

■ 문례노담(問禮老聃) 공자가 노자(老子)에게 예를 묻다.

례이며 쓸모없는 예악일 것이다. 이는 예악의 근본정신이 인仁에 있다는 공자 신념의 표현이다.

공자는 인이란, 사람의 어떠한 위기상황에서도 잊어서는 안 된다고 강조하였다. 밥을 먹는 동안이라도 아무리 경황이 없고 또 넘어지는 위기에서도 인을 잊어서는 안 된다고 하였다. [255]

이는 인이란 것이 군자나 위정자가 이념이나 구호로 내세우는 인이 아니라 생활 속에서 실천하는 인이어야 한다는 뜻이다.

그리고 이러한 인에는 극기克己의 개념이 들어있다. 나의 욕망이나 욕심을 버리고 남을 위하는 이타심을 갖는 것이 극기이며 이러한 극기를 바탕으로 예를 행하는 것, 곧 극기복례克己復禮가 인을 행하는 것이라고 했다. 군자가 자신부터 하루라도 극기복례하면 천하가 인으로 돌아간다고 하였다. 그러면서 공자는 예가 아니면 보거나 듣거나 말하지도 행동하지도 말라고 하였다. [256]

이를 본다면, 인의 실천은 착한 인간 본성을 회복하는 것이며 그러한 본성의 회복은 예로 표현된다고 할 수 있다. 이를 다시 바꾸어 표현한다면, 예의 실천은 생활 속의 인을 실천하는 것이다. 곧 공자는 예의 본질을 인간의 착한 심성인 인으로 인식한 것이다.

---

255) 《논어 이인》 子曰, 富與貴~. 君子去仁, 惡乎成名. 君子無終食之間違仁 ~.

256) 《논어 안연》 顔淵問仁. 子曰, 克己復禮爲仁. 一日克己復禮, ~子曰, 非禮勿視 非禮勿聽 非禮勿言 非禮勿動.

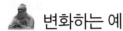 변화하는 예

공자는 시대의 변화를 긍정적으로 인정하는 진보적 사고를 갖고 있었다. 공자는 제齊나라가 일변하면 노魯나라에 가깝고, 노가 변하면 도에 맞는 나라가 될 것이라고 하였다. 257)

이는 당시의 강국이었으나 예악이나 문물에서 뒤떨어진 제나라를 변화시켜 노와 같은 문화강국으로, 그리고 노의 문물을 바탕으로 다시 일변한다면 이상국가가 될 수 있다는 희망의 표현이라 할 수 있다.

공자는 문물과 시속時俗은 시대에 따라 변화 발전하는 것이라는 생각 곧 변화를 수용하는 진보적 역사관을 갖고 있었다. 실제로 공자는 나라를 다스리는 방법의 하나로 하와 은나라의 역법이나 수레와 같은 장점을 취하고 복장과 음악도 장단점을 골라 행하여야 한다고 생각하였다. 258)

그러면서 예악에 대해서도 "옛날의 예악은 촌티가 나는 야인野人과 같고, 지금의 예악은 말쑥한 군자君子와 같지만 나는 옛 예악을 따르고 싶다."고 하였다. 259)

이는 시대에 따라 변화하는 예악에 대하여 의례적으로 좀 서툴다 하더라도 근본정신을 잃지 않고 강조한 옛 예악을 본받고 싶다는 의지의 표현이다.

공자의 제자 자공이 매월 초하루에 선조의 사당에 희생물로 양羊

257) 《논어 옹야》 子曰, 齊一變 至於魯, 魯一變 至於道.
258) 《논어 위령공》 顔淵問爲邦. 子曰, 行夏之時, 乘殷之輅, 服之冕~
259) 《논어 선진》 子曰, 先進於禮樂 野人也, 後進於禮樂 君子也. 如用之 則吾從先進.

을 바치는 예를 폐하려고 하자, 공자가 "너는 양을 아끼려 하지만 나는 그 예를 아껴 보존하고 싶다."라고 말하였다.[260]

이처럼 일상생활에서 예의 형식은 시대에 따라 변화하는 것이고 그것을 인정한다 하지만, 그 근본정신만은 훼손하지 않고 지켜나가고자 했던 것이 공자의 기본정신이었다.

여기에서 그 변화를 적극 수용하면서 새로운 것을 추구하되 근본정신의 지속이 강하고 많다면 보수保守이고, 변화의 수용이 많고 빠르다면 진보進步라 할 수 있다. 이런 관계에서 보수와 진보 어느 쪽이 바람직하다고 일방적으로 단정하기보다는 선후본말先後本末을 고려하고 그에 따른 또 다른 이익과 폐단을 고려하여 판단하여야 할 것이다.

공자가 예를 강조하면서 그 예의 중심을 자연신이나 귀신에서 인간중심으로 변화시켰다는 것은 공자사상의 인본주의적 특성이라 할 수 있다.

---

260) 《논어 팔일》子貢欲去告朔之餼羊. 子曰, 賜也. 爾愛其羊 我愛其禮.

11 실생활에서 예는 어떻게 적용되는가?

사회생활의 기본으로 도덕과 예의를 생각할 수 있다. 또 '예의를 모르는 사람'이라면 아마 성공적인 사회생활은 어려울 것이라고 생각할 수도 있다. 공자에게 예(禮)는 인(仁) 만큼이나 중요하며 인과 절대적으로 분리할 수도 없는 덕목이었다. 사회생활을 해야 하는 인간에게 예는 무엇이며 왜 중요하다고 생각하는가?

 예의 본질

우리가 예의라는 말을 들으면 우선 엄숙해야 한다는 느낌이 온다. 가령 국기에 대한 경례와 애국가를 부르는 국민의례를 할 때 '엄숙하게 마쳐야 할 행동이나 절차'라는 생각을 하게 된다. 더 나아가 관혼상제의 의례는 '의무적이면서도 형식에 맞아야 하는 예절'이며 이런 것은 유교의 생활예절이며 모두가 공자와 관련이 있을 것이라는 생각을 하게 된다.

공자는 예의禮儀 바른 행동이나 처신을 강조하였다. 이는 본래 유자儒者가 각종 의례의 전문가라는 직업정신과 연결도 되지만, 예는 인간관계나 사회생활의 기본이 되는 행위절차이기 때문일 것이다.

《논어》에는 41개 장에서 예禮를 직접 언급하고 있으며, 직접 언급은 아니더라도 관련되는 장까지 헤아리면 거의 100장이 된다고 한다. 이는 《논어》 전체의 약 1/5에 이르는 방대한 양이다. 이를 본다면, 공자가 얼마나 예를 중요시했는가를 알 수 있다. 그렇다면 공자는 왜 그리고 얼마나 예를 강조했는가를 먼저 생각해 보아야 한다.

예는 넓게 말하면 하나의 문화 규범이다.

예는 사회나 국가의 평화와 질서를 유지하고 인간 행위들의 조화와 안정을 이룩하려는 외형적 모습이라 할 수 있다. 공자가 "하夏나라나 은殷의 예를 내가 말할 수 있지만, 기杞나 송宋나라의 예는 문헌이 부족하여 증명할 수가 없다."라고 말한 것을 보면,[261] 예는 한 나라가 이룩한 문화적 총체라고 할 수 있다.

그리고 공자가 생각하는 예는 어릴 적부터 몸에 배어야 하는 인간 행위에 대한 사회적 약속이나 기준이었다. 때문에 공자는 자신의 아들에게 "예를 배우지 않으면 사회생활을 할 수 없다."고 하였으며,[262] "예를 알지 못하면 인간으로서 살아갈 수가 없다."고 말하였다.[263]

그리고 "예란 번잡하기보다는 오히려 검소해야 하며", "살아 계실 때 예로 섬기며, 돌아가시면 예로 장사하고 제사를 지내야 한다."고 하였는데,[264] 이때의 예는 개인 일상생활상의 규범이라 할 수 있다.

예는 정치행위에서도 중요한 몫을 차지했다.

"주군은 예로써 신하를 부리고 신하는 충으로 주군을 섬겨야 한다."고 하였는데,[265] 이는 주군과 신하 사이에는 예라는 행위가 꼭 있

---

261) 《논어 팔일》 子曰, 夏禮吾能言之 杞不足徵也, 殷禮吾能言之 宋不足徵也. ~

262) 《논어 계씨》 陳亢問於伯魚曰, ~不學詩, 無以言. ~曰 不學禮 無以立. 鯉退而學禮.

263) 《논어 요왈》 孔子曰, 不知命 無以爲君子也, 不知禮 無以立也, 不知言 無以知人也. 이는 《논어》의 맨 마지막 장으로 책 전체의 결론이라 할 수 있다.

264) 《논어 팔일》 林放問禮之本. 子曰, 禮 與其奢也寧儉, 喪 與其易也寧戚.
《논어 위정》 孟懿子問孝. ~子曰, ~生事之以禮 死葬之以禮 祭之以禮.

265) 《논어 팔일》 定公問, ~孔子對曰, 君使臣以禮 臣事君以忠.

어야 한다는 뜻일 것이다.

그리고 예는 하나의 형식이기도 하였다. 때문에 자공이 제물로 양을 바치는 제도를 없애야 한다고 하자, 공자는 "너는 그 양을 아끼지만 나는 그 예를 아낀다."고 말했다. [266]

이처럼 예에는 다양한 의미와 작용이나 효용성이 있지만, 결론적으로 예에는 그 사회적 형식적인 뜻과 도덕성 또는 윤리적 의의가 있으며 그것은 전통적인 가치가 있는 문화적 유산이라고 볼 수 있다.

 예와 악(禮樂)

예와 밀접한 관계를 갖는 것이 악樂이다.

악은 천지天地와 조화를 이루는 것이라 인식되었고, 음악은 인간의 성정性情을 온화하게 만들어주는 감화력이 있다고 믿었다. 그래서 의례에는 반드시 음악이 나란히 실행되었으며 백성에 대한 통치 곧 덕화德化에서도 음악은 중요한 몫을 차지하였다.

《논어》팔일 편에서 공자는 당시 노나라의 실권자인 계씨가 자기 집안에서 주周왕실과 노魯의 주군에게만 허용된 팔일무八佾舞를 추게 한 것을 비난하고 있다. [267]

한 개인이나 제후가 해서는 안 될 의례를 행했다는 것은 예악을 문란케 한 것인데, 이는 곧 사회질서를 파괴한 것이다. 그러한 질서 파괴

---

266) 《논어 팔일》 子貢欲去~. 子曰, 賜也. 爾愛其羊 我愛其禮.
267) 《논어 팔일》 孔子謂季氏, 八佾舞於庭 是可忍也 孰不可忍也.

를 행한 사람이라면 그 보다 더 나쁜 짓을 할 수 있다는 뜻으로 받아들일 수 있다.

공자가 제齊나라에 머물면서 소韶라는 음악을 듣고 3개월간 고기의 맛을 몰랐으며 "음악이 이렇게 훌륭하리라고는 생각하지 못했다."라고 한 말은[268] 훌륭한 음악이 주는 감동을 표현한 말이다. 공자가 노나라의 악관樂官과 음악에 대한 대화를 나눈 기록도 있으며, 자신이 위衛에서 노나라로 돌아온 뒤에 악이 바르게 되었고, 시詩가 제자리를 찾았다고 말한 것은[269] 공자가 《악경》과 《시경》을 정리했다는 뜻이다.

공자는 "시로써 인간의 바른 성정을 일깨우고 예를 바탕으로 사회생활을 하며 악樂으로 인격을 완성해야 한다."면서[270] 시와 예와 악이 삼위일체가 되어야 한다고 강조하였다.

또한 공자는 정鄭나라의 음악과 같이 나쁜 음악이 아악과 같은 바른 음악을 침탈하는 것을 증오하였으며,[271] 제齊나라에서 보내온 여악女樂에 빠져 계환자가 정사를 소홀히 하자, 공자는 노나라의 정치에 흥미를 잃고 외유를 떠났다고 하는 것은[272] 음악이 정치에 그만큼 중요했다는 사실을 반증한다.

268) 《논어 술이》 子在齊聞韶 三月不知肉味, 日, 不圖爲樂之至於斯也.
269) 《논어 자한》 子曰, 吾自衛反魯 然後樂正, 雅頌各得其所.
270) 《논어 태백》 子曰, 興於詩 立於禮 成於樂.
271) 《논어 양화》 子曰, 惡紫之奪朱也 惡鄭聲之亂雅樂也, ~.
272) 《논어 미자》 齊人歸女樂 季桓子受之, 三日不朝, 孔子行.

예와 인

인仁이라는 덕목이 사람이 갖추어야 할 마음의 한 속성이라면, 예는 인의 덕목에서 벗어나지 않으며 생활 속에서 습관화하거나 체질화한 행동방식이라고 볼 수 있다.

인은 그 속성이 외형적으로 드러나지는 않지만, 예는 한 개인의 마음가짐을 외부로 드러내 보이는 것이다. 그리고 인이 전제되지 않는 예가 없으며, 예로 드러내 보이지 못하는 인은 내실이 없거나 공허한 구호라 생각할 수 있다. 이해를 쉽게 하기 위하여 비유한다면, 인이 '바르고 좋은 심성'이라는 물건이라면, 예는 인이라는 물건을 담는 그릇이라고 보면 될 것이다.

공자는 사람이 어질지 못하면 예禮나 악樂이 아무 소용이 없다고 하였다.[273] 이를 다른 말로 표현하면, 인의 바탕이 없는 사람이라면 예악을 알지도 못하고 실천할 수도 없다는 뜻이다.

또 공자의 제자 안연顔淵이 인에 대해 물었을 때, 공자는 "극기복례克己復禮는 인을 실천하는 것이니 하루라도 극기복례한다면 천하의 사람들이 인에 귀의하는 것이다. 그러므로 인의 실천은 자신에게 있는 것이지 어찌 남에게서 나오는 것이겠는가?"라고 대답했다.

이에 안연은 극기복례하는 방법을 다시 물었고, 공자는 예가 아니면 보거나 듣거나 말하거나 행동하지도 말라고 가르쳤다.[274] 그러면서

---

273) 《논어 팔일》 子曰, 人而不仁 如禮何. 人而不仁 如樂何.

274) 《논어 안연》 顔淵問仁. 子曰, 克己復禮爲仁. 一日克己復禮 天下歸仁焉. 爲仁 由己 而由人乎哉? ~. 子曰, 非禮勿視 非禮勿聽 非禮勿言 非禮勿動.

예를 행하는 것은 자신의 의지나 노력이지 타인에 의한 수동적인 행위가 아니라는 점도 강조하였다.

여기서 극기는 자신의 사리사욕을 억제한다는 의미이고, 복례는 예의에 합당한 마음가짐, 곧 인으로의 복귀를 의미한다.

'예로의 복귀' 곧 인의 실천은 극기에서부터 출발한다는 인식은 매우 중요하다. 극기 즉 사리사욕을 스스로 이기지 못한다면 예를 행할 수도 없으며 인을 실천할 수 없는 것이다.

실제로 사회생활에서 사리사욕 때문에 개인적으로 불행하고 파멸에 이르고 타인에게 해악을 끼치는 것을 얼마든지 목격할 수 있으니 극기가 예의 바탕이 된다는 신념은 어려서부터 가르치고 실천해야 할 것이다.

이상을 종합해 보면, 공자가 생각한 예는 단순히 제후의 뜰이나 건물 안에서 여러 경이나 대부들이 행하는 군신 상호간의 의례儀禮만을 지칭하지 않았다.

그리고 예에 바탕을 두지 않은 언행은 절대로 해서는 안 되며, 예를 생각하고 실천하는 것이 곧 인이라 하였다. 공자가 예에 부합하는 행위를 인이라고 본 것은 인과 예는 분리하여 생각할 수 없다는 뜻이었다.

또한 공자가 생각한 인은 무너져가는 주례周禮를 현실과 인성에 맞게 적용하고 도덕적으로 실천하면서 모든 사람들이 질서와 안녕과 화합을 이룩하는 것이었다.

실제로 공자의 제자 유약有若(有子)은 예의 효용을 다음과 같이 정의하였다.

"예의 운용에서는 화합이 중요하다. 이점이 바로 선왕先王의 아름다운 도道이며, 크고 작은 모든 일이 여기에서 시작한다. 그러나 화和

를 얻었다 하여도 예로써 절제가 되지 않는다면 안 된다." [275)]

이를 본다면, 계층 내부나 계층 간의 조화나 화합 곧 충돌이 없는 조화를 이룩하는 것이 예를 행하는 목적이지만 그 또한 예에 의한 조절이나 절제가 있어야 한다는 것이다. 곧 화합을 얻기 위한 목적 때문에 예에서 이탈한다면 그것 자체가 예가 아니라는 뜻이다.

 ## 예와 형刑

개인적 일상생활에서의 예禮와 달리 주周나라 귀족들의 사회규범이 바로 예禮이었으니, 예는 본래 원시적 씨족공동체 시대부터 습속習俗과 관례慣例로 전승되어 왔다.

때문에 공자는 하, 은, 주 삼대의 예가 어떻게 수용되고 발전해 왔는가를 알기에 앞으로 주나라를 이을 왕조가 있다면 이후 백세百世라도 알 수 있다는 말을 하였다. [276)]

이 말의 뜻은 예가 주나라 지배계층 내에서의 행동규범 곧 지배체제를 유지하는 사회질서의 역할을 다 하였기에 예는 단순한 의식이나 풍속이 아니라 한 나라의 근본 질서이었고 이러한 예를 통해서 사회발전을 예견할 수 있다는 뜻이다. 곧 공자가 생각하는 나라의 예는 통치체제 유지를 위한 질서였다.

예가 지배계층의 지배질서로 발전하면서 일반 백성들을 지배하기

---

275) 《논어 학이》 有子曰, 禮之用 和爲貴. 先王之道 斯爲美 小大由之. ~不以禮節之 亦不可行也.

276) 《논어 위정》 子張問十世可知也. 子曰, 殷因於夏禮 ~ 其或繼周者, 雖百世, 可知也.

위한 방법으로 형벌이 강화되었다. 그래서 예는 지배계층 상호간의 질서유지 방법으로 정착되면서 서인庶人들에게는 적용되지 않았으며 형벌이 서민들의 지배수단으로 강화되면서 지배계층에는 미치지 않았다. 277)

주례周禮에 서민들에게 적용되는 여러 가지 형벌과 형벌을 받아야 하는 죄목罪目의 개략을 설명하였는데 그 많은 형벌 중 가장 많은 것은 지배계층에 대한 불경죄不敬罪가 있었다. 이는 지배계층의 착취에 대한 서민들의 저항이 그만큼 많았다는 의미일 것이다.

이렇게 적용되고 운영되던 예와 형벌에 대하여 공자는 일반 서민들도 예를 알고 행해야 한다며 위정자들의 형벌 남용을 반대하였다.

공자는 정치적인 행위나 형벌로 백성들을 이끌면 백성들은 면하기만 하면 아무런 죄의식을 갖지 않기 때문에 덕과 예로 이끌어야 한다고 강조하였다. 278)

그리고 "군자는 덕을 베풀어야 하고 형벌이라는 법을 생각하지만 소인은 농사와 함께 지배층의 시혜를 생각한다."고 말했는데, 279) 이는 군자와 소인이 느끼고 실천하는 덕과 형벌에 대한 입장 차이라고 볼 수 있다.

공자는 정치에서 정명正名을 강조하면서 그 이유로 '예악이 제 역할을 못하면 형벌이 바로 시행되지 못한다. 그렇게 되면 일반 백성이 손발을 제대로 둘 데가 없다.'고 말하였는데, 280) 이 말도 예와 형의 상관관계를 설명한 것이다.

277) 《예기 곡례 상》 ~禮不下庶人 刑不上大夫.
278) 《논어 위정》 子曰, 道之以政 齊之以刑 民免而無恥, 道之以德 齊之以禮 有恥且格.
279) 《논어 이인》 子曰, 君子懷德 小人懷土, 君子懷刑 小人懷惠.
280) 《논어 자로》 ~子曰, ~名不正 則言不順, ~禮樂不興 則刑罰不中, 刑罰不中, 則民無所錯手足.

12 생활예절은 왜 중요한가?

> 저쪽에서 예(禮)를 갖추면 이쪽에서도 예로 응대해야 한다. 예는 오가는 것이니 받은 것이 있으면 갚아야 한다. 그리고 예를 많이 차린다고 나무라는 사람이야 없지만, 지나친 예는 오히려 결례가 될 때도 있다. 실생활에서 예법에 따른 생활이 쉽지는 않다고 한다. 일상생활에서의 예절은 왜 중요한가?

인격 수양의 방법

예禮는 한 개인의 인격 수양이며 고상한 정신의 발현이다.

예는 그 사람의 자아의식과 도덕적 문화적 소양의 자연스러운 표출이며, 온건하고 화평한 사회질서를 위한 자기 노력이며 절제節制이다. 예는 상대방에 대한 공경과 애정의 표현이기도 하다.

예란 상황에 따라 적절하게 변용될 수 있으며, 이성적으로 규범에 맞으면서도 행하는 사람이 진정성이 있어야 하는 인간의 아름다운 행위이다. 또한 늘 어진 마음을 지닌 사람이 자연스레 몸에 밴 행동양식이나 습관일 것이다.

그러나 비싸고 멋진 그릇에 담긴 내용물이 모두 좋은 물건일 수 없고, 화려한 옷차림이 최고의 예가 아닌 것처럼 진정성이 결여된 예는 예가 아니다. 따라서 사람이 행하는 모든 예의나 예절을 곧 인仁의 실천이라고 본다면 이 또한 분명한 착오일 것이다.

인간의 착한 본성을 인정하고 따르는 것이 도道라면 그 도를 닦고 연마하는 것이 수양修養이라 할 수 있다. 281) 예의 바탕이 되는 인격 수양이란 정해진 예법을 익혀 절도가 있고 숙달된 태도만을 의미하지는 않는다.

그러나 도를 연마하거나 고상한 성품을 배양하기 위한 노력에는 하나의 방식이 있어야 한다. 군자가 인의仁義의 도를 살피고 실현할 때 그 정신을 어떤 형식으로 표현하는 것이 바로 예절禮節이다.

이런 수양의 방법으로 채택되고 실천하도록 어려서부터 가르친 것은 거처의 주변을 쓸고 닦는 청소와 어른의 부름에 대한 행동인 응대應待, 나아가고 물러나는 진퇴進退의 모든 행동을 예라고 하였다. 282)

그리고 집에서는 효孝를 실천하고 밖에 나가서는 공손하게 응대하는 것을 어려서부터 가르쳤던 것은 예가 기본 생활예절이었고 예의 기본 정신을 일찍 깨우치게 하려는 의미였다.

어린아이에서 어른으로 성숙하면서 고상한 성품을 이루기 위한 수양의 한 방법으로서 인간의 희노애락喜怒哀樂의 감정을 조절하는 것이 예이다.

이처럼 인격 수양이란 예의 기본 정신에 따라 마음속의 감정을 적절하게 조절하여 조화를 이루는 것이다. 곧 예에 맞게 조절하는 것을 화和라고 하는데, 이것이 바로 예의 가장 큰 효용성이다. 283)

---

281)《중용 1장》天命之謂性 率性之謂道 修道之謂敎.

282)《논어 자장》子游曰, 子夏之門人小子 當洒掃應對進退 則可矣 抑末也. ~

283)《논어 학이》有子曰, 禮之用, 和爲貴. ~知和而和 不以禮節之 亦不可行也.

문화적 소양과 분별

공자가 "군자가 널리 배우고 예로 조절하면 사람의 도리에서 어긋 나지 않을 것이다."라고 말했다. [284]

이는 군자가 기본 소양을 갖추어야 하고 예를 실천해야 인간다운 인간이 될 수 있다는 뜻이다. 말하자면, 지식 곧 문화적 소양과 예를 다 갖추어야 진정한 군자라는 뜻이다.

많은 사람들은 학문 곧 지식의 습득은 인간 됨됨이나 예절의 실천 과 무관하다고 생각할 수 있다. 공자의 제자 자로子路가 나라와 백성들 을 잘 다스릴 수 있다면 꼭 책을 읽고 학문을 하지 않아도 된다고 말하 자, 공자는 그렇지 않다고 자로를 질책했다. [285]

공자는 '폭넓은 학문적 지식(博學)'은 교양의 기본 바탕이며 이러한 바탕이 없이는 예를 잘 알 수도 없고 실천할 수도 없다고 생각하였다.

이렇게 학문과 예를 겸비한 군자는 경敬(경건)을 바탕으로 자신을 수양하고 더 나아가 남을 편안케 하는 것이 군자의 궁극적인 목표라 할 수 있다. [286]

여기서 '자신을 수양하기(修己)' 하는데, 경敬으로 한다고 하였는데, 경은 경건敬虔 또는 경신敬身이다. 경건은 마음의 조심과 공경이고, 경 신은 몸가짐을 조심하며 함부로 하지 않는 것이다. 오경五經 중에 예에

---

284) 《논어 옹야》 子曰, 君子博學於文 約之以禮 亦可以弗畔矣夫.
285) 《논어 선진》 子路使子羔爲費宰. ~子路曰, 有民人焉 有社稷焉 何必讀書 然後爲學. 子 曰, 是故惡夫佞者.
286) 《논어 헌문》 子路問君子. 子曰, 脩己以敬. ~曰, 脩己以安人.

관한 기록으로 《예기禮記》가 있는데 《예기》의 주제는 바로 경敬이라 할 수 있다. [287)

그리고 예를 실천하는 데에는 반드시 차등과 분별이 있어야 한다.

유가의 예는 구조적으로 친소親疏와 원근遠近, 선후先後와 본말本末에 따라 차등을 두고 인을 베푸는 것이다.

이는 어른을 공경하더라도 자신의 부모가 우선이고 여러 사람과 우애를 지켜 생활하더라도 우선 내 형제부터 시작해야 한다. 예를 바르게 행한다는 것은 이러한 분별을 분명히 하는 것이라고 할 수 있다.

유가의 예란 나의 수양에서부터 시작하여 가족으로 확산되고 그것이 다시 이웃과 나라 전체의 윤리와 예로 발전하게 된다. 물론 이런 차등과 분별에는 중용의 미덕이 적용되어야 할 것이다.

그래서 공자는 "군자가 덕으로 이끌고 예로 고르게 한다면 (사람들은) 염치를 알게 되고 반듯하게 된다."라고 했다. [288)

 사회생활의 기본

공자는 아들 백어伯魚(鯉)에게 '시詩를 공부하지 않으면 말을 제대로 할 수 없고, 예를 배우지 않으면 사회에 나설 수 없다.'고 가르쳤으

---

287) 《논어 위정》에 공자는 '나쁜 생각을 못하게 하는 것(思無邪)'이 《시경》의 참뜻이라고 말한 것처럼, 《예기》의 참뜻은 한마디로 '공경 아닌 것이 없음(無不敬)'이라고 표현할 수 있다.

288) 《논어 위정》 子曰, 道之以政 齊之以刑 民免而無恥, 道之以德 齊之以禮 有恥且格.

며, [289] 예가 결여된 공경이나 용기와 정직은 아무 소용이 없다고 말했다. 그리고 군자가 학문을 널리 배우고 예에 맞는 행동을 해야만 실패가 없다고 하였다. [290]

공자가 인과 함께 예의 실천을 강조하고 있는 뜻은 명백하다.

공자는 도덕적으로 선하고 옳은 행동규범을 예로 규정하면서 예가 일상생활에서 습관화하고 몸에 배었을 때 예의 바탕이 되는 인 또한 우리의 마음에 저절로 자리 잡을 것이라고 생각하였다.

▪■ 과정시례(過庭詩禮) 공자가 아들에게 시와 예를 배우라고 가르치다.

289)《논어 계씨》陳亢問於伯魚曰 ~ 不學詩 無以言 ~ 不學禮 無以立~
290)《논어 옹야》子曰, 君子博學於文 約之以禮 亦可以弗畔矣夫.

13 공자는 왜 시詩를 중시하였는가?

고대에 종이가 발명되기 전에는 물론 보급된 뒤에도 필사와 인쇄는 매우 어려운 일이었다. 때문에 적은 분량의 글로 심오한 사상을 가장 함축적으로 표현할 수 있는 시가 먼저 발전했고 문학사에서 주요한 지위를 차지하였다.

공자는 "시를 배우지 않으면 말을 할 수 없다"면서 아들에게 시를 공부하라고 말했다는데, 공자가 이처럼 시를 중시한 까닭은 무엇인가?

 공자와 《시경》

《시경詩經》은 서사敍事와 서정抒情의 첫 장을 열은 중국 최초의 시가집으로 '중국 순수문학의 개조開祖' 또는 '시가詩歌(운문)의 원조'라 불리기도 한다.

《시경》은 본래 《詩》라 불렀고 모두 305수의 시가를 수록하고 있기에 '시삼백詩三百'으로 지칭되다가 한漢나라 때부터 《시경》으로 통칭했다. 학자들의 연구에 의하면 《시경》의 시 중에서 가장 오래된 작품은 서주西周 초기의 작품이며 시기적으로 가장 늦은 춘추시대의 작품까지 약 600년의 시차가 난다고 한다.

이러한 시들은 주나라 왕실에서 민정을 살피는 방법으로 관리들을 보내 시가를 채집했고, 또 여러 제후국에서도 이런 시가들을 채집했다는 설이 널리 인정받고 있다.

그리고 공자가 그때까지 전해오던 3,000여 편의 시가 중에서 많은

부분을 잘라내며 300여 편만을 추렸다는 '공자 산시설刪詩說(刪 깎을
산)'도 널리 유포되었다. 이는 공자가 300여 편의 시가를 혼자 취사선
택했기보다는 많은 시가를 사관史官이나 악사樂師들이 지속적으로 정
리해 왔는데 공자도 이런 과정에서 어떤 형태로든 참여했을 것이라고
추정할 수 있다.

공자는 《시》를 효용적인 측면에서 매우 높이 평가하고 있다.

예를 들어 '시 삼백 편을 한마디로 요약하자면, 사악함이 없는 순
수함이다.'라고 시경의 사상적 요점을 강조했다. 291)

여기서 '사무사思無邪'는 시가가 여러 정경이나 생각을 읊었지만 그
근본은 사악함이 없는 정正으로 되돌아간다는 뜻으로 해석할 수 있다.

이는 곧 시가 사람의 마음을 맑고 깨끗하며 온유하게 하는 효과가
있으니 교화敎化의 가장 좋은 수단이 될 수 있다는 뜻이기도 하다.

 시의 실용성

공자는 아들 이鯉에게 "시를 공부하지 않으면 말을 할 수 없고, 예
를 모르면 사회생활을 할 수 없다."고 하였다. 292)

이 말은 대화 중에 시경의 시를 자연스레 인용할 수 있어야 한다는
실용적 의미로 생각할 수 있다.

예를 들어, 거처를 옮기는 이사를 '교천喬遷'이라고 하는데 글자

---

291) 《논어 위정》 子曰, 詩三百 一言以蔽之 曰 思無邪.
292) 《논어 계씨》 陳亢問於伯魚曰, ~學詩乎? 對曰, 未也. 不學詩, 無以言. ~學禮乎? 對曰,
    未也. 不學禮, 無以立. ~

그대로 높은 곳으로 옮겨간다는 뜻이다. 이 말은 새가 '높은 나무로 옮겨가다(遷于喬木)'라는 시경詩經의 구절에서 나왔다고 한다. 옛사람이 이런 말을 듣고도 그 뜻을 모른다면 그가 어떤 말을 할 수 있겠는가?

당시 사람들은 정치나 외교에서도 시를 중요한 방법으로 활용했다. 각국의 외교 사절로 나가서는 《시경》의 내용으로 자신의 의사를 표명했고 또 그런 방법으로 상대방의 의사를 타진할 수 있었다.

시의 이러한 효용성은 시를 외우는데서 끝나는 것이 아니라 그 활용능력에 따라 달랐을 것이다. 때문에 공자는 시 삼백 편을 다 외우더라도 실제 정치나 외교현장에서 응용하지 못한다면 그것이 무슨 소용이 있겠느냐고 반문하고 있다. 293)

그리고 시가 각종 행사의 음악에 사용된다는 점도 생각할 수 있다. 이는 시와 예가 사람이면 알아야 하는 단순한 지식의 일부가 아니라 사람 됨됨이의 기본이라는 사실을 강조한 것이라 볼 수 있다.

그리고 공자는 아들에게 "《시경》의 〈주남周南〉과 〈소남召南〉 편을 배웠느냐고 물으면서 이를 모르면 담장을 마주보고 서있는 것과 같다."는 말을 하였다. 294)

《시경》 중에 〈주남〉은 요조숙녀의 덕을 읊은 시로 부부의 애정을 토대로 수신修身과 제가齊家의 뜻을 지니고 있다. 그리고 〈소남〉은 평화스러운 자연의 정경을 읊은 것으로 치국治國의 대도를 서술한 내용이다.

---

293) 《논어 자로》 子曰, 誦詩三百 授之以政 不達 ~ 雖多 亦奚以爲.
294) 《논어 양화》 子謂伯魚曰, 女爲周南 召南矣乎? 人而不爲周南召南 其猶正牆面而立也與?

시를 배우면서도 이런 큰 뜻을 모른다면 결국 담장에 가로막히듯 전도도 막히고 사리분별도 하지 못한다는 뜻이니, 공자는 인간의 도리와 직결되어 있다는 시의 효용성을 아들에게 직접 일러준 것이다.

공자는 그의 제자들에게도 시를 배우라고 적극 권했다.

공자는 시를 배움으로써 많은 것을 연상할 수 있고, 관찰력을 기르고 더불어 어울릴 수 있으며, 비유나 비교를 통한 비판력을 기를 수 있다고 하였다. 그리고 가깝게는 부모를 잘 모실 수 있고 멀게는 임금을 섬기는 법을 알 수 있으며, 조수나 초목의 이름도 많이 알 수 있다고 시의 효용성을 구체적으로 열거하였다.[295]

교화와 덕치

시는 인간 마음속에 있는 감정을 언어를 매개로 외부로 표현한 것이고, 예는 인간의 욕망을 다른 사람과의 관계를 바탕으로 조절하여 자연스러운 몸가짐으로 미화한 것이며, 음악은 인간의 감정을 자연에 조화하고 절제한 표현이라고 할 수 있다. 이처럼 시와 예와 음악은 인간의 감정을 조절하는 수단이 될 수 있다.

이런 효용성을 알았기에 공자는 "시로써 뜻을 세우고, 예로써 행동을 바르게 하고, 음악으로써 조화를 이룬다."고 하였다.[296]

이는 시를 통해 인간의 의지를 표출하는 언어를 조절하고, 예를 통

---

295) 《논어 양화》 子曰, 小子何莫學夫詩? 詩 可以興 可以觀 ~ 多識於鳥獸草木之名.

296) 《논어 태백》 子曰, 興於詩 立於禮 成於樂.

해 조잡하거나 거친 행위를 순화하고 음악을 통해 감정의 수위나 강약을 조절할 수 있다는 뜻이다.

곧 시, 예, 악을 통하여 진선眞善으로 옮아가는 것은 인간 덕성의 수련일 것이다. 그리하여 많은 사람들이 이렇게 변해갈 수만 있다면 이것이 최고의 교화敎化이며 덕치德治가 아니겠는가?

이는 시가 인간 본래의 성정性情에 바탕을 두고 상호 이해를 증진시킬 수 있는 수단이 될 수 있다는 공자의 생각을 표현한 말이다. 《시경》에 대한 공자의 이러한 인식은 중국문학에서 시가 문학의 중심적 지위를 얻는데 크게 기여했다고 한다.

이상의 몇 가지 사례를 본다면, 시와 예악에 관한 지식이 당시 생활이나 정치, 외교의 기본 바탕이며 필수 교양이었다는 것을 알 수 있다.

공자가 제자들에게 이러한 학습과 활용을 강조한 것은 실용적인 측면과 함께 인성의 본바탕을 일반적 교양으로 다듬어야 한다는 깊은 뜻으로 파악할 수도 있다.

지금도 우리가 시를 읽고 느끼는 것은 각종 입시入試에서 유용하다는 실용성 때문만은 아니다. 시를 통해 인간 본성의 미묘한 움직임을 느끼고 선善의 단서를 계발할 수 있다.

또 시의 감상과 표현을 통하여 온후하고 돈독한 정서를 깨우치고 기르면서 인간성의 순수를 자신의 덕성으로 내면화시켜 체질화 한다면 우리는 보다 진실한 존재로 살아갈 수 있을 것이다.

공자의 시 학습 강조는 오늘날 인문교양을 강조한 것 이상의 깊은 뜻이 있다고 생각한다.

14 군자君子는 어떤 사람인가?

우리나라의 '선비'는 학식과 함께 고매한 인격을 가진 사람이라는 뜻이 있다. 선비는 역경에도 흔들리지 않는 지조를 가진 사람이지만, 역사적으로 썩은 선비도 많이 있었다. 선비와 비슷한 이미지를 가진 말이 군자(君子)이다.

공자는 신분이나 귀천을 따지지 않고 군자가 되라고 가르치면서 군자에 대해 자주 언급했다. 공자가 강조한 군자는 어떤 사람인가?

 군자의 정의

주 왕조에서 주나라의 왕(天子)은 제후를 각 지역에 분봉分封하여 제후국을 세워 백성을 통치케 하였다. 이 제후를 백성들은 '국군國君'이라 불렀고 국군의 아들을 군자君子라고 불렀다. 제후국의 군자는 좋은 교육을 받으며 성장하였기에 학식을 갖추고 문화적 소양과 함께 도덕적 의지를 가진 사람이었다. 때문에 학식과 고매한 인품을 가진 사람을 높여 군자라 부르기 시작했다.

이러한 어원을 가진 군자는 일반적으로 귀족에 대한 통칭으로 쓰였고, 후대에는 사대부士大夫나 관리를 지칭하는 용어가 되었다. 또한 군자는 생산 활동에 종사하는 소인小人(平民)의 상대적 의미로도 쓰였다.

공자는 군자의 의미를 세습적 신분으로 타고난 사람이 아닌 '바른 심성과 교양을 가졌고 도덕적인 행동으로 모범이 되는 인간' 이라는 가치지향적인 의미로 사용했다.

'공자의 교육은 사람을 군자로 만들기 위한 교육' 이라고 생각될 정도로 《논어》에는 군자에 대한 언급이 많다. 공자는 군자보다 더 훌륭한 인격체로 성인聖人을 언급하기도 하였지만, 성인은 타고난 자질이 있어야만 하는 사람이었다. 그러나 공자가 생각하는 군자는 누구든 노력하면 도달할 수 있는 보편적이며 일반적인 인간의 이상형이라 할 수 있다.

곧 군자는 이상적 인간형이기는 하지만 현실과 동떨어졌거나 주변에서 찾아보기 힘든 인간이 아니다.

"~다른 사람이 알아주지 않아도 성내지 않는다면 그가 군자가 아니겠는가?"[297)

"군자는 평온하지만 교만하지 않고, 소인은 교만하지만 평온하지 못한 사람이다." [298)

사실 위와 같은 사람을 우리 주변에서 자주는 아니지만 가끔은 만날 수 있다.

공자는 제자들의 교육을 통해 군자의 여러 가지 특성을 언급하였기 때문에 군자에 대한 언급은 곧 군자를 평판하는 근거가 되기에 충분하였다.

한대漢代 이후에 유가사상이 정교의 기본이념으로 확립되면서 군자는 유가에서 강조하는 바른 사람의 표준으로 자리를 잡게 된다. 그

---

297) 《논어 학이》 子曰, 學而時習之~. 人不知而不慍 不亦君子乎.

298) 《논어 자로》 子曰, 君子泰而不驕 小人驕而不泰.

리하여 군자는 유가에서 추구하는 자아 수양의 이상이나 인생의 궁극적 목표가 되었다. 그러면서 매화나 난초와 국화나 대竹로 군자를 상징하거나(四君子), 때로는 소나무로 굳은 지조를 그리고 연꽃으로 오염되지 않는 고결함을 비유하였다.

군자의 의미가 처음 신분적 의미에서 이렇게 변용된 것은 마치 영어의 'gentleman' 이 '사회적 지위가 우월한 집안 출신의 남자' 에서[299] '도덕적 품성을 갖고 있으며 바른 행동을 하는 사람' 이란 뜻으로 사용되는 것과 마찬가지이다. 따라서 군자는 영어로 gentleman이라 번역할 수 있다.

도덕심을 가진 사람

공자는 하나의 이상적인 인격체로 군자를 상정했다.

"군자가 평생 가야 할 길은 지智 · 인仁 · 용勇으로, 인자는 근심하지 않고, 지자는 현혹되지 않으며, 용자는 두려워하지 않는다."고 하였다. [300]

이는 공자 자신이 삶에서 추구해야 할 목표이었다고도 말할 수 있

299) 젠틀맨(Gentleman)의 어원은 젠트리(Gentry)이다. 젠트리는 영국에서 16세기 이후 중산 농민인 요먼(Yeoman) 이상의 토지 소유자, 즉 부유한 지주와 법률가 · 성직자 · 개업 의사 등 전문적인 직업을 가진 자 및 부유한 상인 등을 핵심으로 한 중산계급의 상부층을 지칭했다. 이 계층은 영국 자본주의와 사회발전의 근간이었다.

300) 《논어 헌문》 子曰, 君子道者三 我無能焉, 仁者不憂 知者不惑 勇者不懼. 子貢曰, "夫子自道也."

는데, 지·인·용의 미덕을 함께 실천하려 노력하는 사람이 곧 군자이다.

공자는 지혜롭고도 탐욕스럽지 않으며 용기를 가지고 교양과 함께 예악에도 밝은 사람을 '된 사람(成人)'이라고 보았다.[301] 그러면서 이득 앞에 의리를 생각해 보고, 위기에 자신의 목숨까지 내줄 수 있는 사람도 성인이라고 보았다. 말하자면, 이는 공자 교육활동의 일반 목표라고 할 수 있다.

'정말로 자신이 바르다면 다스리는데 무슨 어려움이 있겠는가? 자신이 바르지 못하다면 어찌 남을 바르게 하겠는가?'라는 공자의 말은[302] 바른 사람에 의한 바른 정치를 의미한다.

사실 이러한 설명을 당시의 집권자가 들었다면 옳은 말이라고 수긍은 할 수 있겠지만, 집권자 자신이 바르지 못하다는 것을 인정하는 사람은 없었을 것이다. 하여튼 공자의 이와 같은 신념은 제자들에게 그대로 전수되었다.

공자의 제자 중에는 출신이 미천한 사람도 있었지만 공자는 그런 신분에 관계없이 바른 심성과 능력을 갖춘 이상적 인간형 곧 군자를 지향하는 교육을 폈다. 공자의 교육목적은 선정善政을 구현할 수 있는 인재를 양성하는데 있었다고 말할 수 있는데, 그 교육의 결과로 모두가 유능한 관리가 되지는 않았다.

또 공자의 교육은 실질적 내용이었지만 그렇다 하여 특정한 기술을 가진 단순한 전문가를 양성하는 것은 아니었다. 공자는 성실하며

---

301) 《논어 헌문》 子路問成人. 子曰, ~今之成人者.
302) 《논어 자로》 子曰, 苟正其身矣 於從政乎何有? 不能正其身 如正人何?"

훌륭한 품성을 가진 사람 곧 군자君子가 백성들을 이끌어야 한다고 생각했다. 때문에 공자가 제자들을 가르치며 바랬던 것은 입신출세가 아닌 백성을 위하는 덕정德政의 담당자였을 것이다.

바탕과 문채의 조화

군자는 인격적으로 완성된 사람이다.

인격이란 내면적인 수양이지만 인간이 사회생활을 하면서 외부로 표출되기도 한다. 군자의 내면적 수양이란 우선 널리 배우는 데에서 시작되어야 한다. 어린아이를 산속에 데려다 놓고 아무리 마음 수양공부를 시킨다 하여도 도덕군자로 태어날 수 없다.

학문적 바탕이 없는 인격수양은 공허한 것이다.

그리고 동시에 예로 그 언행을 바로 잡아야 한다. 때문에 공자는 "널리 배우고 예를 실천하면 거의 어긋나지 않는다."고 하였다. [303)]

이는 군자가 일반 백성들을 이끌어야 하는 우월한 지위에 있기 때문에 모범이 되어야 한다는 뜻이다. 모범을 배워야 한다는 입장에서 보면 학교 교육을 받는 과정 자체가 중요하며 또 학교에서 예절교육을 꼭 해야 하는 이유는 이로써 자명해진다.

비록 군자가 아니라도 인간의 바탕(質)은 매우 중요하다.

그림은 하얀 종이나 천에 그리는데 하얀 종이에는 모든 색이 그대로 나타난다. 하얀 종이는 말하자면, 인간의 바탕이라 할 수 있다. 바

---

303) 《논어 옹야》 子曰, 君子博學於文 約之以禮 亦可以弗畔矣夫.

탕에 꾸밈이 없다는 것은 인간의 본성 착한 심성을 그대로 간직하고 있다는 뜻이다. 군자는 인을 바탕으로 효심이나 성실성을 잘 간직하고 이를 실천하는 사람이다.

어떤 사람이 순박하고 선하지만 인사성이 없다든지 예절을 모른다면 완전한 인간이라고 할 수 없다. 곧 사회생활을 하는데 필요한 적당한 예의범절을 알아야 한다. 이를 꾸밈(文, 문채)이라고 말한다.

사람이 인간적 바탕만 강조하며 예절이나 질서를 모른다면 그는 거칠고 촌스러운(조야粗野) 사람이다. 그러나 바탕도 없이 예절이나 꾸밈만 강조한다면 그것은 겉치레일 뿐이다.

그래서 군자는 바탕과 함께 알맞은 꾸밈이 있어야 하는 이를 '꾸밈과 바탕의 아름다운 조화' 라는 뜻으로 문질빈빈文質彬彬이라 한다. 304)

문질을 다 갖추고 아름답게 빛나기 곧 인과 예를 다 갖춘 것이며, 그 어느 쪽에도 치우치지 않고 조화를 이루는 것은 또한 중용中庸일 것이다.

군자가 문질빈빈을 추구한다 하여 문채와 바탕이 같다는 뜻은 아니다. 문질은 하나가 아닌 두 개이며 이는 서로 조화를 추구해야 하는 관계이다.

공자는 어디까지나 질質 곧 인仁을 바탕으로 하면서도 거기에 알맞은 예절이나 문화적 교양, 봉사심 등으로 꾸밈(文)이 있어야 완전한 군자라고 강조하였다.

이를 다르게 표현해 본다면, 질은 몸통(體)이고 문은 쓰임(用)이라 말할 수 있지만 앞에서도 말했듯이 문질이 하나가 아니고 두 개인 것

---

304) 《논어 옹야》 子曰, 質勝文則野 文勝質則史 文質彬彬然后君子.

처럼 체體와 용用도 두 개라고 할 수 있다.

사실 문질이 빈빈하기는 결코 쉬운 일은 아니다.

그러나 군자가 계속 노력해야 하듯 인간은 문질의 조화를 추구해
야 한다. 아름다운 비단옷 위에 얇으면서도 잘 비치는 옷을 하나 걸쳐
입었듯이, 옛사람은 아름다운 채색 그림 위에 흰색을 살짝 뿌렸다고
한다.[305] 이를 '회사후소繪事後素'라고 하는데 군자의 수양에 꼭 유념
할 말일 것이다.

---

305) 《논어 팔일》 子夏問曰, ~子曰, 繪事後素. 曰, 禮後乎. ~

15 군자의 속성은?

인간은 동물과 다른 인성(人性)이 있는데, 이를 휴머니티(humanity)라고 한다. 그리고 인간 본바탕의 감성을 놓고 본래 착한가 아니면 악한가를 따지기도 한다. 그러면서 부자는 부자의 속성이 있고 권력자는 권력자의 속성이 있을 뿐 인간에게 보편적 인성은 없다는 주장도 있다. 우리가 군자와 소인을 구분할 때, 이상적인 군자의 속성은 어떤 것인가? 곧 군자는 어떤 속성을 가진 사람인가?

 군자불기 君子不器

공자의 제자들이 기억하는 공자의 말은 대개가 매우 짧은 문장이다.

아마도 이는 당시 기록하는 일이 매우 힘들었기 때문일 것이다. 공자와 그 제자들이 대화할 때 지금과 같은 노트북이 있었다면 공자가 말한 내용은 물론 감정이나 동작, 그런 언급을 하게 된 전후배경 등에 관해 상세한 기록이 남았을 것이다. 그렇게 되었었다면 지금처럼 《논어》의 뜻을 해석하는데 여러 의견이 분분하지도 않을 뿐더러 공자의 의도는 정확하게 전달이 되었을 것이다.

"스승께서 말씀하셨다. 군자는 그릇이 아니다."306)

---

306) 《논어 위정》 子曰, 君子不器.

이 말에서 군자라는 뜻은 비교적 명확하다. 공자가 추구한 이상적 인간형이지만 단순히 지배계층을 의미하는 유위자有位者가 아닌 유덕자有德者의 의미로 해석하는 것이 바람직하다고 생각한다.

그러나 원문의 '불기不器'라는 말을 우리말로 해석할 때 '그릇이 아니다'라는 말인가? 아니면 '그릇일 수 없다'는 의미인가? 또는 '그릇이어서는 안 된다'는 뜻인가?

그리고 여기서 말하는 그릇(器)에 대해서는 액체를 담을 수 있는 용도가 제한적인 그릇인가? 또는 다양한 전용이 가능한 연모器具(기구)라는 뜻인지도 불명확하다. 더군다나 앞뒤에 연관성이 있는 내용이 서술되어 있지도 않으며, 언제 누구에게 한 말인지도 기록이 없다. 그러면서도 짧은 표현이기에 많은 논란을 불러온다.

그래서 군자의 모습과 그릇의 상관관계를 추론하면서 이 구절을 해석해야 한다.

필자는 "군자는 그릇일 수는 없다"로 해석한다. 이는 한 분야에만 전문적인 지식을 가진 사람이어서는 안 된다는 뜻이다. 그릇은 물건을 담는 연모로 매우 제한된 용도로만 쓰일 수밖에 없다. 배는 바다에서만 자동차는 땅 위에서만 운행하게 만들어졌다. 붓으로 글씨를 쓸 수 있지만 뾰족하다 하여 송곳이 될 수 없으며, 종이로 물건을 포장할 수는 있지만 불타는 숯을 담아둘 수는 없다. 이처럼 그릇이란 쓰임새가 제한적이라는 의미이다. 군자는 이렇게 한 분야에서만 통할 수 있는 그릇이어서는 안 된다.

한 말의 그릇에는 한 말 이상을 담을 수 없다. 부엌에서 쓰는 밥그릇으로 어린아이의 소변을 받아내지 않는다. 그릇은 용도와 용량이 매우 제한적이다. 어떤 사람은 문서를 작성하고 어떤 사람은 짐을 나르는 일 밖에 할 수 없다면 그 쓰임이 매우 제한적인 것이다.

그리고 그릇은 자신이 능동적일 수 없다. 술잔으로 쓰이는 그릇에 술이 담겨 있다고 하자. 그 다음에는 누군가가 그릇을 들고 술을 마신다. 술잔은 그 자체가 어떤 행위의 주체가 될 수 없다.

군자도 마찬가지이다. 인仁을 잘 알고 잘 체득한 군자가 그릇이라면 그 사람이 체득한 인仁의 용량이 제한적이어서는 안 된다. 또 그러한 인이 그 사람에게 있을 때 그가 적극적으로 인을 베풀지 못한다면 그 인이 무슨 소용이 있겠는가?

군자는 한 가지 일이나 사상에만 전용할 수 있는 그릇이어서도 안 되고 또 쓰임이 제한적일 수도 없다. 군자는 무엇이든 모든 것을 다 담는 그릇이어야 하고 언제 어디서나 자신의 역할을 적극적으로 할 수 있는 사람이어야 한다.

이를 좀 더 넓게 확대 해석하자면 군자는 학식이나 그 사유방식에서 어떤 고정된 틀에 갇히지 말라는 뜻일 것이다. 늘 새로운 것을 또는 새롭게 추구하는 열린 사고와 행동을 하라는 뜻으로 받아들여야 할 것이다. 이런 점에서 공자는 매우 진보적인 사상가였다.

 ## 군자유君子儒와 소인유小人儒

공자는 농사법을 가르쳐 달라는 제자의 질문에 자신은 늙은 농부만큼 알지 못한다고 말했다.[307] 그러면서 공자는 제자들에게 생산 활

---

307) 《논어 자로》 樊遲請學稼. 子曰, 吾不如老農. ~

동을 배우는 지식인이 아니라 예를 실천하는데 힘쓸 것을 강조하였다.
공자는 생산자 곧 소인을 가르치는 지식인이 아니라, 통치자 곧 지배
계층인 군자를 가르치는 지식인이 되어야 한다는 뜻으로 "너는 소인유
가 아닌 군자유가 되어야 한다."고[308] 제자인 자하子夏에게 말했다.

여기서 군자와 소인을 직업인의 구별로 보지 않고 인격의 수양정
도를 구분한 것으로 본다면 '군자와 같은 학자'와 '소인과도 같은 학
자'로 해석을 달리할 수도 있다.

비록 풍부한 학식을 갖춘 학자일지라도 인과 덕을 갖추고 실천하
지 못한다면 지식을 팔아먹고 사는 소인으로 타락하게 된다. 본래 학
문을 하는 목적은 인을 구현하기 위한 것이다.

학식이나 기술이 많아도 악인을 돕거나 사리사욕을 위한다면 진정
한 학문, 진정한 지식인이라 할 수 없는 것이다. 곧 소아小我만을 위하
고 불선不善하다면 그가 가진 지식이나 학문은 아무런 쓸모가 없을 것
이니 그는 틀림없는 소인유小人儒일 것이다.

반면에 대아大我나 국가를 위하고 바른 덕행과 곧은 심지로 진정으
로 호학하며 옳은 일에 자신의 지식을 활용한다면 군자유君子儒라 할
수 있을 것이다.

공자는 군자와 소인의 학문적 차이에 대해서도 언급하였다.

"군자가 학문을 하면 백성을 사랑하고 소인이라도 배움이 있으면
일을 잘 할 수 있다."고[309] 하였는데, 이는 군자의 수양과 학문의 목적

---

308) 《논어 옹야》 子謂子夏曰, 女爲君子儒 無爲小人儒.

309) 《논어 양화》 子之武城 聞弦歌之聲. ~昔者偃也聞諸夫子曰 '君子學道則愛人 小人學道
則易使也.

이 백성을 널리 사랑하는 것 곧 인의 실천에 있다는 것을 가르친 말이라 할 수 있다.

결론적으로 공자 학문과 사상의 주요한 주제 중 하나가 군자에 의한 지배와 통치이며 군자는 공자가 교육을 통해 양성하려는 이상적 인간형이라 할 수 있다. 공자는 바른 학식과 교양을 갖춘 군자가 소인을 포함한 다수의 백성에게 인에 바탕을 둔 정치를 하고 예악을 실천할 때 당시의 사회혼란을 수습하고 태평성대를 이룩할 수 있다고 보았다.

그리고 그러한 군자를 양성하는 것을 자신의 소임으로 생각한 공자는 바로 가장 모범적인 군자이면서 진정한 스승이었다고 말할 수 있다.

16 군자와 소인의 비교

물건을 서로 비교하면 그 차이가 확실해지며 어떤 개념은 그 상대적인 개념을 찾아 설명해주면 뜻이 더욱 명확해진다. 이는 신사의 예절을 교육하기 위해 비신사적 행위를 보여주는 것과 마찬가지이다. 공자는 군자가 해야 할 일이나 갖춰야 할 도덕규범 또는 가치관을 소인과 비교하여 어떻게 설명했는가?

 소인—생산 활동 담당자

소인은 유가에서 정의하는 군자의 반대말이다.

군자君子 또는 대인大人이라 지칭하는 이들은 주나라 지배계층으로 교육을 받고 통치하는 일에 종사하며 정신적 노동(勞心)을 담당하였으며 예에 의하여 질서가 유지되었다.

이들 지배계층의 통치를 받으며 생산 활동에 종사하는 사람들을 민民 또는 서인庶人, 서민庶民이라 불렀는데 이들은 군자나 대인에 대하여 소인小人이라 칭했다. 곧 소인은 지배계층을 위하여 육체적 노동 곧 노력勞力을 바쳐야 했기에 '관리들이 먹는 것은 모두 소인의 땀(官家之所食是小人之勞)'이라는 말 그대로 소인은 '생산에 종사하는 사람'이었다.

또한 생산 활동에 종사하는 사람은 학문적 지식이 필요하지 않았고 예를 지키거나 알아야 할 필요가 없었으며, 심지어 자기 조상을 알지도 못했고 제사를 지낼 수도 없었다. 때문에 처음부터 교육의 기회가 주어지지 않았기에 문맹자이면서 교양이 없는 사람들이었다.

따라서 소인은 도덕과 규칙을 따르지 않는 사람 또는 고상한 인격이나 원대한 이상을 품지 못한 사람 또는 자신만의 이익을 추구하는 사람이라는 뜻이 보태어졌다.

군자와 소인의 이러한 지배, 피지배의 관계에서 직업적인 구분이나 차이는 당시에 통용되는 보편적인 원칙이었다. 그러나 보편적 원칙이었던 이러한 구분과 상호관계는 주의 건국 이후 약 6세기의 세월이 흐르면서 크게 흔들리기 시작하였다. 그리하여 공자 생존시기에는 군자와 소인들의 충돌이 자주 일어나는 혼란의 시대였다.

공자가 '군자는 천명과 대인과 성인의 말씀을 두려워하지만, 소인은 천명을 알지 못하기에 두려하지도 않으며 대인에게 까불고 성인의 말씀을 무시한다.' 고 말한 것은[310] 공자 시대에 군자와 소인의 갈등을 설명하는 말이라 볼 수도 있다.

군자와 소인의 생활

군자와 소인은 신분적 차이만 있는 것이 아니라 일상생활이나 행동의 방식이나 태도에서도 큰 차이가 있다.

군자는 생활의 여유와 함께 교양이 자연스레 밖으로 나타난다. 군자는 의관을 바로 하고 정면을 바로 응시하며 사납거나 무섭지 않으면

---

310) 《논어 계씨》 孔子曰, 君子有三畏 畏天命 畏大人 畏聖人之言. 小人不知天命~.

서도 위엄이 있다. 복장과 용모의 단정은 군자가 당연히 해야 할 일이다. 그리고 군자는 극기복례克己復禮의 생활을 하기 때문에 언제나 마음이 평온하지만 교만하지 않다. 그러나 소인은 조금이라도 성취한 바가 있으면 교만해지지만 결코 마음의 평안을 얻지 못한다.[311]

공자가 노나라를 떠나 여러 나라를 돌아다닐 때 진陳나라에서는 양식이 떨어져 공자와 제자 모두가 굶주렸고 병으로 쓰러져 일어나지 못하는 사람도 있었다.

이에 자로가 "군자가 이렇듯 궁색할 수 있습니까?"라고 물었다. 이에 공자는 "군자는 원래 궁할 수밖에 없다. 그러나 소인은 참지 못하고 못하는 짓이 없는 것이다."라고 말했다.[312]

군자는 가난이나 역경에 처했다 하여 그 신념을 바꾸지 않는다. 가난해도 그 가난을 현실로 인정하며 남을 원망하지 않는다. 그러나 소인은 그 반대로 못하는 짓이 없다.

군자는 그 일상생활에서 먹고 사는 것에서 편안함을 추구하지 않고 바른 길을 가려고 노력하며 배우기를 좋아하는 사람이다.[313] 그리고 군자는 언제나 옳은 일(義)을 생각하고 의로운 행동을 하지만 소인은 이득에 따라 행동한다. 그래서 견리사의見利思義라는 말이 있는 것이다.[314]

---

311) 《논어 자로》 子曰, 君子泰而不驕 小人驕而不泰.
312) 《논어 위령공》 在陳絶糧 ~子曰, 君子固窮 小人窮斯濫矣.
313) 《논어 학이》 子曰, 君子食無求飽 居無求安 敏於事而愼於言 就有道而正焉 可謂好學也已.
314) 《논어 이인》 子曰, 君子喻於義 小人喻於利.
    《논어 헌문》 子路問成人. 子曰, ~見利思義 見危授命, ~

在陳絶糧
楚使人聘孔子于應
往陳蔡大夫謀曰孔
子用於楚則陳蔡危
矣相與發徒圍之絶
糧從者病莫能興孔
子絃誦不衰子是子
貢使楚昭王興師迎
孔子然後兔

■ 재진절량(在陳絶糧) 공자 일행이 진(陳)에서 양식이 떨어지다.

군자는 섬기기는 쉽지만 기쁘게 하기는 어려우니 정도正道로 섬겨야 하고 정도를 말하지 않으면 기뻐하지 않는다. 그 반대로 소인은 섬기기는 어렵지만 기쁘게 하기는 매우 쉽다. 정도가 아닌 말이라도 기뻐하는 사람이 소인이다.

그리고 군자가 사람을 쓸 때는 그 능력에 따라 일을 맡기지만 소인은 자신을 위해 일해 주는 사람이 모든 것을 다 완비하기를 바란다. 그래서 군자 밑에서 일하기가 쉽고 소인 밑에서 일하기가 어려운 것이다.[315]

 ## 군자의 인격

《논어》에서 공자가 말한 군자는 항상 도덕적인 인격자의 모습을 갖추고 있다.

군자는 자신의 수양과 학문과 예의 실천이라는 개인적인 생활모습 이외에 언제나 남을 깨우치고 바른 길로 이끌며 사회적인 책임을 다하는 사람이다. 곧 혼자만의 수양이나 개인의 해탈과 득도, 한 개인의 무사안일을 추구하지 않고 함께 어울려 살아가며 남을 위해 헌신하는, 사회참여의 바른 모습을 설파하고 있다.

"군자는 남의 장점을 살려 성취하게 하지, 남의 악한 일을 돕지는 않는다. 소인은 이와 반대이다."[316]

315) 《논어 자로》 子曰, 君子易事而難說也. ~小人難事而易說也. ~
316) 《논어 안연》 子曰, 君子成人之美 不成人之惡. 小人反是.

군자는 타인의 좋은 점을 알아 더욱 좋게 이끌어 주고 좋은 일을 하도록 권장하는 사람이다. 결코 남을 나쁜 일로 이끌지 않는다. 이는 군자의 또 다른 임무이며 역할일 것이다. 군자가 그러한 것처럼 훌륭한 선생님이란 제자들의 장점을 살려 그 장점으로 크게 성취하도록 이끌어 주는 사람일 것이다. 제자가 게으름을 피우고 나쁜 길로 접어드는데 그런 것을 모른척하고 외면한다면 훌륭한 스승이 아니다.

"군자는 자신을 책하지만 소인은 남의 탓으로 돌린다."는 공자의 말은317) 매우 절실한 말이다. 그리고 군자는 자신의 능력이 부족한 것을 걱정하지, 다른 사람이 자신을 알아주지 않는다고 탓하지도 않는다. 318)

어떤 일이 뜻대로 이루어지지 않았다면 소인은 우선 남의 탓을 먼저 한다. 내가 일자리가 없는 것은 나의 능력부족이 아니라 소수의 부자 때문이며 국가 정책이 잘못되었기 때문이라고 원망을 한다.

한때 어떤 교단敎團에서 "내 탓이오"하는 구호를 내건 일이 있었다. 이는 나부터 돌아보고 반성하자는 의미이며, 이는 바로 군자가 자신에게서 잘못의 원인을 찾는다는 공자의 말과 완전하게 일치한다.

그리고 군자는 당당한 자부심을 갖고 있지만 남과 다투지 않으며 어울리지만 결코 편을 가르지 않는다. 319) 군자는 남의 말만 듣고서 사람을 쓰지도 않으며 그 반대로 사람을 보고 그 말을 무시하지도 않는다. 320)

---

317) 《논어 위령공》 子曰, 君子求諸己 小人求諸人.
318) 《논어 위령공》 子曰, 君子病無能焉, 不病人之不己知也.
319) 《논어 위령공》 子曰, 君子矜而不爭, 羣而不黨.
320) 《논어 위령공》 子曰, 君子不以言擧人, 不以人廢言.

군자의 언행과 사귐 그리고 사회생활은 언제나 공평과 의리를 먼저 생각하며 자신의 허물을 먼저 찾아 바르게 고쳐나갈 뿐 남의 탓을 하거나 원망하지도 않는다.

이렇듯 공자가 생각한 군자의 모습은 개인의 도덕적 수양을 바탕으로 남을 위해 봉사하며 헌신하는 인간상이며 공자는 그 모습을 《논어》의 곳곳에서 구체적으로 열거하였다.

적어도 백성들의 지도자가 되려는 군자는 도덕적 실천을 통해서 백성들을 위해 헌신하여야 하지, 소인을 소인이라고 무시하는 권위적인 통치자의 모습이어서는 아니 된다.

그리고 군자가 죽을 때까지 자신의 이름이 일컬어지지 않을까 걱정하는 것은[321] 자신의 도덕적 수양이 부족한가를 걱정하는 것이지, 자신의 명성만을 갈구하는 것은 결코 아닐 것이다.

---

321) 《논어 위령공》 子曰, 君子疾沒世而名不稱焉.

17 군자의 안빈낙도

안회(顔回)는 공자의 수제자였다. 안회의 죽음은 공자에게는 통곡을 할 정도의 충격이었다. 안회는 가난했지만 학문의 즐거움과 안빈낙도(安貧樂道)의 생활을 바꾸지 않았다. 가난 속에서도 스승을 따라 면학하며 인을 실천하는 것이 결코 쉽지 않았을 것이다. 안회처럼 같이 안빈낙도하는 생활이 지금 시대에서도 가능하겠는가?

 공자의 슬픔

공자는 큰 뜻을 품고 호학과 면학으로 일생을 살았다.

그렇지만 당시의 위정자들은 공자를 초빙하지도 또 공자에게 임무를 부여하지도 않았다. 한마디로 아무도 공자의 실력이나 큰 뜻을 알아주지 않았다. 심지어는 공자의 제자들조차도 공자를 이해하지 못하고 있었다.

그래서 공자는 "나는 아무것도 감추지 않는다. 모든 것을 너희들과 같이 실천하고 있다."고 자신을 설명하기도 했다.[322] 이는 공자 자신이 해박한 학식과 자연스러운 덕행은 제자들이 보는 그대로 실질적인 것이지 추상적인 것이나 신비주의적인 것이 아니라는 뜻이다.

공자는 오직 인의 실천을 강조하였다. 바탕과 실천 의지와 능력이

---

322) 《논어 술이》 子曰, 二三子以我爲隱乎. 吾無隱乎爾. 吾無行而不與二三子者 是丘也.

차이 나는 여러 제자들을 다양한 방법으로 깨우치며 지속적인 실천을 강조한 공자였다. 공자가 볼 때 그중에서 안회는 가장 실천적인 제자였다.

"안회의 마음으로도 3개월은 인을 떠나지 않지만 다른 사람은 겨우 며칠이나 한 달 정도 인을 실천한다."고 하였다. [323] 또 공자는 안회의 성실한 노력을 자주 칭찬하였다. 공자는 "애석하도다. 나는 안회가 나아가는 것만 보았지, 멈춰 있는 것은 보지 못했다."라고 말했다. [324]

안회의 총명과 호학은 공자의 또 다른 수제자 자공子貢도 인정했다. 공자가 적극적인 자공에게 "너와 안회 중 누가 더 낫다고 생각하느냐?"고 물었을 때, 자공은 "제가 어찌 안회에 견줄 수 있겠습니까? 안회는 하나를 배우면 열을 압니다."라고 대답했었다. [325]

안회는 스승과 종일 대화를 하면서도 스승에게 묻거나 따지는 것도 없어 어리석은 것처럼 보였으나 안회는 스승의 가르침을 꼭 실천하는 성실한 제자였다. 때문에 공자는 '안회는 어리석지 않다'고 말했다. [326]

이처럼 안회의 호학과 인의 실천은 공자에게 큰 위안이었다.

비록 안회가 죽은 다음에 한 말이지만, 공자는 안회의 호학을 인정하였다. 공자는 노나라의 애공哀公에게 안회는 '다른 이에게 화를 내

---

323) 《논어 옹야》 子曰, 回也 其心三月不違仁 其餘則日月至焉而已矣.
324) 《논어 자한》 子謂顔淵曰, 惜乎. 吾見其進也 未見其止也.
325) 《논어 공야장》 子謂子貢曰, "女與回也孰愈 對曰, 賜也何敢望回 回也聞一以知十, ~"
326) 《논어 위정》 子曰, 吾與回言終日 不違如愚. 退而省其私 亦足以發 回也不愚.

지도 않고, 같은 잘못을 두 번 범하지 않으며 호학' 하는 제자라고 안회를 칭찬했다. [327)]

노나라의 실권자인 계강자가 "누가 호학하느냐"고 물었을 때도 "안회가 호학했지만 불행하게도 단명하여 죽었으며 지금은 그처럼 호학하는 사람이 없다."고 대답하였다. [328)]

이런 안회가 그의 아버지보다도 먼저, 스승보다도 먼저 죽자, 공자는 크게 상심하여 "하늘이 나를 버렸구나!"라면서 통곡했으며 "그 사람을 위해 통곡하지 않는다면 누구를 통곡할 수 있겠는가."라고 말했다. [329)]

공자의 이러한 슬픔은 유능하고 장래가 촉망되는 제자가 죽었다는 단순한 슬픔은 아니었다. 공자의 슬픔에는 노년이기에 자신의 이상을 실현할 수도 없고 또 진정 호학하며 인을 실천할 제자를 잃었으니, 곧 모든 가능성을 다 상실한 것과 같았기에 더욱 절절한 슬픔이었을 것이다.

 부귀와 빈천

부富는 경제적 안정이며 귀貴는 높은 지위를 차지한 것이다.
부귀의 반대는 빈천貧賤이니 경제적으로 궁색하며 낮은 바닥에 살

---

327) 《논어 옹야》 哀公問, 弟子孰爲好學. 孔子對曰, 有顔回者好學, 不遷怒, 不貳過. ~
328) 《논어 옹야》 季康子問, 弟子孰爲好學. 孔子對曰, 有顔回者好學 不幸短命死矣 今也則亡.
329) 《논어 선진》 顔淵死. 子曰, 噫, 天喪子, 天喪子, / 子哭之慟. ~ 有慟乎, 非夫人之爲慟而誰爲.

아야 한다. 곧 파워도 없고 위치 에너지도 없는 상황이다. 이런 부귀와 빈천에 대한 태도가 곧 한 사람의 인생관이라 할 수 있다.

이런 경우 누구나 부귀를 원하지만 그것은 정도正道로 얻어야 한다. 또 누구나 빈천을 싫어하지만 그것이 그럴 수밖에 없는 상황이라면 수용해야 한다는 것이 공자의 인생관이었다. 330)

사실 가난한 사람이라면 그 가난이 다른 사람 때문이라는 미움을 가질 수 있다. 1%에 속하는 사람 때문에 99%가 가난하다는 극단적인 비교 뒤에는 1%에 대한 미움이 깔려 있는 것이다. 하위의 다수에 속하는 사람이 타인을 원망하지 않는 것은 어려운 일이지만 부자가 교만하지 않는 것은 그래도 쉬운 일이다. 331)

비록 가난하지만 자신의 진정성을 숨겨가며 아첨하기보다는 가난을 즐겨야 하고 부유하면서 교만하지 않은 것도 좋지만 그보다는 예를 즐겨 행하는 것이 더 바람직할 것이다. 332)

하여튼 군자는 자신의 주관적 신념이나 철학이 바른가? 또 그러한 신조를 정당하게 실천하기 위해 노력을 해야 하는 것이지, 가난 자체를 혐오하거나 부정해서는 안 될 것이다. 333)

그러나 이러한 신념을 실천하기는 결코 쉽지 않을 것이다. 곧 안빈낙도는 군자가 나아가는 바른 길이지만 군자가 아닌 소인이라면 이런 생활은 어려울 것이다.

---

330) 《논어 이인》 子曰, 富與貴~. 貧與賤 是人之所惡也 不以其道得之 不去也.

331) 《논어 이인》 子曰, 貧而無怨難 富而無驕易.

332) 《논어 학이》 ~子曰, 可也 未若貧而樂 富而好禮者也.

333) 《논어 위령공》 子曰, 君子謀道不謀食. 耕也 餒在其中矣, 學也 祿在其中矣. 君子憂道不憂貧.

🗿 안빈낙도

공자는 "거친 음식을 먹고 물 마시고, 팔을 베고 누웠어도 마음은 즐겁다. 의롭지 못한 부귀는 나에게는 뜬구름과 같다."고 하였다. 334)

이런 신념과 철학이 있었기에 공자는 학문을 하고 제자를 가르치면서도 낙천적인 생활을 할 수 있었고 불의로 얻을 수 있는 부귀에는 애당초 관심도 없었다.

안회는 경제적으로 매우 가난했기에 거친 음식을 먹으며 누추한 곳에 살았다. 다른 사람들이 그런 가난을 힘들어했지만 안회는 평소의 그 생활을 즐길 수 있었기에 공자는 안회가 현명한 사람이라고 감탄했다. 335)

이를 본다면, 공자와 안회는 호학하는 스승과 제자였으며 안빈낙도하는 동질적 유대감이 확고했다고 볼 수 있다.

공자가 자신의 50세를 '천명을 아는(知天命)'이라 표현한 뜻은 여러 가지로 해석이 가능한 말인데 자신의 포부를 '실현 가능성이 없다는 것을 알았다'는 뜻으로도 해석할 수 있다. 공자는 자신과 같은 처지의 안회에 대해서 같은 말을 하였다.

곧 "등용이 된다면 뜻을 실천하겠지만 등용이 안 된다면 물러날 수 있는 것은 오직 너와 나뿐이구나!" 336)

---

334) 《논어 술이》 子曰, 飯疏食飲水 曲肱而枕之 樂亦在其中矣. 不義而富且貴 於我如浮雲.

335) 《논어 옹야》 子曰, 賢哉, 回也. 一簞食 一瓢飮 在陋巷 人不堪其憂 回也不改其樂. 賢哉 回也.

336) 《논어 술이》 子謂顏淵曰, 用之則行 舍之則藏 唯我與爾有 是夫.

공자와 안회는 스승과 제자이었지만 호학하고 인을 실천하며 안빈낙도할 수 있는 동지적同志的 유대감이 있었다. 공자가 그 많은 제자들 중에 유독 안회에게 애정을 갖고 칭찬한 것은 그리고 유독 안회의 죽음에 통곡하며 슬퍼한 것은 이러한 유대감이 있었기 때문일 것이다.

군자는 아무리 역경에 처하더라도 안빈낙도할 수 있는 굳은 신념이 있어야 한다는 것을 공자와 안회는 우리에게 가르쳐 주고 있다.

01 공자는 천명을 어떻게 받아들였나?

천명(天命)은 하늘의 의지나 뜻이다. 하늘의 의지란 인간이 어찌할 수 없는 불가항력적인 운명(運命)을 의미하기도 하지만 하늘로부터 부여 받은 사명(使命)이라고 해석할 수도 있다. "천명을 모르면 군자라 할 수 없다."라는 공자의 말은 《논어》의 맨 마지막 장에 나온다. 공자가 생각한 천명이란 구체적으로 무엇인가?

 공자의 현실주의적 철학

인간의 생명은 인간이 느끼고 만질 수 있다.

우리는 생물적 존재로 살고 있다. 살아있는 우리의 삶이란 매일매일 어떤 가치를 선택하는 일이라 할 수 있다. 곧 어느 언행이든 선택한 가치가 있었기에 행동하는 것이다. 의지를 가진 사람은 여러 행동에서 매번 선택이 달라지지는 않는다.

무슨 말인가 하면 박애주의의 신념을 가진 사람은 그가 처음에 박애주의라는 가치를 선택했기 때문에 그의 많은 행동은 박애주의에 기초를 두고 이루어지는 것이다. 이러한 최초의 선택, 또는 근원적인 선택이 신념으로 계속 지켜진다면 한 생애동안 한 사람의 행동은 변함이 없을 것이다.

그렇다면 공자가 지속적으로 인을 강조한 것은 그의 신념이며 확실한 가치 선택이라고 볼 수 있다. 공자는 모든 것을 인의 관점에서 바라보았기 때문에 하늘의 존재나 하늘이 인간사에 대한 관여도 도덕적인 것이며 인간의 의지에 대한 동의라고 인식했다. 곧 하늘과 인간의 관계에서 인간을 보다 주체적인 존재로 인식했다.

📖 하늘에 대한 공자의 인식

공자는 하늘(天)이나 상제上帝의 존재를 믿었지만 하늘을 숭배하라고 가르치거나 그에 대한 설교는 거의 하지 않았다. 때문에 공자의 제자 자공도 "스승의 학문에 대해서는 들어 배울 수 있지만, 인성과 천도에 관한 말은 듣고 배우질 못했다."고 말했다.[337]

그러나 《논어》에 기록된 공자의 하늘에 대한 언급 몇 가지를 종합해 보면, 그의 의식의 밑바닥에는 하늘에 대한 확고한 믿음이 존재하는 것을 확인할 수 있다.

공자는 "하늘이 무슨 말을 하던가? 사계절이 바뀌고 온갖 생물이 살아가지만 하늘이 무슨 말을 하던가?"라고 말했다.[338]

공자의 이 말은, 하늘은 자연과 만물을 주재하는 최고의 질서이며 자연계가 순환하며 만물이 생성, 발육, 소멸하는 조화造化의 원천이라고 본 것이다. 그러면서 하늘은 아무 말도 하지 않는다는 공자의 말뜻은 제자들이 스스로 만물과 자연에 작용하고 있는 하늘의 의지나 존재 같은 것을 스스로 깨우치길 희망했다고 볼 수 있다.

---

337) 《논어 공야장》 子貢曰, 夫子之文章 可得而聞也, 夫子之言性與天道 不可得而聞也.

338) 《논어 양화》 ~ 子曰, 天何言哉? 四時行焉 百物生焉 天何言哉?

그리고 공자는 하늘에 대한 경외감을 갖고 있었다.

공자는 "군자에게 3가지 두려움이 있다. 천명天命과 대인大人과 성인聖人의 말씀을 두려워한다. 소인은 천명을 모르기 때문에 두려워하지도 않는다."라고 말했다.[339]

보통 사람들이 경외敬畏하는 것은 귀신이나 운명, 죽음과 같이 인간의 힘으로 어쩔 수 없는 것이나 권력이나 재물이다. 이러한 경외심은 인간이 갖고 있지 못하거나 어찌할 수 없는 능력의 절대적 부족을 전제로 한다.

그런데 군자는 왜 성인의 말씀(聖人之言)을 두려워하는가? 여기서 성인의 말씀이란 가장 완전한 인격의 소유자인 성인이 우리에게 제시해 준 인간이 가야 할 바른길이나 도달해야 할 목표와 같은 것이다. 말하자면, 성인이 우리에게 기대하는 것이나 열심히 하라는 채찍과도 같은 것으로 우리가 평생 동안 자강불식自强不息 노력해야 할 과제이니 거기에 도달할 수 없을 것 같아 군자는 성인의 말씀이 두려운 것이다.

그리고 대인大人이란 절대적인 권력을 가지고 훌륭한 업적을 쌓아 인간의 삶을 이롭게 만들어주는 사람이다. 물론 여기서 대인이란 타락하거나 무능한 권력자를 의미하지 않는다.

그렇다면 군자가 첫째로 두려워하는 천명이란 무엇인가? 공자는 "나이 오십에 천명을 알았다."고 말하였으며, "천명을 모르면 군자라고 할 수 없다."고 하였다.

천명天命이란 알았다면 실행하지 않을 수 없는 것이고, 받았다면

---

339) 《논어 계씨》 孔子曰, 君子有三畏 畏天命 畏大人 畏聖人之言. ~小人不知天命而不畏也, 狎大人, 侮聖人之言.

감히 못하겠다고 말할 수 없는 것이 천명이다.

여기서 공자가 생각하는 천명이란 '천제天帝(하늘)를 대신하여 인간 세계를 통치하라는 명령' 곧 유덕자有德者가 하늘로부터 받는 정치적 천명이 아니다. 또 인간으로서 어쩔 수 없는 생사나 부귀와 같은 운명運命에 관한 것도 아니다.

공자가 나이 50에 깨닫고 또 두려워하는 천명은 공자에게 주어진 사명이다. 공자는 인仁을 널리 펴고, 가르치고, 실천해야 하는 사명을 하늘로부터 받았다고 생각하였다. 때문에 그러한 기회를 줄 제후들을 찾아 각국을 떠돌아다녔다.

공자는 자신의 그러한 이상이 실현되지 않는 줄을 알고 있으면서도 그것이 하늘이 자신에게 부여한 천명인 줄 알았기에 하지 않을 수 없었다. 공자가 각국을 여행할 때 '안 되는 줄을 알면서도 해야만 하는 사람'으로 인식되었다.340) 공자 자신이 그러할 수밖에 없었던 것은 그것이 천명이었기 때문이다.

공자가 위衛에 갔을 때 그곳 한 사람이 공자를 만나보고 나서 제자들에게 말했다.

"당신들은 스승이 모두를 잃었다고 왜 걱정을 합니까? 천하가 무도無道한지 너무 오래라서 하늘이 당신들의 스승을 목탁으로 삼고자 한 것입니다."라고 말했다.341)

이 말은 공자는 하늘이 내린 목탁이니 곧 하늘의 뜻을 대신 전하라

---

340)《논어 헌문》子路宿於石門. 晨門曰 ~ 是知其不可而爲之者與.
341)《논어 팔일》儀封人請見, 曰 ~ 出曰, 二三子何患於喪乎. 天下之無道也久矣 天將以夫子 爲木鐸.

는 거룩한 소명을 받은 사람이라는 뜻이었다.

공자가 받은 천명은 또 공자가 알고 있는 천명은 이러한 의미였다. 이는 하늘과 군자는 천명을 통해서 연결되어 있다는 의미이면서 천명을 아는 군자는 인을 실천함으로써 하늘의 인정을 받으며 천명을 모르는 소인들을 이끌어야 한다는 뜻이다.

공자는 하늘의 뜻을 아는 사람이 군자라고 하였다. 이를 본다면, 공자에게 하늘은 인간을 심판하는 무서우며 절대적인 존재가 아니라, 하늘의 의지를 실천하려는 인간과 상호 보완의 관계라고 할 수 있다.

하늘의 역할

공자는 인仁이란 인간의 내부에 내재해 있고 또 소유할 수 있다는 객관적 인식 대상이 아니라 인간이 실천할 때 그 가치가 있는 것이라고 생각했다. 즉 인은 심성이면서 행동이어야 한다. 인의 실천은 곧 사회생활이다. 사회생활은 본인의 의지가 없다면 불가능하다.

공자가 "하늘이 나에게 덕德을 주었다"고 말하였는데,[342] 여기서 덕을 인仁이라는 말로 대체할 수 있다.

공자의 이 말은 인간의 성품과 하늘의 관계를 설명한 것으로 하늘로부터 수여받은 인을 실천하는 주체가 바로 인간이라고 생각한 것이다. 공자는 자신의 도덕적 활동 곧 인을 알고 가르치고 실천하는 모든 것을 하늘이 자신에게 명한 것이며, 하늘은 자신의 이러한 활동을 지

---

342) 《논어 술이》 子曰, 天生德於予 桓魋其如予何.

지한다는 신념을 가지고 있었다. 그리하여 자신의 도가 실천되느냐 안 되느냐는 모두 하늘의 뜻이라고 생각하였다. 343)

공자가 자신의 제자 중에서 인을 가장 잘 실천한다고 생각하던 안 회가 죽었을 때, "하늘이 나를 버렸구나! 나를 버렸구나!"라고 탄식한 것도 같은 뜻이라 할 수 있다.

그런데 그러한 소명을 받고도 인을 실천하지 않는다면 하늘에 죄를 짓는 것이다. 때문에 공자는 "하늘에 죄를 지으면 빌 곳이 없다."고 하였다. 344)

이는 하늘이 올바른 도道의 근원이며 인간들의 도덕적 행위를 내려다보고 있다는 관념의 표현이었다. 만약 인간의 행위에 대한 관찰자나 평가자가 없다면 인간은 무소불위의 행동으로 하늘을 기만하려 할 것이다. 그러하기에 인간은 절대로 하늘을 속일 수 없다는 신념을 갖고 제자 자로를 나무라는 공자였다. 345)

공자는 자신의 모든 행동은 하늘을 두고 맹서하더라도 당당하다고 생각했다. 위衛나라 영공의 부인으로 음탕한 남자南子를 만난 일을 두고 자로가 이를 싫어하자, 공자가 "내게 잘못이 있다면 하늘이 나를 버릴 것이다! 하늘이 버릴 것이다!"라고 강력하게 부정한 것도346) 공자의 하늘에 대한 신념을 내보인 것이었다.

공자의 신념에서 인의 실천은 군자의 의무이며, 군자가 취해야 할 적극적인 가치선택이었다. 그리고 하늘이 인간에게 주어진 품성 곧 하

343) 《논어 헌문》 公伯寮愬子路於季孫. ~子曰, 道之將行也與 命也, 道之將廢也與 命也.
344) 《논어 팔일》 王孫賈問曰~. 子曰, 不然 獲罪於天 無所禱也.
345) 《논어 자한》 子疾病 子路~ 曰, 久矣哉 由之行詐也. ~吾誰欺 欺天乎.
346) 《논어 옹야》 子見南子 子路不說. 夫子矢之曰, 予所否者 天厭之. 天厭之.

늘이 명한 천명이 바로 인이라고 본다면, 인간은 천명에 수동적이거나 숙명적인 존재가 아니라 인을 적극적으로 실천할 수 있는 존재라 생각하였다.

공자는 하늘이 인간에게 가르쳐줄 수 있는 최고의 가치를 적극적으로 실천하는 의지를 가진 사람이었다.

 ## 정치적 천명

하늘에 대한 신앙은 공자 그 이전부터 중국인들에게 분명하게 존재했다. 다만 그 이전의 하늘에 대한 인식이나 신앙은 정치적인 작용을 하는 절대자로서의 하늘이었다. 곧 하늘이 인간에게 은총도 베풀고 벌도 내리는 보이지 않는 능력이 있다고 생각한 것은 거의 종교적인 믿음인 동시에 그것은 정치적으로 해석되었다.

역사적으로 은殷에서는 하늘을 상제上帝로 숭배하였고 은나라의 왕은 상제에게 제사를 하고 상제의 뜻을 인간에게 전할 수 있는 권한과 능력을 가진 존재였다. 그러나 은 말기에 폭군의 출현과 그 통치에 백성이 고통을 받게 되자, 하늘의 뜻이 폭군에서 덕이 있는 자에게 옮겨간다는 주장이 나오게 된다.

그리하여 나쁜 통치자를 몰아내고 덕을 가진 훌륭한 통치자에게 인간의 통치를 위임한다는 유덕수명설有德授命說이 널리 퍼졌다. 주周나라 왕조의 성립은 이런 유덕수명설에 의해 정당화되었다.

당시 사람들이 인간 자신의 의지와 상관없이 결정되는 인간사의 길흉화복에 대하여 어떻게 설명할 수 있겠는가? 인간이 생각하는 가장 쉬운 방법은 "인간의 죽고 사는 것이 하늘의 뜻이며 부귀도 하늘이 주는 것"이라고 믿을 수밖에 없었다.[347]

공자가 주나라 문왕과 주공에 의한 문물제도를 숭배하며 그런 사회를 만들려는 이상을 품고 있었기에 공자는 하늘이라는 존재에 대한 믿음이 확실했다. 다만 하늘에 대한 공자의 신념은 정치적이기보다는 인간의 도덕규범에 대한 원초적인 믿음이었다.

즉 공자는 하늘의 의지를 명命으로 생각하면서 자신 내면의 철학과 신념의 후원자로서 하늘의 존재와 능력을 믿었다고 볼 수 있다.

347) 《논어 안연》 司馬牛憂曰, ~子夏曰, 商聞之矣 死生有命 富貴在天.

02 공자의 사회 참여 의식은 어떠했나?

인간은 여럿이 함께 살아가는 사회적 동물이다. 인간이 사회생활을 할 수 있는 바탕은 도덕적 의식이 있기 때문이니 도덕성은 곧 사회성이다. 역사적으로 부족사회를 넘어 도시와 국가가 형성되고 신분과 계급이 나뉘어졌다. 이에 인간은 여러 가지 갈등을 겪을 수밖에 없었다.

공자는 사회적 갈등을 어떻게 보았으며, 갈등 해소를 위한 공자의 노력은 무엇이었는가?

 더불어 사는 사회

사람은 사람다운 인격이 있어야 하고 그런 인격은 곧 덕德이라고 표현할 수 있다. 덕은 개인 또는 사회에 내재하는 바람직한 품격品格이나 가치관이다. 덕은 개인이 비교적 장시간에 걸쳐 생활하면서 축적해 온 바람직한 행위규범이라 해석해도 무난할 것이다.

이렇게 덕을 쌓아온 사람은 사회생활을 원만하게 한 사람이고 따라서 그런 사람은 사회 구성원으로부터 인정을 받을 것이다. 곧 그런 덕 있는 사람은 외롭거나 혼자일 수가 없을 것이니 반드시 이웃과 더불어 살 것이다. 때문에 공자는 '덕이 있는 사람은 외롭지 않고 필히 이웃과 함께 살아간다.'고 하였다.[348] 이는 사회생활의 일면이다.

---

348) 《논어 이인》 子曰, 德不孤 必有鄰.

공자는 "마을에 인의 기풍이 있다면 아름다운 것이니 그런 마을을 골라 살지 않는다면 어찌 지혜롭다 하겠는가?"라고 말했다. 349)

이는 인자한 사람이 있고 그 영향으로 마을에 인자한 기풍이 있다면 그 사회는 아름다운 것이고 그런 마을을 골라 살려고 노력하는 것이 지혜라는 뜻이다. 이는 자신이 어진 사람이 되도록 노력해야 한다는 뜻과 함께 그러한 인자한 마음으로 모두가 함께 살아갈 수 있도록 다른 사람을 위해서라도 노력해야 한다는 뜻을 가지고 있다.

공자는 사회의 혼란에서 도피하여 은둔생활을 하려는 도가道家와 달리 세속에 적극적으로 참여해야 한다고 주장하였다. 공자는 세상에 적극 참여하여 인성을 계발하고 심성을 순화하며 풍속을 개선하는 것이 곧 인도人道라고 생각하였다.

공자 일행이 낯선 곳을 여행할 때, 공자는 자로子路에게 농사일을 하고 있던 두 사람(장저와 걸익)에게 나루터로 가는 길을 묻게 했다(問津). 350)

밭에서 일을 하던 장저는 '그 사람은 나루터를 알 것이다.'라고 빈정거리면서 가르쳐 주지 않았다. 351) 이어 걸익이라는 농부는 자로에게 "도도한 세상의 흐름을 바꾼다면서 세상을 피해 떠돌아다니는 사람(공자)을 따라다니느니 우리처럼 세상을 피해 사는 사람과 함께하는 것이 좋다."고 말하면서도 나루터를 말해 주지 않았다.

---

349) 《논어 이인》 子曰, 里仁爲美 擇不處仁 焉得知. 여기서 택리(擇里)라는 말이 나왔다. 〈조선실학자 이중환의 擇里志〉

350) 문진(問津) ; '나루터 가는 길을 묻다'라는 뜻. 지금은 '학문의 길을 묻다'라는 의미로 통용.

351) 《논어 미자》 長沮桀溺耦而耕 孔子過之 使子路問津焉. ~曰, 是知津矣.

子路問津	而不輟
袞公四年孔子如	從而避世之士哉耰
渡處見長沮桀溺	避人之士也而誰以
耦而耕使子路問	易之且而與其從
津焉曰滔滔者天	下皆是也而誰以
曰是也曰津耰而辟人之士也而誰

■■ 자로문진(子路問津)   자로가 나루터 가는 길을 묻다.

이는 지금의 어지러운 세상은 바로잡을 수 없으며 그럴만한 사람도 없다는 뜻으로 세상을 등진 사람들의 패배주의적 사고를 그대로 드러낸 말이다.

자로가 돌아와 공자에게 이런 말을 전하자, 공자가 말했다.

"사람은 새와 짐승과 어울려 살지 못한다. 내가 사람들과 더불어 살지 않는다면 누구와 더불어 살겠는가? 그리고 천하에 도가 행해지고 있다면 나도 세상을 바꾸려 하지 않을 것이다." 352)

이는 어렵다고 포기한다든지 피해버리는 것이 해결책이 될 수 없다는 공자의 신념이며 사회생활에 대한 인식과 적극적인 참여 정신을 나타내고 있다.

인간은 본질적으로 또 자연적, 문화적으로 사회적 동물이며 문화와 사회를 떠난 인간은 존재하지 않는다는 믿음을 가진 공자였다.

 적극적인 참여 의지

《논어 미자》 편에는 공자를 봉황에 비유하며 공자의 적극적 사회 참여 의지를 비판하는 노래를 불렀던 초나라의 은둔자 접여接輿에 대한 이야기가 있다. 353)

접여는 "지난 일을 탓하지 않고 오는 세월을 따라갈 수야 있겠지만 그만 두어라! 정치의 길은 너무 위험하다."고 노래했다.

352) 《논어 미자》 ~. 夫子憮然曰, 鳥獸不可與同群~. 天下有道 丘不與易也.
353) 《논어 미자》 楚狂接輿歌而過孔子曰, 鳳兮鳳兮. 何德之衰. ~

또 공자를 '사지를 움직이지도 않고 오곡도 구분하지 못하는 사람'이라고 비난하며 자로에게 닭과 기장밥을 제공한 은자가 있었다. 자로로부터 은자의 이야기를 들은 공자는 "군자가 벼슬길에 나서는 것은 의리를 지키기 위한 것이며, 도가 행해지지 않는 사회라 하여 의義마저 버릴 수는 없다."고 말했다. 354)

이는 공자의 적극적 참여정신과 노력에 의한 사회 개량의 의지를 다시 한 번 천명한 것이다.

사회의 개량이라는 것은 결국 갈등의 완화라고 볼 수 있다. 동물의 세계에서 먹이를 놓고 싸우는 것은 그 동물 무리의 갈등이라고 볼 수 없는 자연현상이다.

삶과 사회에 대한 인간의 태도는 각자 가지고 있는 세계관이나 인간관에 따라 달라질 것이다. 인간사회에서는 각 개인이 자유를 갖고 그 자유 때문에 계급적인 또는 인간적 갈등이 생기는 것이고 이는 문화적인 마찰이라고 보아야 한다. 인간은 사회적 동물이기에 사회를 떠나서는 존재할 수 없으며 그렇다고 해서 갈등만이 존재하는 사회는 존속할 수도 없다.

이러한 갈등의 완화 방법으로 사회적 질서가 필요한 것이고 사회 구성원이라면 사회적 질서를 확립하기 위한 노력을 해야 한다. 곧 공자가 말하는 도道, 예의, 의리는 사회적 질서를 만들어가기 위한 방법이었다. 그리고 그러한 예나 의리는 사회 구성원이 각자 자기 역할을 다하는 것에서 출발해야 한다. 때문에 공자는 이를 많이 강조하였다.

---

354) 《논어 미자》 子路從而後 遇丈人, ~丈人曰, "四體不勤, 五穀不分~. 君子之仕也, 行其義也. 道之不行, 已知之矣

"임금은 임금으로서, 신하는 신하로서, 아버지는 아버지답게, 아들은 아들답게 자신의 일을 해야 한다." 355)

이처럼 사회적 책임의 완수는 곧 사회적 직무의 수행이고, 자기 직분의 수행은 곧 사회 질서의 확립이며 이러한 질서가 있어야 갈등이 해소될 것이다. 적어도 지식인 또는 건전한 사회인식을 가진 군자라면 사회의 개량에 적극 참여할 도덕적 의무나 책임이 있다는 자각이 있어야 한다.

공자는 사회 구성원을 교육하고 계몽해야 할 도덕적 의무와 책임을 지식인의 임무라 강조하면서 사회로부터의 도피나 은둔이 아닌 적극적 참여를 주장한 사상가였다.

---

355) 《논어 안연》 齊景公問政於孔子. 孔子對曰, "君君, 臣臣, 父父, 子子." 公曰, "善哉! 信如君不君, 臣不臣, 父不父, 子不子, 雖有粟, 吾得而食諸? 공자 35세에 제나라에 가서 소(韶)라는 음악에 심취했었고, 景公을 만났다.

03 공자의 사회 인식과 그 한계는 무엇인가?

사회적 문제를 어떻게 인식하는가는 문제 해결의 출발선이다. 다시 말해, 사회적 문제를 경제문제로 보느냐 또는 개인의 주관적, 윤리적 문제로 인식하느냐는 사회문제 해결에서 매우 중요한 포인트이다. 공자가 살았던 당시의 사회 변화와 혼란 원인을 어떻게 인식하느냐는 공자의 정치이론이나 사회적, 윤리적 인식에 매우 중요한 문제였다. 공자는 당시의 사회적 변화를 어떻게 인식하였고 공자가 내세운 주장은 무엇이었는가?

춘추 말기 사회 혼란

서주西周 시대에는 세습적인 지배계층으로서 귀족貴族(君子)과 생산활동의 담당자이며 교육의 기회조차 없던 평민平民(小人)에 의해 봉건제도가 운영되었다. 주왕周王에 의해 분봉分封된 지역의 제후와 그를 추종하는 경이나 대부, 사士는 지배계층을 구성하며 여러 가지 특권을 누렸지만 그러한 제도가 운영된 지 600년의 세월이 경과하면서 공자가 살던 시대에는 사회가 변하지 않을 수가 없었다.

이때 강대한 제후국에서는 영토의 확장이 당면과제였다. 강력한 통치권을 확보하기 위하여 종족적으로 가까운 작은 토지의 소유자들인 대부大夫들을 희생시키면서 지배권을 집중시키고 강화하였다.

이들은 군사적, 행정적 전문가를 신하 곧 봉토封土가 없이 녹봉만을 받는 일반 관리를 채용하기 시작하였는데 이들 중에는 사士라고 표현되는 계층출신이 많았다. 종래의 지배계층인 세습귀족은 새로운 지식인인 사 계층의 대두로 몰락할 위협에 처하게 된다.

이러한 사회적 변화 속에서 최고 위정자들은 백성들을 통제와 수탈로 다스릴 수만은 없었다. 때문에 통치에 관한 지식과 소양은 위정자들에게도 필요했다.

공자의 아버지가 하급 무사이었기에 공자의 출신 성분 역시 사士 계층이라 할 수 있었다. 사는 교양과 전문적 지식을 축적하여 능력을 인정받고 집권자들에게 등용되기를 희망했다. 공자가 제자들을 길렀다는 것은 이들을 대상으로 필요한 지식을 제공해주고 관리로서의 기본 소양을 갖추게 했다는 의미가 있다. 공자의 제자 중에는 귀족의 자제도 있었고 사회적 변화과정에서 민民에서 상승한 소지주도 있었다고 한다.

공자의 사회 인식

공자는 근면하고 성실한 구학求學을 바탕으로 폭넓은 교양을 갖추었으며, 주나라의 질서 회복과 안정된 사회를 유지하기 위한 방안으로 주의 사회질서 곧 주례周禮의 회복을 주장하였다.

공자는 군자의 정신적 노동(勞心)과 평민(小人)들의 육체적 노동과 생산 활동은 당연한 것이라 보면서 사회적 안정을 이룩하려면 군자가 소인들에 대한 덕치德治를 행하여야 하며, 이러한 덕치가 곧 군자가 해야 하는 인의 실천이라고 보았다.

공자의 이러한 주장은 사회문제를 통치를 담당하는 지식인들 곧 군자의 윤리적 노력의 문제로 인식한 것이며, 문제 해결에서 지식인들의 도덕적 명제인 인의 역할을 강조한 것이다. 이는 공자가 피지배층 (民)에 대한 지배층(人)의 철학 곧 인간의 중요성과 도덕성을 중시하는 인본주의人本主義 철학을 바탕으로 삼았다고 평할 수 있다.

그런데 이러한 덕치를 실천하지 못하는 것은 위정자의 도덕적 타락 때문이며 '모(角)가 없는 고觚는 고가 아니듯' 356) 덕치를 행하지 않는 위정자 곧 예와 인을 실천하지 않는 군자는 더 이상 군자가 아니라고 생각했다.

공자는 군자가 군자답지 않으며 아비가 아비의 역할을 다하지 못하는 무질서한 사회에서는 이름, 곧 예에 규정된 상이한 신분에 따른 명분과 책임이 바르게 잡혀져야 한다고 주장하였다. 357)

다시 말해, 당시의 사회혼란에 대하여 옛날 문왕文王이나 주공周公에 의한 주례周禮가 실천되었다면 이러한 사회적 혼란은 발생하지 않는다면서 옛날의 예악으로 복귀를 위정자들의 인격적, 도덕적 문제로 보았다.

공자의 이러한 인식과 주장은 사회적인 문제를 객관적으로 보지 못하는 곧 사회변화의 원인을 생산력의 증가와 연관하여 보지 못하는 한계에 빠지게 된다.

사실 문왕이나 주공이 마련하고 실천했다는 주례周禮라는 것도 근본적으로는 그 시대에 주어진 사회경제적인 관계에 의하여 마련된 것

---

356) 《논어 옹야》 子曰, 觚不觚 觚哉, 觚哉.〈觚 술잔 고. 옛날에 의식에 쓰이던 4각의 술잔.〉
357) 《논어 안연》 齊景公問政於孔子. 孔子對曰, 君君 臣臣 父父 子子. 公曰, ~父不父 子不
子 雖有粟 吾得而食諸.

으로 그 자체가 그 당시 사회질서의 반영인 것이었다.

공자는 그러한 사회질서가 새로운 생산 방식이나 새로운 인간관계에 의하여 필연적으로 변화하거나 사라질 수밖에 없다는 사회발전의 객관적 필연성을 공자는 인식하지 못했었다는 비판을 면할 수가 없다.

공자가 주례를 따른다면 백세百世 뒤에라도 그 나라의 문물제도를 알 수 있다고 말한 것은[358] 사회의 변화와 발전을 인식하지 못하는 잘못된 역사이해의 확실한 증거일 것이다.

 군자의 덕치

공자는 인과 예를 실천하는 군자는 백성들의 신뢰를 받으며 백성들을 가르치면 잘 다스릴 수 있다고 보았다.[359] 사실 이러한 군자는 그 이전의 세습 귀족과는 판연하게 다른 존재였다.

《논어》에서 다양하게 설명되는 군자의 덕은 인仁으로 표현되는데 이는 지배계층인 군자와 피지배층인 민民과의 관계 곧 도덕적 융합을 의미한다고 볼 수도 있다. 이를 계급적 이데올로기로 분석한다면 피지배자 계층의 노동력에 의하여 생산되는 잉여가치를 차지하는 지배자가 베풀어야 하는 피지배자 계층에 대한 생활 보장인 것이다.

공자는 나라의 경제적 토대로서 생산을 담당하는 소인(民)에 대한

---

358) 《논어 위정》 子張問十世可知也. 子曰, 殷因於夏禮 所損益 可知也, ~其或繼周者 雖百世
可知也.

359) 《논어 안연》 ~君子之德風 小人之德草. 草上之風 必偃.

적절한 수취(稅)와 노동력 동원(부역)으로 최소한의 생존을 보장해야(곧 식량문제 해결, 足食) 소인들의 인구 증가(庶民, 많을 서)와 경제적 안정(富)을 이룩할 수 있다고 보았다.360)

이를 위해서 지배자들은 백성으로부터 반드시 신뢰를 획득해야 하며 이는 통치에서도 가장 중요하다고 보았다. 왜냐면 백성이 없으면 군자의 지배도 있을 수 없으며 신뢰를 획득하지 못하면 나라가 존재할 수 없기 때문이다.361)

이상을 종합한다면, 공자는 군자의 통치와 소인의 생산 활동이라는 사회적 분업을 계급적으로 본 것이 아니라 하늘이 부여한 자연스러운 노동 분업이라 인식하였다. 따라서 공자가 군자의 생활에서 예의 실천을 강조하는데 그 예의 목적은 곧 조화(和, 화합)를 이루는데 있다고 하였다.362)

화합은 지배계층과 피지배계층의 단결을 이루고 두 계층 간의 모순을 완화시키는 것이다. 그리고 이는 군자의 지배체제를 유지하기 위해서 가장 중요한 과제라 생각하였다. 이는 나라의 부국강병보다 더 앞서 실천한 과제이며 설령 부국강병을 이룩했더라도 위정자와 신뢰(信)와 화和를 잃는다면 나라는 존속할 수 없다고 보았다.

---

360) 《논어 子路》 子適衛, ~子曰, "庶矣哉!" ~曰, 富之.
　　《논어 안연》 子貢問政. 子曰, 足食 足兵 民信之矣.
361) 《논어 위정》 子曰, 人而無信 不知其可也.
　　《논어 안연》 子貢問政. 子曰, 足食 足兵 民信之矣. ~曰, 去食. 自古皆有死 民無信不立.
362) 《논어 학이》 有子曰, 禮之用 和爲貴. ~

덕치 이론의 한계

공자가 주장한 덕치의 이념이 지배계층이 갖추어야 할 근본이며 덕치에 의한 계층 간의 화해와 조화가 사회의 안정을 이룩할 수 있다 지만 이는 어찌 보면, 이는 지식인들의 지배체제를 옹호하고 지배계층의 지배를 합리화하기 위한 이론일 수밖에 없다.

문제는 지배계층의 덕치가 피지배계층의 생활 안정을 이룩할 수는 있을지라도 국가 발전과 부강의 토대를 마련하기 위한 자발적 참여를 끌어낼 수는 없는 것이다. 또 군자의 인덕이 바람처럼 불어오면 백성들은 저절로 눕게 된다는 인식은 피지배계층의 단순한 복종을 요구하는 것이기에 이러한 덕치는 결코 민주주의라 볼 수는 없는 것이다.

곧 지배계층에 의한 덕치가 아무리 완벽하게 이루어진다 하더라도 피지배층의 자발적 노력과 그러한 노력에 의한 발전을 보장해주지 못한다면, 국가의 영속적 발전이나 피지배층의 안정과 번영은 한계가 있다는 뜻이다. 바로 이점이 공자의 정치 이론과 사회 인식의 가장 큰 한계이지만 당시 2,500년 전에 백성에 대한 덕치를 주장한 것은 분명 진보적인 인식이었다.

04 공자는 인간을 어떻게 보았는가?

어떤 안목으로 사물을 보느냐는 사물의 가치를 결정하는 주요한 요소라 할 수 있다. 마찬가지로 인간을 보는 관점에 따라 철학의 바탕이나 사회생활의 태도가 크게 달라질 것이다. 같은 유가(儒家) 계열의 인간관이지만 맹자의 성선설(性善說)이나 순자(荀子)의 성악설(性惡說)은 크게 다르다. 그렇다면 유가의 시조라 할 수 있는 공자의 인간관은 무엇이라 할 수 있는가?

 인간은 가장 존엄한 존재

공자는 예악이나 문물에 대한 언급은 많이 했지만, 인간의 본성이나 천도天道에 대한 이야기는 거의 하지 않았다.[363]

이는 공자가 인성이나 천도의 운행 같은 추상적인 문제에 대한 관심보다는 보다 현실적인 문제에 관심이 많았다는 뜻으로 해석할 수 있다. 실제로 《논어》에서 공자가 하늘(天)에 대한 직접적 언급은 "하늘이 무슨 말을 하는가?"라는 말뿐이다.[364]

말하자면, 자연은 자연 그대로의 인식이 중요하며, 자연현상이 인간에게 어떤 의지를 표현하지 않는다는 아주 과학적이며 현실적인 인

---

363) 《논어 공야장》 子貢曰, 夫子之文章 可得而聞也, 夫子之言性與天道 不可得而聞也.
364) 《논어 양화》 ~子曰, 天何言哉. 四時行焉 百物生焉 天何言哉.

식이라 할 수 있다. 공자가 보는 하늘의 도道란 인간의 실천해야 할 숭고한 의지로 그 본원이 하늘에 있다는 것이지, 하늘이 인간에게 내리는 계시가 자연현상으로 나타난 것이라고 보지는 않았다.

공자가 생활했던 그 시대에는 자연현상이나 인간사회는 보이지는 않지만 하늘(天)이나 귀신에 의하여 지배되고 변화한다고 생각하였다. 그러나 공자는 그런 귀신에 대한 두려움이나 숭배가 중요한 것이 아니라 인간이 가장 중요한 존재이며 인간의지에 따라 변화시킬 수 있다는 신념을 갖고 있었다.

공자는 제자에게 '사람의 할 일을 다 하면서 귀신을 멀리하는 것이 바로 지知'라고 설명해 주었다.[365] 그리고 귀신을 섬기는 일에 대하여는 "사람의 일도 다 못하면서 어찌 귀신을 섬길 수 있는가?"라고[366] 말했다.

이는 공자가 귀신보다는 인간이 우선이라는 곧 현실과 인간과 삶을 중시하는 인본주의적 사고를 갖고 있었다는 뜻이다.

그리고 공자는 인간의 능력에 대하여 무한한 신뢰를 갖고 있었다. 공자는 "인간이 도를 실천하는 것이지, 도가 사람을 키워주는 것은 아니다."라고 말했다.[367]

이는 인간이 절대선絕對善인 인도仁道를 실천하는 것이지, 인도人道 자체가 인간을 인간되게 하지는 않는다는 현실적인 확신이다. 이 말은 신神이 있은 다음에 인간이 존재한다거나 신의 의지를 인간사회에서

---

365) 《논어 양화》 樊遲問知. 子曰, 務民之義 敬鬼神而遠之 可謂知矣. ~

366) 《논어 선진》 季路問事鬼神. 子曰, "未能事人, 焉能事鬼. ~

367) 《논어 위령공》 子曰, 人能弘道 非道弘人.

실현해야 한다는 종교적 믿음과 다르다. 공자는 인간이 바로 인간사를 결정한다는 인본주의에 대한 믿음을 갖고 있었다.

공자의 이러한 관점은 바로 인간에 대한 신뢰이다.

공자는 교육과 자아自我 의지 그리고 실천에 의해 평범한 인간도 성인이 될 수 있다는 신념을 갖고 있었다. 따라서 사회적 문제적인 도덕적 의지를 가진 지식인 곧 군자의 노력—인간의 도덕적 신념—에 의해 해결될 수 있다고 믿었다.

인仁의 바탕을 가진 존재

공자는 사람의 본성을 본질적으로 어질다(仁)고 보았다. 그리고 공자는 "천성은 서로 비슷하나(性相近), 습성에 따라 다르다(習相遠)."라고 사람의 본성을 직접 언급하였다. 368)

공자가 성性(本姓)은 선천적인 것이기에 인간으로 태어날 때에는 서로 비슷하지만 서로 같다(相同)고는 말하지 않았다. 이는 맹자의 성선설性善說처럼 분명하지는 않은 언급이다.

다시 말해, 선善을 인성의 본질로 보았다면 '서로 같다(相同)'고 표현해야 하지만 성에는 선과 악이 다 존재하는데 다만 그 양量이 큰 차이가 나지 않는다고 보았기에 '서로 비슷하다(相近)'라고 했을 것이다. 공자의 이런 표현은 인간이 선이나 인仁으로 나갈 수 있는 기본을 갖고 있는 것으로 인식한 것이다.

---

368) 《논어 양화》 子曰, 性相近也, 習相遠也. 子曰, 唯上知與下愚不移.

공자는 인성의 결과는 후천적인 습성^{習性}이나 학습^{學習} 곧 교육에 따라 크게 차이가 난다고 보았다. 곧 이는 선과 악의 상반되는 습성은 환경이나 교육에 따라 달라진다고 본 것이다.

공자의 '서로 비슷하다'는 말은 본연의 성(本然之性)으로, 인간이 성장하면서 교육을 받기 이전의 성을 의미한다. 그리고 달라지는 성은 기질에 의한 성(氣質之性)으로 학습에 의해 바뀔 수 있다고 보았다.

이는 인간은 어진(仁) 본성을 가지고 있지만 학습에 의해 인을 알아야 하고 실천하여야 한다며 교육에 의한 인간의 변화와 진보에 대한 공자의 신뢰라고 해석할 수 있다.

 능력의 차이와 변화

공자는 인간의 지적 능력에는 차이가 있다는 것을 전제로 교육에 의한 진보와 변화 가능성을 언급하였다.

곧 인간의 능력은 천성으로 뛰어난 최상위의 지적 수준을 가진 사람인 상지^{上知}와, 스스로 배움을 통해 지식을 축적하고 진보하는 학지^{學知}, 그리고 필요성을 절실하게 느껴 배워 아는 사람(困學, 힘들 곤)이 있고 배우려 하지도 않는 하우^{下愚}가 있다고 구별하였다.[369]

그 당시 실제로 학문을 할 수 있는 계층은 극히 일부분이었겠지만, 공자의 이러한 구분은 매우 현실적이고 타당성이 있다고 생각한다.

---

369) 《논어 위령공》 孔子曰, 生而知之者上也 學而知之者次也 困而學之 又其次也 困而不學 斯爲下矣.

인간 능력의 차이는 분명히 존재하며 능력에 따라 삶의 방식이 달라지고, 또 교육 효과도 다르게 나타난다. 이는 인간에 대한 계급적 차별이 아니며 현실적인 차이를 구분한 것이라 생각한다.

공자는 그러면서 상지와 하우는 거의 변화하지 않는다고 믿었다.[370] 이는 인간의 능력 중 최상과 최하의 수준을 지칭한 것이지 계급적 우대나 천대는 아니다.

그러면서 능력이 보통 이상이라면 언어를 통해 보다 높은 차원의 교육을 실시할 수 있다고 믿었으며 보통 이하의 사람에게는 언어를 통한 교육은 어렵다고 말했다.[371]

이는 보통 능력 이상의 인간에게는 추상적인 도덕관념이나 철학적 가치지향적인 교육을 실시할 수 있다고 본 것이다. 동시에 중간 능력 이하의 사람에게는 언어를 통한 교육이 아니라 생산이나 노작교육을 통한 교육을 주장한 것이라 볼 수 있다.

결론적으로 공자는 사람이 가장 소중한 존재이며 주체가 되어야 한다는 인간중심적 사고를 갖고 있었다. 인간이 갖고 있는 어진 심성은 생활이나 교육을 통해 바뀔 수 있으며, 교육에 의한 진보와 발달은 인간이 갖고 있는 능력에 따라 달라진다는 인간관을 갖고 있었다.

---

370) 《논어 양화》 子曰, 唯上知與下愚不移.

371) 《논어 옹야》 子曰, 中人以上 可以語上也, 中人以下 不可以語上也.

이름은 한 인간의 여러 모습을 가장 단적으로 표현해 주는데 명분을 통해 인간의 생각이나 행동이 정당한가를 평가받을 수 있다. 공자의 여러 사상 중에는 이름과 관련하여 정명(正名) 사상이 있다. 공자의 정명 사상은 무엇이며, 어떤 영향을 끼쳤는가?

 이름의 의미와 역할

우주나 자연은 말이 없이도 운행하고 순환한다. 그러나 인간은 언어를 사용하면서 살며 사회생활을 해야 한다. 언어는 인간의 사고思考를 외부로 표출하며 사물의 모습이나 활동을 묘사하는 서술기능이 있고 개인이나 지위 또는 관계에서 생기는 여러 가지 이름이 있으며 그 이름으로 내세우는 명분名分이 있다.

유가에서 강조하는 정명正名은 '바른 이름'이고 '올바른 이유나 까닭'이라고 할 수 있다. 또 명분名分을 '바르게 한다(正)'는 뜻도 있다.

한 사람의 고유한 이름(姓名) 이외에도 가족관계에서 따라 붙는 호칭이 있고, 사회적 역할을 하는 직명이나 직분에 따른 이름이 따라 붙는다. 그리고 나서도 칭호나 직분에 따른 역할을 얼마만큼 잘 수행했는가를 평가받은 이름이 따라 붙는다.

예를 들면, 아버지나 큰아들, 막내 딸, 아무개의 사촌 동생 등 가족관계의 호칭과 함께 자영업자, CEO, NGO, 기사, 점원 등의 사회활동에 따른 역할명칭은 특별한 평가가 없는 이름이다. 그렇지만 부정축재자, 존경받는 성직자, 효자, 살인자, 훌륭한 선생님 등등의 평가는 죽은 뒤에도 그를 아는 사람 또는 자식들에게도 영향을 준다.

한 사람에 따르는 여러 이름은 인간을 윤리적으로 만드는 강력한 기능을 갖고 있다. 조상의 이름을 더럽힐 수 없다는 생각도 그러한 결과이고, 나의 명예와 이름을 걸겠다는 생각이나 행동 또한 인간을 윤리적, 도덕적으로 만드는 작용의 실제 본보기라 할 수 있다.

통치자(君)는 그 나라에서 수행할 수 있는 특정 역할의 명칭이면서, 그런 칭호로 불리는 사람이 수행해야 할 도리나 본분을 호칭에 포함하고 있다. 그리고 그렇게 기대되는 행위나 실적의 일치여부에 따라 칭찬이나 감탄 또는 실망이나 폄하貶下(깎아 내림) 등 가치평가가 항상 뒤따르니 정명은 인간세상에서 통하는 말과 인간의 관계론이라 할 수 있다.

이처럼 공자가 생각하는 이름은 바뀔 수 있는 의미를 가진 이름이 아니라 그 이름에 따라 꼭 실천해야 할 도덕적 과제를 가진 정명正名이었다.

제齊나라 경공景公이 공자에게 정치의 요점을 물었을 때, 공자는 "임금은 임금으로서, 신하는 신하로, 아버지는 아버지로, 아들은 아들이어야 한다."고 대답했다.

이에 제 경공은 "정말로 임금이 임금답지 못하고, 신하가 신하답지 못하면, 또 아버지가 아버지 노릇을, 아들이 아들 할 일을 못한다면 창고에 곡식이 쌓여 있다 한들 먹을 수 있겠는가?"라고 말했다.[372]

---

372) 《논어 안연》 齊景公問政於孔子. 孔子對曰, 君君 臣臣 父父 子子. 公曰, 善哉! 信如君不君 臣不臣 父不父 子不子 雖有粟 吾得而食諸.

공자의 이 말에는 가족의 호칭과 그에 따른 역할을, 그리고 사회적 직능에 따른 호칭과 그 역할을 강조한 것이다. 자신의 호칭과 역할을 다 하는 것은 충실한 임무 수행과 함께 상호 존중이라는 인간관계의 기본 룰(rule)을 지키는 것이다.

이처럼 정명은 각자의 역할을 충실히 성공적으로 수행하는 것이다. 이름에 걸맞게 본분을 다하는 것이 결코 쉬운 일이 아니지만 이는 명분에 따른 임무수행이라는 의무를 강조한 것이다.

공자의 정명을 단지 주군과 신하의 군림과 섬김, 아버지의 권위와 아들의 순종順從이라는 관계로 해석한다면 공자의 참뜻을 모르는 해석일 것이다.

 ## 정명의 효용성

자로가 공자에게 "위衛나라에서 스승님께 정치를 맡긴다면 무엇부터 먼저 하겠습니까?" 하고 물었을 때, 공자는 "반드시 명분을 바로 하겠다(正名)."고 대답하였다.[373]

이 말을 자로가 이해를 못하자, 공자의 보충 설명이 이어진다.

"명분이 바르지 못하면 언사가 순탄하지 않고(言不順), 언사가 바르지 못하면 정사가 이루어지지 않는다(事不成). 정사가 성공하지 못하면 예악을 제대로 가르칠 수 없고, 예악이 바로 서지 못하면 형벌이 공정하지 못하며, 형벌이 제대로 되지 않으면 백성들이 손발을 둘 데가 없

---

373) 《논어 안연》 子路曰, 衛君待子而爲政, 子將奚先. 子曰, 必也正名乎. ~

다. 따라서 군자는 명분을 반드시 당당하게 말할 수 있어야 하고, 말한 것은 반드시 실행해야 한다. 군자는 그 명분이 구차해서는 안 된다."[374]

공자는 우선적으로 통치를 담당하는 군자의 명분을 바로잡아야 한다고 생각했다. 당시의 집권자들을 신분상 군자라고 분류할 수 있지만 그 명칭에 부합하는 진정한 군자는 아니었다. 예를 들어, 아들이 아버지를 시해하고 권력을 잡았다면 그런 집권자는 절대로 군자가 아니다.

공자의 뜻은 '올바른 명분'과 함께 '명분을 바로 세우겠다.'는 뜻이다. 그리고 명분이 반듯해야 정치가 제대로 이루어지고, 그래야만 예악에 의한 교화가 이루어지고 백성들이 안심하고 생업에 종사할 수 있다는 부차적인 결과까지 설명하였다. 그리고 결론적으로 군자의 명분은 당당하고 반듯해야 하며 구차한 명분이어서는 안 된다고 단언하였다.

공자의 정명은 근본적으로 사회질서의 확립을 위한 것이었으니 사회질서의 확립이란 제후나 대부들이 우선 백성들의 모범이 될 바른 사람으로서 백성들을 위해 헌신하여야 하고, 백성들은 법과 질서를 따르는 것이었다.

그리고 정명을 내세우는 정치는 역사 편찬에도 적용되는 척도이다. 공자는 춘추를 편찬할 때 전통의 대의명분에 따라 역사적 사건을 포폄 褒貶(褒 기리다. 표창하다. 貶 떨어뜨릴 폄, 깎아내리다)하였다. 이는 현재를 기준으로 과거의 사건을 평가하는 것이지만 결과적으로 명분에 적합한가를 평가하는 것이다.

---

374) 《논어 안연》 ~名不正 則言不順, 言不順 則事不成, 事不成 則禮樂不興, 禮樂不興 則刑罰不中, 刑罰不中 則民無所錯手足. 故君子名之必可言也 言之必可行也. 君子於其言 無所苟而已矣.

명분의 일치

우선 명분은 누구의 것이고, 누가 내세운 것이라는 사실이 분명해야 한다.

CEO가 내세울 수 있는 CEO의 명분과 사원이 주장할 명분이 서로 다르고, 근거로 할 수 있는 이론이나 기대되는 도덕적 평가도 호칭이나 지위에 따라 다를 수밖에 없다.

예를 들어, 바지사장을 앉혀놓고 실권자가 바지사장의 이름으로 각종 명분을 내세울 때, 그 명분이 실질적 소유자이며 권한을 가진 CEO의 것이냐, 아니면 실권자의 가식적인 명분이냐에 따라 사원들은 생각이나 행동이 달라질 것이다. 이처럼 명분은 소유가 분명해야 한다.

다시 말하면, 이름(名)에 따른 도리나 몫(分)이 일치되어야 바른 명분이라 할 수 있을 것이다. 이러한 명분의 일치는 곧 주어진 임무나 도리를 수행토록 하는 힘이나 이론적 근거가 될 것이다.

다음으로는 누구의 것이고 어떤 내용이냐, 곧 몫의 합리성을 따져야 한다.

공자는 명분을 바로잡지 못한 다음에 오는 결과를 자로에게 설명했다. 공자가 위衛나라의 명분을 바로 하겠다는 뜻은 통치자 지위 계승이 바른 명분을 잃었다는 데에서 출발한다.

그러하기에 공자는 "그 자리에 있지 않으면 그 직위의 일을 시도하지 말라."면서[375] 수분守分도 강조하였다. 대부大夫는 대부의 역할이

---

375) 《논어 태백》 子曰, 不在其位 不謀其政.

있는데 대부가 한 나라의 최고위에 있는 공公의 역할을 넘봐서도 또 해서도 안 된다는 뜻이었다. 요즈음의 의미로는 과장은 과장의 업무를 해야 하는데 과장이 차관이나 장관의 일을 하려고 하지 말라는 뜻이다.

명名이 바르지 못하니 그 다음에 오는 분(分)이 결국 '백성들이 손발을 어찌해야 할 줄 모르는 상황까지' 파급된 것이다. 이는 명분이 바르지 못하다면 곧 정명이 아니라면, 명분과 현실이 또는 명분과 실천의 결과가 다르다는 뜻이다. 또한 그 명분으로 이룩하려 했던 사업의 추진력이나 의지의 약화가 될 수 있다.

그리고 처음에 내 걸었던 명분이 비현실적 또는 부적합하다면서 명분을 바꾸거나 아예 명분의 파괴를 내세운다면 크고 작은 혼란이나 시행착오로 이어질 것이다.

공자가 살았던 당시의 통치 질서는 주周왕실의 권위에 의한 제후국의 존재와 백성들에 대한 지배체제였다. 그러나 현실적으로 이는 하나의 명분에 불과했다. 주 왕실의 권위는 이미 오래전에 무너졌다. 즉 명분과 현실의 불일치는 이처럼 혼란을 야기할 수밖에 없었다.

정政은 정正이다

"이득이 있을 경우에 의를 생각해 보고, 위기에 처했으면 목숨이라도 내 주어야 한다(見利思義, 見危授命)."라는 공자의 말에서 의義는 정당성 여부를 판단하라는 뜻이다. 떳떳치 못하게 얻는 부귀는 뜬구름과 같은 것이라고 생각한 공자였다. 그만큼 떳떳한 행동을 강조하였다.

노魯나라의 실권자인 계강자가 공자에게 정치에 관해 물었을 때,

공자는 "정치란 바르게 하는 것이다(正也). 당신이 바르게 솔선한다면 누가 감히 바르지 않겠는가?"라고 말했다.376)

공자의 말뜻은 덕치德治 이데올로기에 의거하여 정명正名을 실천하려는 의지라고 볼 수 있다. 공자가 말하는 덕치는 수기修己한 다음에 치인治人하는 것이니, 치인治人을 하려면 먼저 수기修己하여 덕을 쌓고 바른 덕, 곧 정덕正德으로 솔선수범할 때 다른 사람도 반듯한 행동을 하며 따라오게 되어 있다는 뜻이다.

공자는 사회문제 해결을 위해 주나라의 문물과 예악의 회복을 주장했고 급변하는 사회의 혼돈 속에서 현실적 의미를 상실한 명분을 바로잡고자 하였다. 따라서 공자가 생각하는 정치란 사람을 바르게 만드는 것이었으며, 어떤 정치행위에서 정명正名 곧 바른 명분이 없다면 제대로 통치할 수 없다고 생각했다.

곧 정치는 나쁜 것이나 바르지 못한 것을 바로 잡는 것이고, 정의롭게(正義) 수행하는 것이며, 정도正道를 걸어야 하며, 정상적正常的이어야 한다.

사실 나라에서 정치적 실권을 장악한다든지, 이웃 나라와 전쟁을 하거나 세금을 더 걷는다고 할 때 그러해야 할 만한 정당한 이유나 근거가 없다면 곧 바른 명분이 없다면 해서는 안 되는 것이다. 이는 통치행위에서 목적이 있고 그 목적을 위해서는 수단이나 방법을 가리지 않아도 된다는 서구의 정치이론인 마키아벨리즘(Machiavellism)과는 본질적으로 다른 것이다.

---

376) 《논어 안연》 季康子問政於孔子. 孔子對曰, 政者正也. 子帥以正 孰敢不正. 여기서 正은 '바르게 하다'라는 뜻의 동사, 여기에 也가 붙어 명사화되었음. 〈帥 장수 수, 거느릴 솔〉 여기서는 '거느리다.'

06 공자는 정치적으로 보수주의자였는가?

'정치는 살아있는 생물(生物)'이라는 말이 있다. 이는 정치는 현실이며, 현실을 떠난 정치는 있을 수 없다는 뜻이다. 공자는 당시의 지식인이었고 자신도 정치에 뜻을 두었지만 정치적으로는 성취한 바가 거의 없었다. 대신 그의 정치사상은 정치일선에 나간 제자들에게 영향을 주었지만 그보다는 후세에 더 많은 영향을 끼쳤다.

공자가 살았던 당시의 정치 상황은 어떠했으며, 공자의 정치사상의 바탕은 무엇이었는가? 흔히 공자의 사상은 봉건적이라고 하는데 공자는 정치적으로 보수적이었는가?

 ## 춘추시대의 정치 상황

공자가 살았던 춘추시대는 주周나라의 전통 질서와 제도가 붕괴되고 제후국들의 다툼 속에 크고 작은 분쟁과 함께 백성들의 생활이 위협을 받는 혼란의 시대였다. 주나라의 정치제도의 근간은 주왕이 제후들을 분봉分封하고 제후들이 자기 영지내의 백성을 다스리는 봉건제도였다.

그러나 주 왕실의 쇠약과 제후국의 강성은 필연적이었고 혈연을 바탕으로 장자상속제를 근간으로 하는 종법宗法제도 또한 실력 앞에서는 아무런 의미도 없는 제도였다. 주나라 왕실은 쇠약해져서 명분상의 권위만 남아있고 제후국들은 번영과 안정을 목표로 여러 방책을 강구하는 상황이었다.

춘추시대는 청동기의 보편적 사용과 함께 농업생산도 증가하며 제후국 사이에 크고 작은 전쟁이 빈발하였다. 춘추시대 초기에 100여 개 이상의 크고 작은 제후국(사실은 성읍국가城邑國家)이 존재했었지만, 철기가 완전 보급되는 전국시대戰國時代에는[377] 진秦중심으로 전국7웅戰國七雄과 몇 개의 약소국만이 존재하게 된다. 이를 본다면, 춘추전국시대에 얼마나 많은 전쟁과 나라의 통폐합이 있었는가를 알 수 있다.

이 시대에 제후국의 통치자들은 백성들을 가혹하게 수탈했으며 강제 부역에 동원했고 그치지 않는 전란으로 백성들 모두가 참혹한 생활을 할 수밖에 없었다. 이러한 현실에서 공자는 백성들의 휴식과 안정을 위한 정치 곧 힘에 의한 통치 대신에 덕치를 주장했다.

노나라의 정치 현실

공자가 살았던 당시 주나라의 왕실은 아무런 권위나 실권도 없는 명목뿐인 왕실이었다. 주나라 왕실의 혈통에 가장 가까운 제후국인 노魯나라 역시 공실公室의 권력은 하나도 없고 소위 삼환三桓이라고 부르는 세 가문이 국가권력을 장악하고 있었는데, 특히 계손씨季孫氏가 국정을 주무르고 있었다.[378]

377) 전국시대의 시작을 언제부터로 잡느냐에 대해서는 크게 두 가지 주장이 있다. 한(韓), 위(魏), 조(趙)가 진(晉)을 멸망시키고 영토를 나눠 독립한 기원전 453년을 전국시대의 시작으로 보는 주장과 이들 삼국을 주왕이 제후국으로 공식적으로 인정해 준 기원전 403년을 정식 연도로 보는 2가지가 있다.

378) 《사기 공자세가》에 의하면 공자는 노 정공(定公 재위 기원전 510~495) 때 중도재(中都宰)라는 지방관을 거쳐 사공(司空)에 이어 법무장관격인 대사구(大司寇)로 승진했고 정공 14년에는 재상의 직무를 대행했다. 이 기간 역시 계씨가 노나라의 국정을 장악하고 있었다.

노나라는 특히 인접국인 제齊나라가 강성해졌기에 영토도 좁고 국세國勢도 약한 약소국으로 전락할 수밖에 없었다. 여기에 삼환의 후손에 의해 장악된 노나라는 공실의 힘은 더욱 약해졌고 국정과 예악은 매우 문란하였다. 공자는 이러한 정치적 현실에 실망할 수밖에 없었다.

공자가 특히 실망한 것은 예악의 문란이었다. 당시 최대 세력가인 계씨가 자신의 집에서 팔일八佾의 무舞를 추게 한 것을 보고 "이런 짓을 할 수 있다면 그 무슨 짓인들 못하겠는가?"라고 탄식했다.[379]

팔일은 한 줄에 8명씩 8열로 64명이 춤을 추는 천자天子(주 왕실)의 예악이었다. 그런데 제후국의 대부大夫가 이런 예악을 행한다는 것은 예악의 남용이며 붕괴라 할 수 있다. 예악의 문란은 국가 정치와 사회 질서의 문란이다. 이는 이미 주나라의 문물의 완전 붕괴라 할 수 있다.

이런 상황에서 주나라의 왕실의 권위 회복이나 주나라 초기의 정치로의 환원은 사실상 불가능했다. 공자가 주나라 초기의 정치나 문물을 칭송한 것은 주나라 초기의 예악에 의한 정치 곧 문화적인 정치질서를 회복해야 한다는 신념의 표현이었지만 통치적 측면에서 실질적 복귀는 상상할 수도 없었다.

 덕치의 이상

공자가 살아있을 때 제후국은 임금(보통 公이라 호칭) – 신하 – 백성으로 연결되는 세습적인 기본 틀이 있었고 이는 공자 이후에도 변함이

---

379) 《논어 팔일》 孔子謂季氏, 八佾舞於庭 是可忍也 孰不可忍也.

없었다. 그 당시의 새로운 정치질서를 모색한다 하여 세습을 타파한다는 것은 어느 누구도 생각하지 못했고 그럴 수도 없었다.

때문에 공자는 체제에 대한 도전이나 개혁을 주장하기보다는 통치자의 모범적이고 훌륭한 정치를 기대했다. 공자가 이상으로 생각하는 정치는 주나라 건국의 토대를 마련한 문왕文王과 문왕의 아들로 은殷을 멸망시키고 주나라를 건국한 무왕武王 시대의 정치였다.

공자는 "주는 그 이전의 하夏와 은殷 두 왕조의 정치를 계승하면서 찬란한 문물을 꽃피웠다. 나는 주나라의 문물을 따르겠다."고 말했다. 380)

또 예禮의 전통도 하, 은, 주 삼대三代에 걸쳐 계승되어 왔으니 주나라의 예는 면면히 계승될 것이라는 신념을 갖고 있었다. 381)

특히 공자는 문왕을 가장 이상적인 군주로 숭배하였다. 공자는 자신이 문왕의 이상을 실현할 수 있는 계승자라고 자부할 정도였다. 공자가 노나라를 떠나 여러 나라를 주유하면서 광匡이란 곳에서 심각한 위기에 처했을 때, 공자는 "문왕은 이미 죽었고 문왕의 이상은 나에게 이어졌다. 하늘이 문왕의 도를 없애려 하지 않는데 광의 사람들이 나를 해칠 수 있겠는가?"라고 말했다. 382)

이는 공자가 문왕의 정신적 후계자라는 강한 자부심을 갖고 있었으며 문왕의 정치적 전통은 당연히 계승되어야 한다는 강한 의지의 표출이었다.

---

380) 《논어 팔일》 子曰, 周監於二代 郁郁乎文哉. 吾從周.
381) 《논어 위정》 子張問十世可知也. 子曰, 殷因於夏禮 所損益 可知也. 周因於殷禮~.
382) 《논어 자한》 子畏於匡, 曰, 文王旣沒, 文不在玆乎. ~天之未喪斯文也 匡人其如予何.

동시에 공자는 문왕의 아들로 무왕의 동생이며 노魯에 분봉된 주공周公을 크게 숭배하였다. 공자가 숭배한 문왕은 덕치德治를 구현하였으며, 무왕은 과단성 있는 정치로 새 시대를 열었고, 주공은 주나라의 여러 제도와 문물을 마련한 훌륭한 인물이었다.

공자는 오랫동안 꿈에서 주공을 만나지 못했으니 이는 자신이 쇠약해진 증거라는 말을 했다.[383] 이 말은 자신이 주공의 후계자로 새 시대 상황에 맞는 문물을 마련해야 하는 책임감을 갖고 있지만 노쇠하여 실현 가능성이 없다는 한탄이기도 했다.

공자가 문왕과 무왕을 추앙했다 하여 공자가 복고주의자이며 봉건제도의 옹호자라고는 할 수 없다. 문왕과 무왕의 시대는 공자로부터 거의 600년 가까운 세월을 거슬러 올라가야 한다. 문왕과 무왕 이후 600여 년의 정치적, 사회적 변화와 발전이 있었는데 그것을 거스른다는 것은 절대 불가능한 일이고 공자 자신도 이를 잘 알고 있었다.

🕮 보수와 진보

공자가 문왕과 무왕이나 주공을 이상적 인물로 추앙한 것은 그들 이외 다른 이상형을 찾을 수 없었기 때문이다. 공자가 옛사람이 아닌 새로운 인물을 이상으로 생각한다 하여도 당시의 위정자를 설득할 수 있는 근거가 될 수는 없었다.

---

383) 《논어 술이》 子曰, 甚矣吾衰也. 久矣吾不復夢見周公.

공자가 자신이 생각할 수 있는 미래의 이상적 세계를 가지고 당시 집권자를 설득하려 했다면 그것은 하나의 공상일 것이다. 공자가 이상 세계를 구체화 하지도 못했고 미래에 대한 비전 제시가 없었다 하여 공자를 보수주의자라고 생각할 수는 없다.

미래로 나가자고 주장하는 진보와 옛 전통의 계승을 주장한다 하여 보수라면서 보수를 매도하는 것은 지금 우리나라의 현실에서 보는 이분법二分法일 뿐이다. 이런 이분법을 공자에게 적용할 수는 없다. 공자가 생각하는 문왕과 무왕 시대는 그 시대에 정치가 잘 이루어지고 백성이 편안했으니 그런 이상세계를 찾아가야 한다는 주장이지 그런 시대로의 시간적 복귀가 아니다.

이런 순환적 시간관념은 고대에는 보편적인 관념이었다. 실제로 르네상스 시대의 휴머니스트가 그리스와 로마의 인간중심적인 문화로 복귀하자던 주장은 중세 유럽을 고대 그리스의 세계로 되돌리자는 뜻이 아니었다.

공자 역시 마찬가지였다. 공자는 고대로의 복귀는 제도적 복귀가 아닌 이상의 복귀였다. 공자가 의고적擬古的 취향이 있었기에 온고이지신溫故而知新을 강조한 것도 사실이었다. 그러나 공자는 현세의 문제점을 바로잡아야 옛날의 이상세계로 돌아갈 수 있다고 생각했다. 곧 현실의 개혁을 주장할 수밖에 없었다. 그리고 현세의 실질적 집정자들에게 문왕, 무왕 시대의 이상을 설파한 것은 개혁적이었다. 그렇다면 공자는 현실개혁주의자였고 요즈음 시각으로 본다면 당연히 진보주의자로 분류되어야 한다.

그런데 여기서 위대한 사상가나 철학자에 대하여 보수주의자인가, 진보주의자인가를 구분하여 설명한다는 자체가 말이 안 된다. 사실 예수나 석가모니를 누가 그렇게 구분할 수 있고 칸트의 철학을 보수주의적 철학이라고 구분할 수 있겠는가?

백성들에게 인을 베풀고 훌륭한 정치 곧 덕치의 실현을 주창한 공자를 보수나 진보로 구분할 수는 없다.

07 공자는 정치적 현실 개혁을 주장했는가?

공자의 제자로 잘 알려진 자공은 만약 공자가 정치를 했다면 '백성들에게 생업을 마련해 주어 자립케 하고 백성들을 교화하여 바른길을 가게 했을 것이며 백성들을 화목하게 했을 것이다.'라고 말했다. 이는 요즈음 말로, 경제적 번영과 사회적 안정 그리고 소통과 화합에 의한 성공이라 할 수 있다. 사실 이 정도의 정치적 성공을 거둔 정치지도자는 많지 않다. 공자는 누가 어떻게 정치를 해야 한다고 생각했는가?

 현실참여와 실천적 노력

"군자는 행동보다 말이 앞서는 것을 부끄럽게 생각한다."고 공자는 말했다.[384]

공자가 볼 때, 언행이 일치하는 사람은 군자의 미덕을 갖춘 것이다. 말은 그럴싸하게 하지만 행동이 뒤따르지 않는 지식인들이 많은데 이는 군자가 취할 행동이 아니다.

군자의 언행은 언제나 당당해야 한다.

이는 자신을 스스로 반성하고 살피었을 때 허물이나 잘못이 없다는 의미이다. 그러한 사람이라면 무엇을 두려워하며 근심하고 걱정하겠는가?[385]

---

384) 《논어 헌문》 子曰, 君子恥其言而過其行.

385) 《논어 안연》 司馬牛問君子. 子曰, 君子不憂不懼. ~子曰, 內省不疚, 夫何憂何懼.

떳떳할 수 있다는 것이 그리 쉬운 일은 아니다. 마음에 조그만 미혹이나 욕심이 없을 때 그 행동은 떳떳하고 당당한 것이다. 소인이 늘 불안한 것은 언행이 정도에서 벗어난 것이 많기 때문이다. 부끄럽지 않게 당당하게 사는 사람이 바로 군자이다. 386)

군자가 정도正道의 실천에 뜻을 두고 있으면서 궁핍하게 사는 것을 부끄러워한다면 같이 도를 실천하거나 더불어 일을 추진할 수 없다. 뿐만 아니라 지사志士가 안락한 생활만을 추구한다면 지사라 할 수도 없다. 387)

군자는 현실을 외면하고 혼자만의 고고한 생활을 영위하는 사람은 아니다. 군자는 강한 의지를 가지고 실천에 적극적이어야 한다. 군자는 자신의 명리名利를 초월하고 자신이 인을 실천할 뿐만 아니라 현실에서의 인의 실현 곧 인이 실현되는 사회의 개조를 자신의 임무로 삼아야 한다.

온 사회를 개조한다는 그 무거운 임무는 군자가 죽어야만 끝나는 것이다. 그래서 군자의 책임은 무겁고 갈 길은 멀다고 하는 것이다. 388) 이는 도덕군자를 지향하는 지식인의 현실참여 이론이라 할 수 있다.

군자는 인仁을 떠나서는 존재할 수 없고 어떠한 경우라도 인을 잊어서는 안 되는 사람이었다. 공자가 '군자가 인을 실천한지 않는다면 어찌 이름을 남길 수 있겠느냐?' 라고 말한 것은, 389) 인의 실천이 곧 군

---

386) 《논어 술이》 君子坦蕩蕩 小人長戚戚.
387) 《논어 헌문》 子曰, 士而懷居 不足以爲士矣.
388) 《논어 태백》 曾子曰, 士不可以不弘毅, 任重而道遠. 仁以爲己任 不亦重乎. 死而後已 不亦遠乎.
389) 《논어 이인》 子曰, ~君子去仁 惡乎成名? 君子無終食之間違仁 造次必於是 顚沛必於是.

자의 바탕이며 임무라는 사실을 강조한 것이다. 군자는 단 한 순간이라도 인을 잊어서는 안 된다. 이렇듯 군자는 사회봉사와 개조를 임무로 삼아야 한다.

 ## 수기치인 修己治人

공자는 지식을 갖고서도 숨어사는 은자隱者가 아니라 적극적인 사회참여 의지를 갖고 있었다. 공자를 비난하는 은자들의 이야기를 전해 들은 공자는 "새나 짐승과는 무리지어 살 수 없다. 내가 그런 사람들과 살지 않는다면 누구와 살겠는가? 천하에 정도가 통한다면 내가 무엇을 바꾸려 하겠는가?"라고 말했다. [390]

이는 공자의 적극적 사회개조의 의지이다.

그러한 사회개조나 여건 개선의 현실적 책무를 가진 사람이 군자이다. 그러다 보니 군자는 자신의 일신一身만을 생각할 수는 없다. 사회의 모순을 보고 알면서도 은거하며 회피하는 독선적 행위는 사실 쉬운 일이다.

사회적인 난제를 풀어야 하고 악惡을 선善으로 환원시키면서 사회를 개조하여 안정과 번영을 이루는 것은 군자를 자처하는 지식인들의 임무라고 생각한 공자였다.

공자에게 농사를 묻는 제자에게 자신은 늙은 농부만 못하다고 말

---

390) 《논어 미자》 ~夫子憮然曰, 鳥獸不可與同羣 吾非斯人之徒與而誰與 天下有道 丘不與易也.

했다. 그러면서 공자는 윗사람이 예를 좋아하면 아랫사람들이 공경치 않을 수 없고, 위에서 의를 좋아하면 아랫사람들이 불복하지 않을 수 없다. 이렇게 되면 '사방에서 백성들이 모여들 것인데 왜 농사 방법을 알아야 하겠는가?' 라고 묻고 있다. [391]

곧 지식인의 지도하에 사회의 안녕과 질서 유지를 실례로 설명하였지만 공자의 이 말은 공자가 노동을 천시했다는 오해를 받기 딱 좋은 말이다.

이러한 분업이론은 그 실용성을 인정한다 하더라도 지식인이나 위정자가 특권을 갖고 군림하는 현실에 대하여 타당성을 입증하기에는 부족할 수밖에 없다.

공자가 생각하는 이상적인 정치는 군자라는 엘리트 그룹이 백성들을 덕으로 이끄는 것이었다. 그래서 "덕으로 다스리는 것은 마치 북극성이 제자리에 있고 나머지 여러 별이 북극성을 중심으로 회전하는 것과 같다"고 하였다. [392]

하늘은 위에 있고 땅이 아래에 자리한 것은 천지와 자연의 이치이고, 북극성이 제자리에 있다는 것은 위정자가 인덕을 지키며 존재하는 것과 같다. 여러 별이 북극성을 중심으로 회전하듯 백성들은 훌륭한 위정자를 중심으로 그가 이끄는 그대로 따라올 것이라는 이상론을 갖고 있던 공자였다.

그렇지만 공자는 집권자에 의한 폭정이나 자의적인 생사여탈 행위는 절대로 불가하다고 생각했다. 공자는 노나라의 집권자 계씨에게

---

391) 《논어 자로》 樊遲請學稼. ~. 子曰, ~ 上好禮 則民莫敢不敬 上好義 則民莫敢不服~.

392) 《논어 위정》 子曰, 爲政以德 譬如北辰 居其所而衆星共之.

"정도正道로 주군을 섬기다가 정도를 실천할 여건이 안 되면 물러나는 것이 나라의 대신大臣"이라고 정의하면서 비록 권력자의 가신家臣일지라도 "아비나 주군을 죽이는 패륜행위에는 결코 따라가지 않을 것"이라고 말했다.[393]

공자는 군자라면 우선 '경敬으로 자신을 수양修己' 해야 한다고 하였는데, 여기서 수양이란 인문적 교양을 쌓는 일이다. 그리고 통치자의 한 구성원이 되어 백성이 편안하게 생활하게 만들어야 하며, 이는 요堯임금이나 순舜임금도 어려워했었다고 제자에게 말했다.[394]

덕치는 애민愛民

공자가 문왕과 무왕의 정치를 통치의 모델로 생각했던 것은 그들이 덕치德治의 이상을 실현했기 때문이다. 물론 문왕, 무왕의 덕치가 구체적으로 무엇인가? 증거나 실적이 있는가? 건국자에 대한 신화적 윤색일 수도 있다. 공자가 생각한 것은 그런 역사적 인물에 의한 덕치라는 이상이 중요했다.

공자가 생각한 덕치의 근거가 되는 바탕은 인仁이었다.

공자의 인은 생존 당시의 시대 상황에서 백성들의 생활안정을 위한 정치이념으로 또 사회의 대립과 갈등을 완화시키는 방법으로 제시

393) 《논어 선진》 季子然問 ~ 子曰, ~所謂大臣者 以道事君 不可則止. ~子曰, 弑父與君 亦不從也.
394) 《논어 선진》 子路問君子. 子曰, 脩己以敬 ~ 曰, 脩己以安人. ~脩己以安百姓 堯舜其猶病諸.

된 이념이었다. 곧 인은 근본적으로 모든 사람들을 대상으로 전개되고 베풀어야 할 윤리였으며, 일반 하층민들보다는 상위 지배층에게 더 절실하게 요구되었다.

공자는 인을 실천하기 위한 정치적 방법으로 덕치를 주장하였는데 공자의 덕치는 결국 어진 마음으로 백성들을 대하라는 뜻이었다. 거기에서부터 백성을 위하고 백성을 소중히 여겨야 한다는 애민愛民 사상이 나왔으며 애민정책을 펴지 않아 백성들이 없다면 군주도 존재할 수 없다 하였으니, 이는 민주주의의 또 다른 표현이었다.

그리고 공자는 "혹 나에게 맡긴다면 1년이면 가능성을 보여줄 것이고 삼 년이면 성과를 낼 수 있을 것이다."라고 말하였다.[395]

그러나 실제로 공자를 등용하였는데 단기간에 이런 성과를 거둔다면 집권자의 지난날의 정치가 나빴다는 반증일 것이다. 바로 이점이 공자가 당시의 위정자들에게 수용되지 못한 이유가 아니겠는가?

또 계강자季康子란 사람이 공자에게 정치에 대해 물었을 때도 공자는 '정치란 바르게 하는 것이니, 당신이 바르게 이끈다면 누가 감히 바르지 않겠는가?' 하면서 바른 사람에 의한 정치에 자신감을 피력하기도 했다.[396]

그리고 계강자가 무도한 무리를 죽여 정도正道로 나가겠다는 의지를 표명했을 때 공자가 말했다. "정치를 하면서 어찌 살인을 합니까? 당신이 선해지려 한다면 백성도 착하게 따를 것입니다. 군자의 덕은 바람이고 소인은 풀입니다. 풀은 바람이 불면 반드시 눕게 되어 있습

---

395) 《논어 자로》 子曰, 苟有用我者 期月而已可也 三年有成.

396) 《논어 안연》 季康子問政於孔子. 孔子對曰, 政者 正也. 子帥以正 孰敢不正?

니다."라고 말했다. [397]

　이는 위정을 담당하는 군자의 솔선수범과 보통 백성들의 순종을
미덕으로 파악한 것이다. 이런 인식이 전혀 틀린 것은 아니지만, 백성
들을 순종의 주체로만 파악한 것은 2,500년 전 인식의 한계라고 볼 수
밖에 없다.

　공자의 정치사상은 그 당시의 현실적 상황과 관련이 있었다고 볼
수 있다. 통치자 자신에 의해 예의 붕괴나 폭정은 자체 지배력의 약화
뿐만 아니라 백성들의 저항을 불러오기에 통제에 의한 통치는 갈수록
힘이 들 수밖에 없을 것이다. 때문에 공자는 저항이 없는 통치를 지속
하기 위해서라도 덕치를 실행하여야 한다고 주장했다.

군자와 당파

　군자가 일상생활에서야 자기 신조를 지키며 생활하는 것은 그래도
용이하다고 할 수 있다. 그러나 조정에서 주군을 섬기거나 관직생활에
서는 자신의 바른 뜻이나 예를 남들이 이해해주거나 사실대로 평가받
기가 어려울 수밖에 없다.

　"예를 다하여 주군을 섬기더라도 아첨으로 생각될 수 있다."라는
말은 관직생활의 어려움을 대변하고 있다. [398]

　사실 오늘날에도 그러하지만 정치의 현장은 권모술수와 각종 비리

---

397) 《논어 안연》 孔子對曰, 子爲政 焉用殺. ~君子之德風 小人之德草. 草上之風 必偃.
398) 《논어 팔일》 子曰, 事君盡禮 人以爲諂也.

가 가장 많이 난무하는 곳이다. 정당이 만들어지고 사라지며 당파에 따른 이합집산은 정치에 관여하는 사람들 중에 군자가 아닌 소인이 많다는 강력한 반증이다.

군자는 여러 사람과 잘 화합하지만 동화同化하지 않는다. 소인은 동화할 수 있지만 화합하지 못한다. 399)

군자는 널리 사귀지만 패거리를 짓지 않고 소인은 패거리를 짓지만 널리 사귀지 못한다. 400)

군자와 소인의 차이는 대인관계에서 극명하게 드러난다. 군자는 널리 모든 사람과 정도로 사귀며 두루 화합한다. 그렇다 하여 군자의 개성을 버리고 부화뇌동附和雷同하거나 소수와 함께 패거리를 짓지는 않는다.

하지만 소인은 이득에 따라 부화뇌동하고 패거리를 짓는다. 두루 사귀지 못한다는 것은 사고가 보편적이지 못하고 편협하기 때문이며 패거리를 짓는 것은 이득을 따라 움직인다는 뜻이다.

공자가 설파한 군자의 모습에서 군자는 결코 어떤 편이나 패거리를 짓지 않는다. 그러나 소인들은 이득을 따라 언제나 이합집산離合集散을 거듭한다.

공자가 살았던 춘추시대의 사회풍조를 하극상下剋上으로 표현하는

---

399) 《논어 자로》 子曰, 君子和而不同 小人同而不和. 이 구절의 군자를 지배계층, 소인을 생산자 계급으로 설정한 뒤 '군자는 화(和, 화해)의 입장이고 동(同, 평등)의 입장이 아니며, 소인은 동의 입장이지 화(和)의 입장은 아니다' 라고 해석하는 것은 물질이나 정치에 주안점을 둔 해석이라고 생각한다. 필자는 이 구절을 군자와 소인의 인격적 차이를 논한 것이지, 지배자와 생산자 간의 사회경제적 입장 차이를 설명한 공자의 말이라고는 생각하지 않는다.

400) 《논어 위정》 子曰, 君子周而不比 小人比而不周.

사람도 있다. 사실 제후국에서 실력을 기른 집권자가 천자의 명을 받은 제후들을 꺾어 누르는 현상은 노나라에서도 그대로 나타났다.

그런 집권자들은 자신의 권력을 유지하고 강화하기 위하여 이합집산과 함께 이익을 차지하기 위한 진흙탕 싸움을 계속했다. 공자의 눈에는 그야말로 소인들의 욕망의 싸움이었으니 이런 싸움을 그치게 하기 위해서 정치에 종사하는 사람들의 도덕심이 중요하다고 생각한 공자였다.

군자는 한 개인의 이익이나 집단의 논리에 휩쓸려서는 안 된다. 군자에 의한 정치는 먼저 개인적, 도덕적 수양을 쌓아 군자가 된 뒤에 중용의 정도를 지키면서 백성들을 위해서 행하는 정치이니, 신분적 우월성에 의해 백성들에 대한 착취자가 된 군주와는 질이 다른 이상적 정치라 할 수 있다.

갈등의 조절—화和

예나 지금이나 어느 사회이든 계층은 존재하고 그 계층 간의 갈등은 정치 사회적으로 큰 문제가 되었다. 현재의 우리 사회에는 혈통에 따른 신분身分이 존재하지는 않는다. 그렇지만 가진 자와 못 가진 자를 구분하며 심지어는 1:99라는 극단적 구분으로 빈부 간 계층갈등을 자극하는 현상도 전개되고 있다.

공자가 살았던 그 시대, 그 사회에서도 지배계층과 피지배계층의 갈등은 있었다. 지배 계층의 착취에 의한 소유가 당연한 것처럼 인식되던 그 상황에서 공자는 계층 간의 화해和諧 곧 화和가 공자 정치관의 핵심이었다. 화和는 나와 다른 사람 간의 중용中庸이 실현되는 중화中和를 뜻한다.

가정에서 부모와 자식 간 입장이나 견해의 차이는 당연히 존재한다. 마을에서는 어른과 젊은이가, 사회에서는 귀족과 평민, 조정에서는 군신이나 상하 간의 갈등이 존재한다. 공자는 그러한 갈등을 이겨내고 조화와 중화를 이루는 원리로 인仁을 내세웠다.

부모와 자식 간의 갈등은 효도와 자애라는 인仁으로, 형제간의 재산 다툼이 있다면 우애라는 인으로, 그리고 지배와 피지배자 간의 갈등은 인정仁政으로 풀어야 온 사회가 화해를 이룰 수 있다고 주장하였다. 공자의 정치관의 요체는 인으로 이루는 계층 간의 조화 곧 화和에 있었다.

08 공자는 민본주의 사상을 갖고 있었나?

> 공자의 정치적 견해는 학덕과 바른 심성을 가진 군자가 정치를 담당해야 한다는 주장에서 출발한다. 곧 군자에 의한 통치는 백성의 안녕과 복리를 증진하는 정치라고 요약할 수 있다.
> 민주주의 시대에도 민본주의는 여전히 중요한 의미를 갖는다. 유럽에서도 그러하지만 우리나라에서도 모든 정당들이 복지향상을 주장하는데, 이 또한 민본정치의 또 다른 표현이라 할 수 있다. 공자가 생각한 민본정치의 요체는 무엇인가?

군자정은 위민정치

군자에 의한 정치는 군주정君主政이 아니다.

보통 군주라고 하면 민의와 상관없이 세습적인 지위를 갖는 사람이며, 군주정이란 그러한 군주에 의한 자의적인 정치를 의미한다.

그러나 공자의 군자정은 통치자가 수양과 도덕을 가진 군자로서 스스로 자신의 임무를 깨닫고 신하들을 예禮로 통솔하며 군도君道를 지켜나가고 신하는 충성으로 군주를 섬기면서 화합하는 덕에 의한 정치이다. [401]

공자는 덕에 의한 정치는 북극성에 제자리를 지키고 다른 모든 별

---

401) 《논어 팔일》 定公問, 君使臣 臣事君 如之何? 孔子對曰, 君使臣以禮 臣事君以忠.

들이 북극성을 중심으로 회전하는 것과 같다고 비유하였다.[402] 또 정치적 기술이 아닌 덕으로 이끌어야만 백성들이 따라온다고 강조한 것도 마찬가지 뜻이라 할 수 있다.[403]

실무를 담당하는 신하는 신하의 도리 곧 신도臣道를 지켜 나가는 것이 바른 정치였다. 공자는 신하가 군주를 섬길 때 거짓이 없이 정직하게 섬겨야 하며 면전에서도 바른말을 하는 것이 도리라고 가르쳤다.[404]

그리하여 군주는 군주로서, 신하는 신하의 역할과 책임을 다하는 곧 군도와 신도가 진정으로 하나가 될 때 나라는 잘 다스려지고 백성들은 편안하리라 생각한 것이 공자의 군자정치라 할 수 있다.[405]

곧 공자의 이러한 이상론은 엘리트를 위한 사회변화와 개량이 아니라 백성을 위한 것이었고 다만 그런 역할을 군자가 해야 한다는 뜻이었다.

 위정자의 잘못

공자 사상의 계승자인 맹자의 성선설性善說이나 순자荀子의 성악설性惡說은 인간의 본성에 대한 본격적인 논의이다. 그러면 성선 또는 성

402) 《논어 위정》 子曰, 爲政以德 譬如北辰 居其所而衆星共之.
403) 《논어 위정》 子曰, 道之以政 齊之以刑 民免而無恥, 道之以德 齊之以禮 有恥且格.
404) 《논어 헌문》 子路問事君. 子曰, 勿欺也 而犯之.
405) 《논어 안연》 齊景公問政於孔子. 孔子對曰, "臣臣 父父 子子. 公曰, 善哉! 信如君不君 臣不臣 父不父 子不子~.

악에 따라 백성을 이끌어 가는 정치나 통치에 대한 방법은 달라져야 할 것이다.

사실 공자는 인간의 본성에 대하여 체계적인 이론을 전개하지 않았다. 그렇다 하여 공자가 인간의 본성에 대한 자기 주관이나 신념을 갖고 있지 않았다고 말할 수는 없다.

《논어》에도 악惡이 여러 번 언급되고 있지만 《논어》에는 주로 사람들이 싫어하고 미워한다는 의미로 많이 사용되고 있다.

예를 들어 "오직 어진 사람만이 사람을 미워할 수 있다."라든지 "나이 40에도 미움을 받는다면 아마 끝난 것 아니겠는가?"라고 말했는데,406) 이럴 경우는 모두 '미워할 오(惡)'의 의미로 새겨야 한다. 이는 남의 미움을 받는 그 자체가 악이 아니겠느냐고 생각할 수 있지만 인간의 본성으로 악에 대한 본질을 언급한 것은 아니라고 생각할 수 있다.

공자는 선의 반대개념으로 본질적인 악이라는 실체에 대하여 심리적 근원이나 직접적인 탐구나 언급은 없이 인仁이나 선善의 상대적인 개념으로만 언급하고 있다. 이는 공자가 인간 행위의 내면에서 이루어지는 선악의 갈등을 이념의 대결구도로 생각하지 않았다는 뜻으로 해석할 수도 있다.

공자는 통치자의 악행은 어진 마음이나 선한 의지의 부족에서 나오고, 그 때문에 백성들이 고통을 받게 된다고 생각했다. 따라서 통치자들은 군자의 가르침에 따라 마음을 고치고 솔선수범하면 모든 악은

---

406) 《논어 이인》 子曰, 唯仁者能好人 能惡人.
　　《논어 양화》 子曰, 年四十而見惡焉 其終也已.

저절로 없어지고 상처는 치유된다고 보았다.

공자는 노의 실권자 계강자季康子에게 다음과 같이 말했다.

"정치는 바로잡는 것이니, 당신이 바른 통치를 하면 누가 아니 바르겠는가?"

"당신이 정말로 욕심이 없다면 백성들은 상을 준다 하여도 도둑질은 하지 않을 것이다."407)

공자는 "위정자 자신이 올바르면 명령을 아니 하더라도 실천되지만, 바르지 못하면 명령을 해도 백성들이 따르지 않는다."라고 말하였다.408)

또 "통치자가 예를 지키면 백성들은 부리기 쉽다."라고 하였다.409)

공자의 이런 언급은 위정자의 절대적인 솔선수범을 강조한 것이다. 여기에는 위정자의 잘못은 쉽게 바로잡을 수 있는 실수失手와 같은 것이라는 견해가 바탕에 깔려 있다고 볼 수 있다.

이는 위정자나 독재자의 장기적인 폭정이나 억압, 만행에 대한 곧 통치자의 악에 대한 본원적인 인식이나 분석을 간과하였다고 비판할 수 있다. 그러면서 위정자의 바른 인식이나 주관, 선행이나 솔선수범으로 피치자의 상처는 치유되거나 고통은 행복한 삶으로 전환될 수 있다고 생각한 것이다.

---

407) 《논어 안연》 季康子問政於孔子. 孔子對曰, 政者 正也. ~
    《논어 안연》 季康子患盜 ~ 孔子對曰, 苟子之不欲, 雖賞之不竊.
408) 《논어 자로》 子曰, 其身正 不令而行, 其身不正 雖令不從.
409) 《논어 헌문》 上 好禮 則民易使也. 여기서 好禮는 節用과 백성에 대한 사랑이라 해석할 수 있다.

📖 백성들의 신뢰

공자가 살았던 춘추시대에는 위정자의 착취와 탄압, 인적人的 동원에 대한 백성들의 저항이 있었을 것이다. 따라서 위정자에게는 백성에 대한 효과적인 통제가 가장 중요한 과제일 수밖에 없었다. 공자는 그러한 위정자들에게 군자통치의 최상의 원리라 할 수 있는 '신뢰의 획득'이 최우선이라고 강조했다. 공자의 이런 사상은 《논어》의 곳곳에서 볼 수 있다.

공자는 큰 나라의 정치라도 우선 백성들의 신뢰를 얻어야 하고 "근검절약하면서 사람들을 사랑해야 하며, 또 백성들을 부역에 동원하더라도 때를 맞춰 동원해야 한다"고 말했다.[410]

공자가 위衛 나라에 갔을 때 염유冉有가 수레를 모는데 공자가 번잡한 거리를 보고 감탄했다. 이에 염유가 나라의 백성들이 많으니 이들에게 무엇을 해야 하느냐고 물었다. 이에 공자는 우선 이들을 부유하게 만들어야 하며, 그 다음에는 백성들을 가르쳐야 한다고 대답했다.[411]

곧 그 당시에 인구가 많아야 크고 강한 나라였다. 그런 나라에서는 백성들을 경제적으로 안정시켜야 하고, 그 다음에는 백성들을 가르쳐야 하는 것이 당면 과제의 핵심이었다.

---

410) 《논어 학이》 子曰, 道千乘之國 敬事而信 節用而愛人 使民以時. 여기서 '愛人'에서 人은 君子 또는 노예의 소유자로서 愛의 대상이고, 民은 생산 활동에 종사하는 小人 또는 일반 平民으로 '사역을 시키는 대상'을 지칭한다는 주장도 있다. 공자가 人과 民을 구분하여 말한 것은 공자가 군자와 소인, 지배와 피지배의 사회 계급을 인정하는 사상을 갖고 있었다고 볼 수 있다.

411) 《논어 자로》 子適衛, 冉有僕. 子曰, "庶矣哉!" ~曰, 富之. ~曰, 敎之.

공자는 자공子貢이 정치의 요체를 물었을 때, 공자는 "족식足食과 족병足兵 그리고 민신民信"이라고 말했다. 이어 자공이 "그중 하나를 뺀다면 무엇을 뺄 수 있습니까?"라는 질문에 공자는 "족병과 이어 족식을 뺄 수 있지만 백성들의 신뢰가 없다면 나라가 존립할 수 없다"고 말했다. 412)

위정자에게 백성들의 신뢰는 이처럼 중요한 것이었다.

본래 위정자가 백성들의 신뢰를 얻지 못하면 백성들은 위정자가 자신들을 괴롭히고 억압하는 것으로 생각하게 된다. 또 대인관계에서도 신뢰가 형성된 다음에 바른말을 해야 하지 신뢰의 감정이 형성되지도 않았는데 바른말을 하면 비방으로 받아들이는 법이다. 413)

사실 이런 신뢰는 위정자와 백성 간의 소통이다.

아무리 바른 정책을 펴더라도 신뢰가 형성되지 않으면 반대에 봉착하게 된다. 소통은 신뢰를 얻기 위한 방법이지만 한두 번의 거짓말은 불신을 낳게 되고, 불신은 곧 저항으로 연결이 될 것이다.

공자는 공경과 너그러움, 믿음과 정확함, 그리고 은혜를 널리 베푸는 것이 바로 인仁을 실천하는 방법이라고 하였는데, 414) 이는 위정자가 백성들에게 베풀 수 있는 인덕仁德이라고 생각할 수 있다. 이처럼 위민정치의 시작과 끝은 백성들의 신뢰를 얻는데 있다고 볼 수 있다.

---

412) 《논어 안연》 子貢問政. 子曰, "足食, 足兵, 民信之矣." 子貢曰, ~曰, 去食. 自古皆有死 民無信不立.

413) 《논어 자장》 子夏曰, 君子信而後勞其民 未信 則以爲厲己也. 信而後諫 未信 則以爲謗己 也.

414) 《논어 양화》 子張問仁於孔子. 孔子曰, 能行五者於天下爲仁矣. ~恭寬信敏惠. ~

09 공자는 경제를 어떻게 보았나?

우리는 흔히 안빈낙도(安貧樂道)라는 말을 즐겨 쓴다. 가난 속에서도 마음의 평온을 얻을 수 있다면 더 이상 바랄 것이 없을 것이다. 그러나 많은 사람들이 안빈낙도의 인생관을 갖고 살아간다면 경제발전이 어려울 것이며, 빈곤 속에서는 학문과 예술의 발전을 기대할 수도 없을 것이다. 공자는 인간의 욕망이나 부귀에 대하여 어떻게 생각하였으며, 공자의 경제관념은 유용하고 바른 것이었는가?

 정당하게 얻어야 하는 부귀

공자는 재부財富라는 경제적 수단 자체를 부정하거나 선정에 의해 백성이 부유한 생활을 누리는 것을 결코 부정하지는 않았다. 선정에 의한 인구의 증가와 편안한 생활은 위정자가 당연히 염두에 두어야 할 이념이었다.

공자가 위衛나라에서 사람들이 붐비는 것을 보고 이 사람들은 부유하게 만들어야 하고, 그 다음에는 가르쳐야 한다고 말하였다. 말하자면, 풍족한 경제적 혜택을 베푼 다음에 예의나 염치를 가르쳐야 한다고 생각한 것이다.

공자는 인의仁義를 고려하지 않는 경제활동이나 부국강병에 반대했으며 부귀 그 자체가 군자의 적극적 추구 대상은 아니라는 생각을 갖고 있었다. 그래서 정말로 부자가 되어야 한다면 마부노릇이라도 할

수 있지만, 만약 그렇지 않은 것이라면 내가 하고 싶은 일을 할 것이라고 말하였다. 415)

공자는 "부귀는 누구나 바라는 것이지만 정도正道로 얻은 것이 아니라면 누리지 말라."고 하였다. 416) 이는 부귀에 대한 인간의 욕망을 자연적 사실로 인정한 것인데 다만 그것을 획득하고 누리는데 얼마나 정직한가를 문제 삼고 있다.

그리고 나라에 정도正道가 지켜지지 않는데 부귀해진다면 그것은 부정한 방법에 의해 얻고 누리는 부귀일 것이고 그런 부귀는 치욕이라고 생각하였다. 417)

공자는 탐욕에 의한 이익의 추구에 대해서는 매우 비판적이었다.

공자는 이利에 대해서 별로 말을 하지 않았다고 하였다. 그리고 사리사욕에 의한 이익 추구행동은 여러 사람의 많은 원망을 사게 된다. 또 군자는 의리에 근거를 두고 행동하지만 소인은 오직 이익만 추구한다고 하였다. 또 소리小利를 추구하면 큰일을 이룰 수 없다고 하였다. 418) 이런 여러 가지 언급은 사리사욕 추구가 인의에 어긋나기 때문일 것이다.

생존을 위해 불가피한 기본욕구는 충족되어야 하는데 생존을 목적으로 사는 사람들에게는 그 이상 더 고귀한 가치는 없을 것이다. 그러

---

415) 《논어 술이》 子曰, 富而可求也 雖執鞭之士 吾亦爲之. 如不可求 從吾所好.
416) 《논어 이인》 子曰, 富與貴 是人之所欲也 不以其道得之 不處也. ~
417) 《논어 태백》 子曰, ~邦有道 貧且賤焉 恥也, 邦無道 富且貴焉 恥也.
418) 《논어 자한》 子罕言利與命與仁.
　　《논어 이인》 子曰, 放於利而行 多怨. / 子曰, 君子喻於義 小人喻於利.
　　《논어 자로》 子夏爲莒父宰 ~ 子曰, ~欲速則不達 見小利則大事不成

나 공자는 자신의 생활이나 생존을 위해 인仁을 버려서는 안 되고 자신을 죽이더라도 인을 성취해야 한다는, 곧 살신성인을 해야 한다고 하였다.[419]

곧 학식이 있는 군자 또는 정치적 지도자에게 기본 욕구와 도덕적 가치가 충돌하거나 양립할 수 없다면 생존의 욕구를 버릴 수밖에 없다는 것이니, 생존을 위한 이익보다는 도덕적 가치를 추구하여야 하는 의무가 있다. 그러나 이를 모든 사람에게 또는 모든 상황에서 적용하거나 강요할 수는 없을 것이다.

이는 인간이 추구해야 할 가치가 경제적 성공 곧 세속적, 물질적 가치가 아니며, 이와 상대적인 가치 곧 도덕적 삶이나 학문적 추구나 탐색과 같은 별개의 가치가 실재한다는 의미였다.

경제 정의의 실천

공자는 자신도 안빈낙도를 누릴 뿐 불의에 의한 부귀는 뜬구름과 같다는 말을 했는데,[420] 이는 부귀를 고의로 배제한 안빈낙도가 아니다.

여기에는 자신의 의지와 상관이 없는, 곧 어쩔 수 없는 빈곤이라면 그러한 빈곤에 적응해야 한다는 의지가 담겨 있으며 부귀를 얻는 방법이 정직한 것이어야 한다는 신념의 표현이라 할 수 있다.

---

419) 《논어 위령공》 子曰, 志士仁人 無生以害仁 有殺身以成仁.
420) 《논어 술이》 子曰, 飯疏食飮水 曲肱而枕之 樂亦在其中矣. 不義而富且貴, 於我如浮雲.

그리고 공자는 군자가 가난을 걱정하여 먹고 살 길을 구하는 것은 바른길이 아니라고 생각했다. 군자는 인도仁道의 구현을 가장 중요한 과업으로 삼아야 하지, 먹고 살길 그 자체를 추구해서는 안 된다.

사실 농사를 지어도 흉년에는 굶주릴 수 있지만 학문에 힘쓰면 녹을 얻을 수 있다. 관리의 녹을 받으면 최소한 굶주리지는 않는다. 그러니 군자는 도를 걱정하지, 가난을 걱정하지 않는다고 하였다.[421]

공자는 정도正道에 의해 경제적으로 윤택해지는 것에 대해서 호감을 갖고 있었다. 위衛나라의 공자公子가 재산 관리를 잘해서 윤택한 생활을 하는 것에 대해 칭찬을 하고 있는 것을 보더라도 부귀 자체가 나쁜 것은 아니라는 생각을 갖고 있었다.[422]

공자는 재물이란 위급 상황에 처한 사람에게 도와줄 수 있는 수단이지, 부자를 더욱 부자로 만들어서는 안 된다고 생각하였다.[423] 이는 사회적 약자를 보호하고 부의 재분배에 의한 사회의 공동번영 곧 복지의 실현에 대한 출발선이라 할 수 있다.

공자는 부유한 생활을 하는 사람들을 나쁜 사람이라고는 생각하지도 않았다. 가난하다 하여 다른 사람을 원망하지 않는 것도 어려운 일이다. 그러나 부자이면서 교만하지 않는 것은 쉬운 일이라고 말했다.[424]

공자는 자공에게 가난하지만 아첨하지 않고 당당하며, 부자이면서

421) 《논어 위령공》 子曰, 君子謀道不謀食. 耕也 餒在其中矣, 學也 祿在其中矣. 君子憂道不憂貧.
422) 《논어 자로》 子謂衛公子荊, 善居室. 始有 曰 苟合矣. 少有 曰, 苟完矣. 富有 曰 苟美矣.
423) 《논어 옹야》 子華使於齊, ~子曰, ~吾聞之也 君子周急不繼富.
424) 《논어 헌문》 子曰, 貧而無怨難, 富而無驕易.

교만이 없는 것도 좋지만 그보다는 가난하더라고 즐길 수 있는 여유와 부자이지만 예를 좋아하고 따르는 것이 더 바람직하다고 말했다.[425]

그리고 부자가 재물을 많은 사람들에게 널리 베푸는 것은 인仁의 단계를 넘어선 성聖의 단계라면서 적극적인 시혜활동을 권장하였다. 자신의 재물을 남에게 줄 수 있는 일은 요堯나 순舜 임금도 마음대로 하지 못했던 성스러운 일이라고 했다.[426]

공자는 위정자의 입장에서 국부國富가 부족한 것이 아니라 고르지 못한 것(不均)을 걱정해야 하며 나라가 가난한 것이 아니라 불안不安한 것을 걱정해야 한다고 직설적으로 제자를 설득하였다. 그리고 고르게 분배되면 가난하지 않고, 평화로우면 부족하지 않고, 안정되면 기울지 않는다며 경제정의가 실현되었을 때의 나라 모습까지 설명하고 있다.[427]

이는 위정자가 어떤 정책을 취해야 하는가를 명시한 것이며 근대 국가의 경제정의나 복지정책과 하나도 다름없다고 평가할 수 있다.

이상의 몇 가지 공자의 언급을 종합한다면, 공자의 가르침은 충분히 자본주의와 연결될 수 있다. 공자는 부자들의 자유로운 경제활동이나 이윤추구는 사회정의 구현과 연결되어야 한다는 신념을 갖고 있었다고 분석할 수 있다. 그리고 위정자는 그들의 지위를 이용한 탐욕이나 무절제한 생활을 해서도 안 되지만 충실한 관리자 역할을 해야 한다는 신념을 갖고 있었다고 볼 수 있다.

---

425) 《논어 학이》 子貢曰, 貧而無諂 富而無驕, 何如? 子曰, 可也 未若貧而樂 富而好禮者也.

426) 《논어 옹야》 子貢曰, 如有博施於民而能濟衆 何如 可謂仁乎 子曰, "何事於仁! 必也聖乎! 堯舜其猶病諸! 夫仁者, 己欲立而立人, 己欲達而達人.

427) 《논어 계씨》 ~孔子曰, ~丘也聞有國有家者 不患寡而患不均 不患貧而患不安. 蓋均無貧 和無寡 安無傾.

10 공자는 경영학을 알았는가?

공자는 작은 노나라에서 4년 정도 관직에 있었지만 정치인으로서는 성공하지 못했다. 그 당시 실권자를 섬기며 관직에서 성공을 거둔 제자도 있고 거만의 부를 축적한 제자도 있었다.

특히 공자의 영향을 받은 제자들에 의해 유가 사상이 계승발전된 것은 공자의 교육의 성공이라 평가할 수 있다. 공자를 성공한 교육자이며 학교 경영자로 인정한다면 공자의 사상을 현대의 경영학과 연결하여 평가할 수 있는가?

경세에 관한 실학

공자의 제자 중에 자공子貢은 외교적 수완이 뛰어났으며 거만巨萬의 재물을 모은 갑부였고, 자로子路는 계손씨의 가신으로 군사적인 업무를 담당했다. 계강자의 가신인 염유冉有는 행정과 군사에서 실력을 발휘한 정치적 실무자였다. 공자는 스승으로서 이들에게 많은 가르침을 주었다.

현실 정치나 재물과 아무런 관련이 없는 생활을 했던 안연顔淵(顔回)이 도道를 물었을 때도 공자는 나라를 다스리는 것으로 대답하였다. 또 각자 인생의 포부를 말할 때도 역시 정치와 관련이 있는 설명이 있는데 이런 것을 종합한다면, 공자와 그 제자 모두가 현실과 관련된 학문에 관심을 갖고 있었으며 순수한 철학이나 인문학에 열중하지는 않았다고 보아야 한다.

제자 양성에 큰 업적을 남긴 공자 자신은 배움에 목말랐던 사람이었고 그렇게 체득한 학문을 남에게 베풀 줄 아는 사람이었다. 공자는 "묵묵히 깨닫고 배움에 싫증내지 않으며, 남을 가르침에 게으르지 않는 것이 어찌 내게 있겠는가?"라고 겸손한 말로 표현했지만,[428] 자신이 아는 것을 누구에게든 많이 베풀었던 공자였다.

더군다나 공자는 제자를 받아들이고 가르치는데 귀천이나 신분 등 어떠한 차별도 없었다. 그렇다면 공자의 사학私學은 요즈음으로 표현한다면 등록금도 없는 경영대학원의 지도자 과정과 유사했을 것이라고 추정할 수 있다.

공자는 단순한 인의 실천을 강조하는 종교적인 박애주의자가 아니었으며, 의례와 예악을 강조하며 관념적인 학문에 전부를 거는 이상주의자도 아니었다. 공자는 여러 직업을 겪어봤고 실질적인 생각과 업무를 강조하는 실천주의자였다. 다시 말해, 공자는 호학好學하는 실학자實學者로서 매우 현실적인 과제를 주제로 제자들을 가르쳤기에 제자들이 모여들었다고 보아야 한다.

그리고 공자의 제자들은 일정한 수준에 이르면 더 수준 높은 학문에 대한 관심을 갖기보다는 벼슬자리를 얻으려 했다. 때문에 공자는 "삼 년을 나에게 배우고서 벼슬을 생각하지 않는 사람을 찾기가 쉽지 않다."고 하였다.[429]

이러한 탄식은 공자의 문도들이 현실적인 욕구를 갖고 모여들었으며 공자는 그런 제자들에게 실학을 전수했다는, 요즈음말로 표현하면

428) 《논어 술이》 子曰, 默而識之 學而不厭 誨人不倦 何有於我哉.
429) 《논어 태백》 子曰, 三年學 不至於穀 不易得也.

경영학을 강조했다는 뜻으로 해석할 수 있다.

공자와 제자들의 문답인 《논어》는 세상의 경영 곧 경세經世에 그 효용성이 있고 경영학과 관련이 많은 책이다. 여기서 경영은 기업 경영이라는 차원을 넘어서 크게는 국가 경영, 좁게는 개인의 삶과 가족이나 인간관계 전반을 아우르는 다양한 의미의 경영으로 생각하여야 한다.

 ## 경제 정의에 대한 신념

공자가 부귀에 대하여 어떤 생각을 갖고 있는가는 공자의 경영이론에서 상당히 중요한 몫을 차지한다. 공자는 부귀를 혐오하거나 기피하지 않았다. 부귀는 모든 사람이 다 얻고자 하는 것이며 깨끗한 부자를 칭찬하기도 하였다.

다만 부를 추구하는 과정에서 의롭지 못하게 얻은 부귀라면 누리지 않겠다는[430] 의지와 청빈하고 낙천주의적 경제관념을 갖고 있었다. 그 당시에 기업이나 자유경제활동이 없는 시대였기에 의롭지 못한 부유함이란 곧 비도덕적인 행위를 의미했다.

그리고 공자는 부가 꼭 얻어야 할 것이라면 마부노릇이라도 하면서 돈을 모으겠지만, 꼭 얻지 않아도 된다면 자신이 좋아하는 일을 하겠다고 하였다.[431] 그리고 공자는 가난 속에서도 비굴하지 않게 처신

---

430) 《논어 술이》 子曰, ~. 不義而富且貴 於我如浮雲.

431) 《논어 술이》 子曰, 富而可求也 雖執鞭之士 吾亦爲之. 如不可求 從吾所好.

하기는 어렵지만 부자이면서 교만하지 않기는 쉽다면서, 겸손하면서도 예를 실천하는 문화적 교양을 즐길 수 있는 부자를 이상적 모델로 제시하였다. [432)

공자에게는 이웃 나라에 업무로 여행을 가면서 좋은 옷에 살진 말을 타고 갈 수 있는 부유한 제자도 있었고 끼니를 잇기 어려운 제자도 있었다. 부유한 제자에게는 경제적 지원을 하지 않으려 했는데 이는 '가난 구제가 우선이고 부자를 더 부자로 만들 수 없기 때문'이었다. [433)

반면에 공자는 살림이 어려운 제자에게는 적당한 보상을 주었는데[434) 이는 '가난하지만 비굴하지 않은 생활'에 대한 격려라고 볼 수도 있다.

공자는 자신의 제자 염유가 권력자 계손씨의 가신으로 백성들의 세금을 많이 거두자 "나의 제자가 아니니 너희들이 모두 성토해도 괜찮다."면서 극도의 혐오감을 표출하기도 했다. [435) 이는 부익부 빈익빈의 현상 곧 부의 편중을 비난한 것이며 명분이 없는 징세에 대한 공자의 분노라고 할 수 있다.

공자는 위衛 나라의 형荊 이라는 귀족이 재산을 잘 늘려나가는 것을 칭찬하기도 했다. 그는 재산이 조금 모아지자 '적당하다'고 말했으며 약간을 더 모은 뒤에는 '갖출 만큼 갖추었다'고 말했다. 그리고 부자

---

432) 《논어 헌문》 子曰 貧而無怨難 富而無驕易.
  《논어 학이》 子貢曰, 貧而無諂 富而無驕 何如. 子曰, 可也 未若貧而樂 富而好禮者也.

433) 《논어 옹야》 子華使於齊, 冉子爲其母請粟. ~吾聞之也 君子周急不繼富.

434) 《논어 옹야》 原思爲之宰 與之粟九百 辭. 子曰, 毋, 以與爾鄰里鄉黨乎.

435) 《논어 선진》 季氏富於周公 而求也爲之聚斂而附益之. 子曰, 非吾徒也 小子鳴鼓而攻之可也.

가 된 뒤에는 '보기 좋을 정도가 되었다'고 말했다.[436] 그 사람은 '부자이지만 교만하지 않은 사람'이었고 더 나아가 '부자이면서도 예를 지켜 행할 줄 아는 사람'이었다.

이는 현대의 노블레스 오블리제(noblesse oblige)와 같은 개념이며 부자의 사회적 책임의 일단을 피력한 것이라 볼 수도 있다.

신뢰와 정명

공자는 이러한 정치나 대인관계에서 신뢰(信)를 매우 중시하였다. 공자는 신의 없는 사람은 마치 바퀴가 없는 수레처럼 아무 쓸모도 없다고 비유하였다.[437] 신뢰는 현대 경영의 모든 CEO나 기업에 똑같이 적용되는 키워드(Keyword)이다.

공자의 제자 자하子夏도 이렇게 말한다.

"군자는 신뢰를 얻은 다음에 아랫사람을 부려야 한다. 만일 신뢰도 없이 사람을 부리면 괴롭힌다고 생각한다. 신임을 받은 뒤 바른말을 해야 하니 신임도 없이 바른 소리를 하면 비방한다고 여긴다."[438]

대인관계에서 상호간의 신뢰가 중요하다는 것은 현대 경영학 이론을 읽지 않아도 동서고금에 통용되는 진리이다. 현대 경영에서 강조하며 중요시되는 리더의 인격과 역량에서 중요시되는 것 중 하나가 리더

---

436) 《논어 자로》 子謂衛公子荊, 善居室. 始有日, 苟合矣. 少有日, 苟完矣. 富有日, 苟美矣.

437) 《논어 위정》 子曰, 人而無信 不知其可也. 大車無輗 小車無軏 其何以行之哉.

438) 《논어 자장》 子夏曰, 君子信而後勞其民 未信則以爲厲己也. 信而後諫 未信則以爲謗己也.

의 자기 수양이다.

공자는 《논어》의 여러 곳에서 정치적 지도자인 군자의 자질로 수 없이 강조한 것은 자기 수양이었다. 수기치인修己治人은 군자의 당연한 도리였다. 그렇다면 공자는 현대의 경영학자들이 강조하는 덕목을 이미 2,500년 전에 꿰뚫어 보고 있었다.

공자가 자기 인생을 되돌아보면서 60세에 순리대로 들을 수 있게 되었다는 뜻으로 '60에 이순(六十而耳順)'이라고 했다. 육십 이전 '오십에 천명을 알았고(五十而知天命)', 그 이전 40에는 어떤 유혹에도 빠지지 않는다는 뜻으로 '사십이불혹四十而不惑'이라고 하였다.[439)]

그런데 이 불혹과 지천명, 이순은 모두 상대방과의 믿음(信)에 대한 반응이라고 할 수 있다. 그만큼 인간 사회에서는 개인과 사회 그리고 국가에서 언어를 통한 신뢰가 중요한 것이다.

어찌 보면 공자에겐 '말이 원활하게 소통하는 상태'가 바른 사회이며 그렇게 만들어야 하는 의무를 가진 사람이 군자라고 생각했으며, 군자는 사회의 지도자이며 현대의 여론 형성그룹이며 또한 기업의 최고 경영자라고 할 수 있다. 공자의 소통은 곧 신뢰였고 신뢰가 무너졌을 때는 소통도 문제가 된다.

공자의 제자 재여宰予는 공문십철孔門十哲 중 언어분야에 뛰어난 제자였다. 공자는 재여가 낮잠을 자는 모습을 보고 '썩은 나무'와 같다며 심하게 질책을 했다. 그리고 "전에 나는 남을 대할 때 그 사람의 말을 듣고 그의 행실을 믿었지만, 이제는 말을 듣고 행실까지도 살피게

---

439) 《논어 위정》 子曰, 吾十有五而志于學 三十而立 四十而不惑 五十而知天命 六十而耳順 七十而從心所欲 不踰矩.

되었는데 이는 재여 때문이다."라고 말했다. [440)

공자의 이 말은 언사만 그럴듯하고 행동이 뒤따르지 않는 사람에 대한 강력한 불신의 표시였다. 말이 통할 수 있다는 것은 각자의 역할을 정확히 수행해서 신뢰가 쌓였다는 뜻이다. 이는 현대의 어느 기업이나 어느 조직에서든 마찬가지이다.

신뢰와 함께 공자가 강조한 것은 '관계와 행위에서의 정당성' 곧 명분名分이었다. 공자는 '바른 이름'과 함께 '이름을 바로 잡는' 정명正名을 강조하였다. 정명은 아버지라는 이름, 자식이라는 이름, 교사라는 이름처럼 직분의 명칭에 합당한 책임 완수와 의무이행을 수반한다.

회사의 이름을 걸고 하는 사업은 이름에 걸맞게 떳떳해야 하며, 사장의 이름표를 달고 있으면 사장으로서의 임무와 책임을 다해야 하는 것이 정명이다.

한 사람이 갖고 있는 여러 가지 이름, 예를 들면, 어느 학교의 교사이며 아무개의 자식이면서 아무개의 아버지라는 이름은 곧 사람됨의 상징이다. 이처럼 사람의 전부가 그가 갖고 있는 이름과 그대로 연관된다. 이런 관계에서의 정명은 때로는 명예를 의미한다. 이름을 빛내거나 더럽히지 않는다는 것이 바로 정명이다.

공자 이후 2,500년이 지난 지금의 어느 조직이거나 사회이든 또는 경영을 하거나 혼자 공무수행을 하더라도 공자가 강조한 신뢰와 정명正名은 여전히 핵심적인 주제어가 된다. 이처럼 공자의 사상은 곧바로 현대의 경영학과 통하고 있다.

---

440) 《논어 공야장》宰予晝寢. 子曰, 朽木不可雕也~ 子曰, 始吾於人也 聽其言而信其行 今吾於人也 聽其言而觀其行. 於予與改是.

11 충忠은 군주에 대한 충성을 뜻하는가?

유가의 여러 이념 중에 인과 예(禮) 못지않게 중요한 개념이 충효(忠孝)이다. 국가에 대한 충성은 옛날에는 전제군주에 대한 충성이었으며, 효도는 부모나 조상에 대한 섬김을 의미하기에 이를 강조하는 유가 사상은 봉건질서 유지에 매우 유용하였다. 그렇다면 공자가 강조한 충은 당시의 집권자에 대한 복종을 의미하는 충(忠) 사상이었는가?

 주군에 대한 충성

충신忠臣이라는 단어에는 황제나 군주 앞에서 허리를 숙이고 서 있는 옛날 신하의 모습이 연상된다. 현재의 우리나라 공무원들에게는 대통령의 신하라는 의미가 없다. 그래서 '국가를 위해 헌신하다'라는 말은 하지만 '국가의 충신'이라고 표현하지는 않는다. 일반적으로 충忠은 봉건 통치자를 위한 신하의 의무라고 생각한다. 그러나 군인은 국가에 충성忠誠을 바친다고 말한다.

《논어》에는 충에 대한 공자의 언급이나 설명이 많이 있다.

노나라의 통치자인 정공定公과의 대화에서 공자는 "군주는 신하를 예로 거느리고 신하는 주군을 충으로 섬겨야 한다."고 대답했다. 441) 이때 사군이충事君以忠은 신하가 주군을 위해 근무하는 복무태도를 설명

---

441) 《논어 팔일》定公問, 君使臣 臣事君 如之何. 孔子對曰, 君使臣以禮 臣事君以忠.

한 말이다.

노나라의 실권자 계강자季康子에게 공자는 "백성들을 정당하게 대우하면 백성들이 당신을 받들 것이며 효성스럽고 자애로우면 백성들이 충성을 바친다. 선행을 칭찬하며 모르는 것을 가르치는 것을 권면勸勉이라고 한다."고 대답했다.[442]

이는 계강자에게 백성들을 어떻게 다스려야 하는가를 설명한 것인데 어버이가 자식을 자애롭게 보살펴 주면 자식이 부모에게 효도하듯 백성들은 충성을 다할 것이라고 하였다.

그리고 자장이 정치에 관해 물었을 때, "백성을 다스리는 자리에 있으면 게으름을 피우지 말고 충실하게 실천하라"고 일러 주었다.[443] 이는 젊은 제자 자장에게 '위정자는 성실한 생활을 해야 한다.' 고 가르친 것이다.

초나라에서 세 번이나 영윤令尹(재상의 지위)이 되고 또 그만두었지만 기뻐하거나 슬퍼하지 않았던 자문子文을 어떻게 생각하느냐고 자장이 물었을 때, 공자는 그런 것이 충忠이지만 인仁에 도달한 것은 아니라고 말해 주었다.[444]

이상의 몇 가지 정치적 충忠에 대한 공자의 설명에는 통치자에 대한 절대복종이라는 의미는 조금도 들어 있지 않다.

공자는 위정자가 최선을 다해 성실하게 책임을 수행하는 것은 당

---

442) 《논어 위정》 季康子問, 使民敬忠以勸 如之何. 子曰, 臨之以莊則敬 孝慈則忠 擧善而敎 不能則勸.

443) 《논어 안연》 子張問政. 子曰, 居之無倦 行之以忠.

444) 《논어 공야장》 子張問曰, 令尹子文三仕爲令尹~. 子曰, 忠矣. 曰, 仁矣乎. 曰, 未知 焉 得仁.

연한 의무라고 생각하였다. 백성들 위에 군림하며 폭정을 행하는 군주에게도 충성을 다해야 하는가,라는 문제는 《논어》에 나타나지 않지만 적어도 위정자는 인을 실천해야 하며 임무를 성실하게 수행하는 것이 바로 충이라 생각하였다.

바른말을 해야만 충

공자의 제자 자로子路가 주군을 섬기는 방법을 물었을 때, 공자는 주군을 속이지 말 것과 바른말을 하라고 대답했다.[445]

여기서 거짓말로 속이지 말라는 것은 사실을 사실대로 보고하라는 뜻이다. 말하자면, 주군도 정확한 상황을 파악해야 하고 그런 실상을 알아야 정확한 판단이나 대처가 가능하기 때문이다. 주군이 싫어할 것을 예상해서 사실을 사실대로 보고 하지 않는다면 그것은 충이 아니다.

동시에 사실만 전달하고 공적인 상황만 언급해야 하지 주군에게 아첨의 말이나 불필요한 말을 하지 말라는 권고로도 해석할 수 있다. 이는 위에서 말한 주군은 예로 신하를 대하고, 신하는 충으로 주군을 섬겨야 한다는 말과 같은 맥락이다.

거짓 보고를 하지 말라는 말과 함께 바른말을 하라는 뜻은 원문에서는 범犯이라 표현하였는데, 이는 주군의 뜻에 어긋나는 일을 저지른다는 뜻이다. 말하자면, 주군의 뜻에 어긋나더라도 할 말은 해야 하며, 주군의 잘못에 대하여 목숨을 걸고 바른말을 하라는 뜻이다.

---

445) 《논어 헌문》 子路問事君. 子曰, 勿欺也. 而犯之.

이는 일본 무사들의 주군에 대한 절대 복종과 크게 다르다. 일본 무사들의 충성은 주군을 위해서라면, 주군이 부당한 처사를 하더라도 주군을 위해 당연히 목숨을 바치는 것이었다.

공자가 자로에게 대답해 준 주군의 뜻에 어긋나더라도 바른말을 하라는 것은 주군과 신하가 각각 독립된 존재이기에 주군은 신하의 몸과 뜻을 사유물私有物로 생각할 수 없다는 뜻이 들어있다. 곧 신하는 결코 주군의 수족手足(도구)이 되어서는 안 된다는 매우 합리적이고 진보적인 개념이라 할 수 있다.

공자가 살아있던 그 당시에 주군과 신하는 상하上下와 주종主從의 수직적 형태로, 주군은 신하를 일방적으로 지배하는 시대였다. 이런 관계에서는 주군의 독선獨善은 당연한 것이었으나, 공자는 주군과 신하가 서로 독립된 존재로서 이성적 사고思考를 바탕으로 각자의 소임을 다해야 하는 수평관계로 생각한 것이다. 이는 지금의 기업인이나 공무원들에게도 그대로 적용되는 아주 합리적이고 탁월한 개념이라 볼 수 있다.

 충忠은 성실

《논어》에서는 공자의 충에 대한 설명을 자주 볼 수 있다.

"군자는 충과 신(忠信)을 기본으로 하며 ?"446)

---

446) 《논어 학이》子曰, 君子不重 則不威 學則不固. 主忠信~. 이때 忠과 信은 仁에 대한 충과 신일 것이다.

"스승의 도는 충서忠恕 뿐이다." [447)

"조그만 마을에도 충실하면서 신의를 따르는 나와 같은 사람이 있 겠지만~" [448)

"스승께서는 학문과 실천, 충심과 신의를 가르치셨다." [449)

"말은 정성되고 믿음성 있게 하고 행실은 독실하고 공경스럽게~" [450)

위와 같은 공자의 말에서 충은 정성 또는 성실이라는 말로 모두 바 꿀 수 있다. 忠이란 글자는 中과 心이 합쳐진 글자이다. 이는 마음의 기둥이며, 마음이 갖는 신념이며 마음의 가치관이다. 또는 중심이 확 실한 마음이라고 생각할 수도 있다.

충은 외부에 표현되는 마음이 아니라 자신의 내부에서 흔들리지 않는 신념이며 자신에게 성실한 것이다. 공자는 어떠한 경우라도 인仁 을 생각하고 실천했으니 공자 마음의 중심은 인이었다.

친구와 이야기를 나누고 상대할 때 자신의 진심을 말하고 성실한 마음으로 대하는 것이 바로 친우에 대한 충이다. 그리고 일상생활에서 자기가 맡은 일에 최선을 다하려는 마음이 또한 충이다.

자신에게 충실할 수 있다는 것은 자신의 몸과 마음의 수양이 없으 면 불가능하다. 나에게 이러한 최선을 다하는 정성이 없다면 내가 어 떻게 인에 도달할 수 있겠는가?

---

447) 《논어 이인》 子曰, 參乎, 吾道一以貫之. ~曾子曰, 夫子之道 忠恕而已矣.
448) 《논어 공야장》 子曰, 十室之邑 必有忠信如丘者焉 不如丘之好學也.
449) 《논어 술이》 子以四敎, 文 行 忠 信.
450) 《논어 위령공》 子張問行 子曰, 言忠信 行篤敬~.

친한 벗에게 자신의 진심을 말하지 않는다면, 또 백성을 다스리는 자리에 있는 사람이나 윗사람을 섬기는 위치에 있는 사람이 진심이 없다면, 언사에 정성과 진심이 없다면 인에는 도달할 수 없다.

그래서 공자는 매사에 성실한 마음 곧 일상생활의 모든 면에서 충忠을 강조하였다. 충은 신하의 도리이지만 그렇다고 맹목적인 복종은 아니다. 폭군에 맹목적으로 복종한다면 자신의 마음속에도 포악함이나 폭력이 함께 있다는 뜻이다. 그런 경우에 충신忠信이 없기에 절대로 충신忠臣이 될 수 없는 것이다.

12 공자는 평등사상을 갖고 있었는가?

> 오늘의 평등사상은 인간은 누구나 하늘로부터 부여받은 인권을 갖고 있다는 인식에서 출발한다. 천부인권(天賦人權)의 자연권을 구현하고 보장하는 사회란 쉽게 만들어지는 것은 아니다. 그 때문에 오랜 세월에 걸친 논쟁과 투쟁이나 혁명이 있었다. 2,500여 년 전의 공자는 사회질서 유지의 방법으로 예악을 강조했는데 인권이나 사회적 평등에도 관심을 갖고 있었는가?

 백성에 대한 인식의 변화

중국의 공식명칭은 중화인민공화국中華人民共和國이다. 이 국명에서 인민人民은 우리나라 말로는 국민國民에 해당하는데, 人은 나라를 구성하는 개개인 곧 생물학적인 의미이고, 民은 공민公民의 권리를 가지며 동시에 각종 의무를 부담하는 개개인을 의미한다고 한다. 철학적으로 인민이란 '자연권自然權을 가진 자연인自然人의 집합'이라고 정의할 수 있다.

《논어》에서는 사람(人)을 최우선 가치로 인식하고 있다. 그렇지만 《논어》에는 인人과 민民을 서로 다른 뜻으로 설명한 곳이 많이 있는데, 어떤 학자들의 주장으로는 인은 지배층을 구성하는 자유인이고 민民은 생산활동에 종사하는 피지배계층을 지칭한다고 하였다.

노나라의 애공哀公이 공자에게 백성들을 어떡하면 복종하게 할 수 있느냐고 물었을 때, 공자는 "정직한 사람을 천거하여 부정한 사람들

을 다스리게 하면 백성이 복종한다."고 대답했다. [451]

또 노의 실권자인 계강자季康子의 질문에는 "당신이 백성들을 점잖게 대하면 백성들이 공경하며, 효성과 자애로 대하면 백성들은 충성하게 되며, 선인을 등용하고 모르는 백성들을 가르치는 것이 바로 선행을 권장하는 것이다."라고 일러 주었다. [452]

이처럼 《논어》에서는 민民을 피지배계층이기는 하지만, 복종을 유도해야 하거나 또는 그들의 동의나 찬성을 필요로 하는 의지를 가진 사람으로 서술되고 있는데, 이는 이들에게 저항의 힘이 있다는 것을 인정한 것이라 할 수 있다.

고대에 백성들은 위정자가 그 노동력을 동원하거나 착취할 수 있는 대상이었지만 백성들의 힘을 빌리더라도 올바른 명분이 있어야 부릴 수 있다고 생각하였다. [453]

그리고 지배계층이 소비를 줄여 백성들로부터 세금을 적게 걷는 것을 백성을 사랑하는 것이며 백성들의 노동력을 동원하더라도 때를 맞추어야 한다고 강조하였다. [454]

그리고 국가의 안정적 발전을 위해서는 백성들에게 신의를 지켜야 하는데 만약 백성들의 신의를 잃으면 국가의 존립이 위태로울 수 있다고 하였다. [455] 이는 백성들을 단순한 피지배층으로 본 것이 아니라 국

---

451) 《논어 위정》 哀公問曰, 何爲則民服. 孔子對曰, 擧直錯諸枉 則民服, ~.
452) 《논어 위정》 季康子問, 使民敬忠以勸 如之何. 子曰, 臨之以莊則敬 孝慈則忠. 擧善而敎
　　 不能則勸.
453) 《논어 공야장》 子謂子産, 有君子之道四焉, ~其使民也義.
454) 《논어 학이》 子曰, 道千乘之國 敬事而信 節用而愛人 使民以時.
455) 《논어 안연》 子貢問政. 子曰, 足食, 足兵, 民信之矣. ~自古皆有死, 民無信不立.

가에 위기를 초래할 수 있는 세력으로 인식한 것이다.

차이에서 오는 차등差等

공자가 피지배층의 존재 가치를 인정하면서 피지배층의 신뢰와 협조를 얻어야 나라가 융성 발전할 수 있다고 인식한 것은 매우 진보적인 인식이었다.

그러나 공자는 지배계층과 피지배계층은 분명한 차이가 있으며 그러한 차이에 따라 사회적인 차등이 존재해야 한다고 생각했다. 이는 인간이 자연권을 갖고 있지만 그 자연권이 곧 평등하지 않다는 인식이며, 이는 현대에서 계급적 이데올로기로 인식되었기에 공자는 낡고 타도되어야 할 봉건사상의 바탕이라고 인식되기도 하였다.

공자가 차이差異에 따른 차등差等을 주장할 수 있는 근거로는 다음과 같은 이유를 상정할 수 있다.

첫째, 당시의 백성들은 문자 해득의 기회가 없고 그런 능력을 갖고 있어도 지智와 우愚(어리석음)의 차이가 있다고 보았다.

공자는 인간의 본성은 비슷하지만 습관에 따라 또 학습 결과에 따라 지적능력이 최상위급인 상지上智와 최하급인 하우下愚는 바뀌지 않는다고 생각하였다. 456)

이런 차이가 있기 때문에 공자는 백성들을 위정자(군자)가 계몽하여 이끌고 갈 수 있는 존재일 뿐이지 자신들의 의사 결정을 하지 못하

---

456) 《논어 양화》 子曰, 性相近也 習相遠也. 子曰, 唯上知與下愚不移.

는 계층이라고 생각하였다. [457)

이는 백성들이 나라의 구성원이기는 하지만 그들이 나라 운영의 주체가 될 수 없다는 인식이었으며 국정에 대하여서는 군자가 잘 이끌면 되는 것이고 백성들과 더불어 의논하지 않아도 된다는 생각이라 할 수 있다.

공자는 제자 번지가 농사를 배우고 싶다고 말했을 때, 자신은 늙은 농부만큼 모른다고 대답한다. 그러면서 지배자가 예를 잘 실천하면 백성들은 성실히 잘 따라올 것이며, 덕으로 다스리면 이웃나라의 백성들까지도 자식을 데리고 찾아올 것인데 지배자(군자)가 어찌 농사를 짓는 생산 활동을 할 필요가 있느냐고 반문을 하고 있다. [458)

둘째, 능력의 차이에 따른 사회의 분업이 보다 효과적이라는 생각을 들 수 있다.

공자의 생각으로는 그 당시 문자를 모르며 사회의 정도正道를 알지 못하는 일반 백성은 군자의 가르침대로 생활하며 생산 활동에 종사하는 것이 가장 효과적인 분업이라고 생각하였다. 물론 전투와 같은 분업도 군자에 의해 잘 훈련받은 피지배층을 동원하여야 하며 백성들을 가르치지도 않고 전투에 참여시키는 일은 백성들을 버리는 것과 같다고 하였는데, [459) 이 또한 효과적인 사회분업이론이라 할 수 있다.

공자는 인을 실천하고 도덕적 예를 실천하는 주체인 인간의 능력

---

457) 《논어 태백》 子曰, 民可使由之 不可使知之.

458) 《논어 자로》 樊遲請學稼. 子曰, 吾不如老農. ~上好禮 則民莫敢不敬, ~則四方之民襁負其子而至矣 焉用稼.

459) 《논어 자로》 子曰, 善人敎民七年 亦可以卽戎矣. / 子曰, 以不敎民戰 是謂棄之.

을 의심하지는 않았다. 이는 인간 존재의 평등성이라 할 수 있다. 그러나 지적 능력의 차이가 엄연히 존재하고 교육 기회의 유무에 따라 자질의 차이가 분명히 존재하기 때문에 이런 차이를 바탕으로 차등적 역할을 담당하는 것은 자연스러우며 효과적이라고 생각하였다.

그러하기에 능력에 따른 사회적 분업은 당연한 것이다. 곧 학문을 할 수 있는 군자는 지배층으로서 피지배층을 가르치고 시범을 보이며 사랑으로 이끄는 것이 당연한 의무이다.

그리고 일반 피지배계층은 지배 계층의 지도를 따르는 것이 당연하다는 '차이에 따른 차등사회'를 주장하였다.

13 공자에게 정의란 무엇인가?

현대사회에서는 정의가 윤리 영역 이외에 사회질서나 분배, 정치 분야에까지 두루 쓰이게 되면서 정의의 개념이 매우 폭넓게 확대되었다. 그리하여 정의에 대한 정의(定義)에서부터 정의의 선택과 공리(功利), 공동선(共同善)의 실천에 이르기까지 효과적인 정의인가를 생각하게 된다.

유가의 5가지 덕목(인의예지신 仁, 義, 禮, 智, 信)의 하나인 의는, 선비나 바른 행실의 사나이가 반드시 마음에 새겨두고 실천해야 할 덕목으로 인식되어왔다. 그렇다면 공자는 정의를 어떻게 보았는가?

 ## 실천과 행동을 위한 준칙

의義는 '옳을 의'로 훈독하는데 바른 도리나 행위라는 뜻으로, 어떤 행위를 하는 이유나 도덕이 대상이나 상황에 적합한 상태라고 할 수 있다. 현대에서는 보통 정의正義나 도의道義 또는 의리義理, 의기義氣로도 많이 사용된다.

특히 사나이의 세계 또는 무림소설 속에서 의리가 강조되지만 그때는 그들의 세계에서만 통하는 것이기에 정의라는 표현이 적합한가는 한 번 더 생각해 보아야 한다.

공자의 학문세계는 현실적이고 실천적이라는 두드러진 특성을 갖고 있다. 공자가 강조하는 인仁은 이론이 아니고 실천이다. 실제로 공자는 실천이 따르지 않는 인이나 예는 아무런 의미도 없다고 생각하였다. 곧 군자에게 인을 실천하는 것은 당연한 의무인데 그 실천의 의지는 말보다도 훨씬 중요한 것이었다.

"말할 것을 먼저 실행하고 뒤에 말을 해야 한다." 460)

"옛사람이 말을 아낀 것은 실천하지 못하는 것을 부끄러워했기 때문이다." 461)

"군자의 말은 느리고 행동은 빨라야 한다." 462)

이상의 말들은 공자가 언행일치를 강조한 것이다. 결국 중요한 것은 행동이나 실천인데 군자가 취하는 행동이나 실천에는 어떠한 준칙이 있어야 한다.

공자는 그러한 준칙으로 의義를 표방했다. 《논어》에서 군자의 생활은 언제나 의로워야 한다고 강조하였는데, 이는 의가 군자 스스로 선택하는 의지라는 뜻이다. 강요가 아닌 선택하는 의지는 자유 의지이다.

공자는 의義를 군자의 당연한 의무의 하나라고 강조하였다.

"성실과 신의를 근본으로 삼고 의를 실천하는 것은 덕德을 높이는 것이다." 463)

"군자는 의를 바탕으로 예를 행해야 한다." 464)

의義에 대한 정의定義가 어떻게 내려지든, 의는 인간의 의지를 실천하거나 행동에 대한 적합한 준칙準則이라는 점에는 틀림이 없다. 공자 이후 특히 한대漢代에는 인의仁義의 실천이 강조되는데, 이는 인이라는 이념과 함께 의라는 실천덕목을 나란히 강조한 것이다.

---

460) 《논어 위정》 子貢問君子. 子曰, 先行其言而後從之.
461) 《논어 이인》 子曰, 古者言之不出 恥躬之不逮也.
462) 《논어 이인》 子曰, 君子欲訥於言 而敏於行.
463) 《논어 안연》 子張問崇德辨惑. 子曰, 主忠信 徙義 崇德也. ~
464) 《논어 위령공》 子曰, 君子義以爲質 禮以行之, ~.

의는 정도正道의 실천

의롭지 않다면 그것은 불의不義이다. 불의는 군자가 취할 행동이
아니었다.

일상생활에서 의를 실천하지 못하는 것은 군자의 생활이 아니었
고, [465] 군자는 이득이 눈앞에 있다면 의를 생각하고, 의롭고 당당하다
는 것을 확인한 다음에 취해야 한다.

오두막에서 나물을 먹고 살면서도 낙을 추구하는 사람이 군자이
다. 청빈한 속에서 낙을 찾을지언정 불의에 의한 부귀는 공자에게 뜬
구름처럼 허망한 것이었다. [466]

많은 사람들이 갖고자 하는 부귀가 불의로 얻어지는 사례가 많은
것을 알기에 그 부귀 자체가 뜬구름처럼 쉽게 사라질 수 있다고 인식
한 공자였다.

《논어》에서 의는 주로 재화財貨나 이득에 대한 군자의 태도나 처신
과 관련이 있다. 사실 의롭다는 신념이 있더라도 그것을 실천하지 못
할 수도 있다는 걱정을 누구나 하게 된다. 공자 자신도 "의를 듣고도
실천하지 못하거나 선하지 않은 것을 고치지 못하는 걱정"이 있었
다. [467]

사실 의를 보고도 실천하지 못한다면 용기가 없는 것이며, 이는 불
의의 자행을 방조하거나 아니면 방임하는 것이니 결과적으로 악을 행

---

465) 《논어 위령공》 子曰, 羣居終日 言不及義 好行小慧 難矣哉.
466) 《논어 술이》 子曰, 飯疏食飮水 ~ 不義而富且貴 於我如浮雲.
467) 《논어 술이》 子曰, 德之不脩 學之不講 聞義不能徙 不善不能改 是吾憂也.

하는 것이다. 때문에 인의를 실천하는 사람은 위기에서는 목숨도 내어 줄 수 있는 것이 군자라고 공자는 생각했다. 468)

"군자가 살아가는 데에는 고집이나 부정이 아닌 의만을 따라야 한다." 469)

사실 군자에게 의는 바른 품격을 유지하는 방법이었다.

군자는 의를 가장 으뜸으로 여겨야 하는데 군자가 용기만 있고 의가 없다면 그것은 혼란이며, 소인이 용기만 있고 의가 없다면 그것은 도적질이 되는 것이다. 470)

"위에서 의를 좋아하면 백성들은 저절로 따라오게 되어 있다." 471)

군자는 의를 바탕으로 예를 배워야 하고 의와 불의를 변별하기 위해서라도 자기 수양과 배움이 있어야 한다고 공자는 제자들을 가르쳤다. 이처럼 군자가 정의를 실행하는 것은 바른 정치에 도움이 되는 것이며, 이는 결과적으로 국가와 백성을 위한다는 공리적 성격을 갖게 된다. 따라서 군자의 의로운 행동은 그 혜택이 최종적으로 일반 백성들에게 돌아간다는 논리가 나온다.

공자는 의를 실천하는 것은 용기라고 생각했다. 의가 무엇인가를 알면서도 실천하지 않는 것은 용기가 없는 것이라 말한 공자였다. 472)

군자가 의를 알고 실천하는 것은 당연한 도리이며 이는 개인의 습

468) 《논어 헌문》 子路問成人. 子曰, ~見利思義 見危授命, ~.
469) 《논어 이인》 子曰, 君子之於天下也 無適也 無莫也 義之與比.
470) 《논어 양화》 子路曰, 君子尙勇乎? 子曰, 君子義以爲上 君子有勇而無義爲亂 小人有勇 而無義爲盜.
471) 《논어 자로》 樊遲請學稼. 子曰, ~上好禮 則民莫敢不敬~.
472) 《논어 위정》 子曰, 非其鬼而祭之 諂也. 見義不爲 無勇也.

성에 따른 기계적인 행동이 아니다. 물론 의에 대한 자각과 실천에는 어느 정도의 단층이 있고 그 단층을 뛰어넘기 위해서는 용기가 있어야 하는 것이니, 용기란 의義를 실천하려는 의지意志라고 풀이할 수도 있다.

의를 당연히 실천해야 한다는 것은 누구나 알고 있지만 실제로 실천까지는 까마득하게 멀리 보이기도 하고 내외적으로 강한 저항을 이겨내기도 해야 한다. 의의 실천은 이런 것들을 뛰어넘을 때 비로소 가능한 것이다.

📖 의리의 다양성

의義라는 개념은 불변의 진리가 아니다.

인仁을 지향하고 선善을 실천하기 위한 의지가 의라는 의미에는 변함이 없다. 그러나 여기에도 주관성과 객관성을 따져 보아야 한다. 비슷한 수준의 도덕심과 실천력을 가진 두 사람이 생각하는 인에 대한 평가가 언제나 일치할 수는 없을 것이다.

인이나 의라는 개념에는 일정한 객관성이 없다. 심사하거나 분석하여 또는 계량화計量化하거나 객관적인 수치로 판단할 수도 없다. 그렇다면 의리에 어떻게 객관성을 부여하겠는가?

그리고 인이라든지 선이라는 것도 상황에 따라 유동적이다. 한번 인仁이면 영원한 인은 아니다. 유동적이고 상황에 따라 다르게 인식될 수밖에 없다.

예를 들어, 고려 말기 정몽주의 충성은 고려 왕실과 신하의 의리 곧 군신유의君臣有義의 대표적 사례이다. 정몽주가 도탄에 빠진 백성들의 생활을 모를 리 없었고 이를 극복하기 위한 개혁과 새 정치의 필요성을 절감했을 것이다. 그러나 국왕과 왕실에는 그만한 현실개혁 의지나 능력이 없다는 것도 잘 알고 있는 정몽주였다.

결국 혁신적인 신흥사대부와 이성계로 대표되는 무신들에 의해 현실개혁이 이루어져야 하고 결국 새 왕조가 성립될 것까지도 정몽주는 예상하고 있었을 것이다. 그러나 정몽주는 자신은 고려의 신하이고 고려왕실에 충성을 다 바칠 의무가 있으며 그런 의무를 수행해야 하는 의리를 실행해야만 한다고 생각했다.

그렇다면 정몽주가 충성과 의리로 죽음을 담담하게 받아들였는데 이는 누구를 위한 의리였는가? 고려 왕조에 대한 충성과 의리는 극소수에게는 표창 대상이지만 조선왕조 측에서는 정당성에 대한 거부행위였다. 물론 조선왕조에서도 정몽주의 충성심을 폄하할 뜻은 없었지만 그렇다고 정몽주의 의리를 높이 선양할 필요성도 없었을 것이다.

정몽주 외에도 고려에 대한 충성심으로 조선왕조에 참여를 거부하고 두문동杜門洞에 숨어버린 72인의[473] 의리가 항상 같은 의미를 갖고 있지는 않을 것이다.

결론으로 의리는 고정성도 있지만 개방적이며 유동적인 개념이다. 그 의리의 개념과 실천은 언제나 바뀔 수밖에 없다. 때문에 의義는 언제나 적합성適合性에 근거를 두고 말하게 된다. 그렇다면 의는 의宜(마땅할 의)이어야 한다.

---

473) 두문동칠십이인(杜門洞七十二人)은 새 왕조 조선을 섬기는 것을 거부하고, 경기도 개풍군 광덕산 두문동에 들어가 절의를 지켰던 옛 왕조 고려의 충신 72인. 두문동칠십이현(杜門洞七十二賢)이라고 부르기도 하는데 조선 정조 때 왕명으로 표절사(表節祠)를 세워 배향(配享)하였다. 이들에 대한 이야기를 전설로 보는 견해도 있다.

14 중용中庸이란 무엇인가?

지나치거나 모자라지도 않고 치우치지도 않으며 언제나 변함없이 고른 것을 보통 중용(中庸)이라고 한다. 중용은 곧 중정(中正)의 상도(常道)라 할 수 있다. 중용은 누구나 쉽게 지킬 수 있으면서도 철저하게 지키기는 성인(聖人)도 어렵다고 하였다. 그리고 중용은 완전한 선(善)이며 완전함 아름다움이라고 한다. 공자는 중용의 덕을 제자들에게 무엇이라 가르쳤는가?

 중용과 중립

우리는 이쪽저쪽 어느 편에도 속하지 않는 것을 중용中庸이라고 생각하는 경우가 있다.[474] 그러나 중용과 중립中立은 결코 같은 뜻이나 같은 입장이 아니다.

중용은 자신의 확고한 신념에 의해서 어느 한쪽에 치우치지도 않으며 지나치거나 모자라지도 않게 균형이 잡힌 사고思考를 한 뒤 취하는 바른 행동을 의미한다. 물론 자신의 중용 의지를 당당히 밝히며 자신의 주관을 굽히지 않는 용기가 수반되어야 한다.

---

474) 책 이름으로서 《중용(中庸)》은 《논어》, 《맹자》, 《대학(大學)》과 함께 사서(四書)라고 부른다. 이중 《대학》과 《중용》은 본래 《예기》의 한 편명이었지만, 주자(朱子)가 이를 분리시켜 독립된 경전으로 삼고 강조하면서 유가의 기본 경전이 되었다. 《중용》에서는 어느 한쪽으로 치우침이 없으며 조화를 이루는 '중화(中和)'와 '변함없는 정성(至誠)'을 중시한다.

그러나 중립은 자신의 선호나 혐오가 있으면서도 자신의 입장을 표명하지 않고 이쪽저쪽에 편들지 않는 것이다. 옳다는 확신이 있으면 옳은 쪽에 서야 하거늘 중립이라면서 아무런 의사 표시를 하지 않는 것은 결과적으로 악을 도울 수도 있는 것이다.

다르게 말한다면, 시비是非와 선악善惡에 대한 분명한 기준을 가지고 자신의 감정을 확실히 표현하지 않는다면 이는 중용이 아니다. 선악에 대한 가치 판단의 유보나 회피는 선악을 혼동케 할 수 있으며, 악에 의한 선의 소멸을 초래할 수도 있다.

선은 선이고 악은 악이라는 분명한 식별과 단호한 구분은 악을 물리치기 위해서라도 꼭 필요하다. 선악의 구분이 모호하고 대처가 분명하지 않다면, 이는 곧 악에게 밀리고 악의 승리를 지원하는 것이다. 공자의 말은 선을 지키기 위한 군자의 단호한 의지를 표현한 것이다.

요즈음의 시대조류에 중용이란 이도 저도 아닌 회색분자적灰色分子的 사고라고 오해하는 사람이 많은 것도 사실이다. 이는 시대의 혼탁한 조류에 휩쓸려 떠나려가면서 인기에 영합하려는 일부 사이비 학자나 정치인들의 악영향일 것이다. 이러한 인기 영합주의자들을 공자는 향원鄕愿이라고 불렀다.

향원은 글자 그대로 마을 사람들한테 인기나 얻으면서 이리저리 줏대 없이 흔들리는 사람이다. 원칙을 수시로 바꾸는 사람이 향원이며, 이해관계에 따라 이렇게 말을 했다가 저렇게 말하는 사람이 또한 향원이다. 불평불만이 많은 사람들에게 저질의 언행으로 인기를 얻는 위선자나 그런 위선자를 이용하는 정치인이 바로 21세기의 향원이다.

무식한 소인이야 남에게 적극적인 폐해를 주지는 않지만 향원은 오히려 남에게 적극적인 폐해를 준다. 그래서 공자는 향원은 '덕을 망

치는 것德之賊也'라고 준엄하게 갈파했다. 475)

 ## 인의 실천과 중용

공자는 일상생활에서 양 극단을 배제하며 합리적인 최선의 가치를
추구하였다.

공자는 "내가 아는 것이 있는가? 아는 것이 없다. 어떤 미천한 사
람이 내게 무엇을 묻더라도 나는 쉽게 대답해주지 못한다. 나는 그 양
쪽 끝을 설명해 주는 것이 고작이다."라고 말했다. 476)

공자의 이 말에서 양쪽 끝을 설명해 주는 것(원문을 글자 그대로 직
역하면 양쪽 끝을 두드리는 것을 다한다)이란 어떤 생각이나 일의 극과 극
을 설명해 준다는 뜻이다. 곧 극단의 폐단을 알게 해 주어 중용의 도리
를 깨우치게 한다는 뜻이다.

공자는 제자들에게 군자君子가 되어야 한다고 늘 강조했고 또 그렇
게 가르쳤다. 우선 행동 철학을 놓고 볼 때 군자와 소인은 중용中庸과
반反 중용의 차이가 있다.

군자는 중용의 미덕을 지키지만 소인은 반중용反中庸이며, 군자의
중용은 시의에 적합한 중용이지만, 소인의 중용은 아무런 거리낌도 없
이 하고 싶은 것을 다 하면서 중용이라고 한다. 477)

---

475) 《논어 양화》 子曰, 鄕愿 德之賊也.
476) 《논어 자한》 子曰, 吾有知乎哉. 無知也. 有鄙夫問於我 空空如也. 我叩其兩端而竭焉.
477) 《중용 31장》 仲尼曰, 君子中庸 小人反中庸. 君子之中庸也 君子而時中, 小人之中庸也
小人而無忌憚也.

사실 중용을 지킨다는 것은 군자로서의 수양이 없으면 불가능한 것이다. 때문에 공자는 "중용의 덕은 매우 큰 것인데 오래전부터 보통 사람들은 이를 지키지 못했다."고 말했다.[478]

그렇다면 공자가 이처럼 중용을 강조한 이유는 무엇인가?

중용은 군자의 일신을 위한 처세의 방법이나 기술이 아니다.

공자가 강조하는 인仁은 중용에 의하여 실현된다. 극단에 치우친다는 것은 절대적인 기준을 가지고 선택하거나 배제한다는 의미이다. 그러한 극단적 사고와 선택에는 인간에 대한 어짊이 자리할 수가 없다. 백성이나 나라 전체의 이로움보다는 개인이나 집단의 이익을 위한 선택이 강요되기도 한다. 그러한 강요에는 합리적 사고가 배제되기도 한다.

중용은 중간에 서거나 가운데에 머무는 것이 아니다.

그리고 양 극단을 배제하는 것이 중용도 아니다. 심사 위원 여러 사람이 부여한 점수 중 가장 높은 점수와 가장 낮은 점수를 버린다고 해서 중용이 되는 것은 아니다. 중용은 단순한 수치로 계산할 수 있는 개념이 아니다.

인은 절대적인 행동기준이 아니다.

숫자로 0 아니면 100이라고 표현할 수 있는 개념이 아니다. 때와 장소에 따라 상대에 따라 적용이 달라지는 개념이 인이다. 한 사람의 행동이 인으로 평가된다 하여도 그 행동을 다른 사람에게 적용했을 때 인이 아닐 수도 있다.

지혜로운 선택이나 판단은 만물의 이치나 사리事理를 정확하게 파

---

478) 《논어 옹야》 子曰, 中庸之爲德也 其至矣乎. 民鮮久矣.

악했을 때에야 가능하다. 상황에 따른 변수를 또는 변화를 파악할 수 있는 안목이 있어야 한다. 곧 인의 실천은 현실적이어야 한다. 그러한 현실적 적용의 원칙이 중용이라 할 수 있다.

 ## 중용─유연한 적용

공자는 "중행中行하는 사람을 얻어 같이 하지 못한다면 과격한 사람이나 고집이 센 사람과 함께 하겠다. 과격한 사람은 적극적으로 나서서 이루려 하고, 고집이 센 사람은 하지 않는 것이 있다."고 말했다.[479]

여기서 중행은 중용의 도道를 실천하는 것이다. 그런 사람을 얻지 못한다면 차라리 광견狂狷한 사람을 택하겠다는 뜻이다.

광자狂者는 뜻은 높고 진취적이지만 실천이 뒤따르지 못하는 사람이고, 견자狷者는 '강직한 고집쟁이' 곧 '나쁜 짓은 하지 않는다는 고집을 가진 사람'이다. 이들은 향원鄕愿과 같은 인기영합주의자가 아니기 때문에 오히려 향원보다 나은 것이다.

공자는 제자들을 가르치는데 제자들의 개성을 고려했다. 개성에 따른 공자의 교육은 중용이라는 기준을 적용하여 제자들의 행동을 평가하여 격려하거나 지나침을 억제하였다.

공자는 '내 마음대로(意), 기필코(必), 오직(固), 나만이(我)'라고 하는 4가지를 하지 않았는데,[480] 이를 절사絶四라고 한다.

---

479) 《논어 자로》 子曰, 不得中行而與之 必也狂狷乎. 狂者進取 狷者有所不爲也.

480) 《논어 자한》 子絶四. 毋意 毋必 毋固 毋我.〈毋 말 무, ~하지 않다.〉

이를 다른 말로 바꾸면, 원문의 무의毋意는 주관적이고 일방적인 억측이 없는 것이며, 무필毋必은 억지를 무릅쓰고 자기 뜻을 관철하려는 행동을 하지 않는 것이며, 무고毋固는 강한 집착이 없는 것이며, 무아毋我는 자기만을 내세우는 유아독존唯我獨尊이 없었다는 뜻이다.

이는 공자가 중용의 미덕을 갖고 있었다는 또 다른 표현이라 할 수 있다.

공자의 수제자 자공子貢이 사師(子張)와 상商(子夏) 중 누가 더 우수하냐고 물었을 때, 공자는 "자장은 지나치고 자하는 모자란다."고 말했다. 그러자 자공은 "그러면 자장이 더 낫습니까?"라고 되물었고, 공자는 "지나친 것은 모자란 것과 같다(과유불급 過猶不及)."고 하였다. 481)

이 말은 자장은 너무 적극적이고, 자하는 좀 소극적이라는 개성을 평가한 것이다. 공자의 입장에서는 너무 적극적이기에 실수가 있고, 너무 소극적이어서 잃는 것이 있으니 넘치는 것이나 모자라는 것이나 마찬가지라는 뜻이다.

말하자면, 어떤 사고나 행동이 중용을 벗어났을 때 그것은 이미 최선이 아니라는 뜻이다. 이처럼 중용은 일상생활에서 상황에 따라 유연하게 적용되어야 하지만 그것을 지킨다는 것은 그만큼 어렵다는 뜻이다.

---

481) 《논어 선진》 子貢問, 師與商也孰賢. 子曰, 師也過 商也不及. 曰, 然則師愈與. 子曰, 過猶不及.〈猶 같을 유〉

15 원만한 대인관계란?

사실 다른 사람과 조화를 이루고 살아가기가 쉽지는 않다. 모두가 예를 지켜가며 조화를 이루며 사는 사회는 하나의 이상세계라 할 수 있다. 한 가문이나 마을에서 다른 사람과 잘 어울리며 착하게 살아가려면 어떤 마음의 자세가 필요할까? 공자는 이러한 처세술을 제자들에게 가르쳤는가?

 ## 상대방에 대한 배려

예禮란 본래 인간의 욕망을 조절하기 위한 수단이고 겸손과 양보가 그 바탕이라 할 수 있다. 그러하기에 맹자도 '사양하는 마음이 없다면 사람도 아니며~사양하는 마음이 예의 시작'이라고 했다.[482]

인간의 행동을 여러 가지로 제약하고 규제한 것을 우리가 예의 예절이라 하는 것은 자신의 욕망대로 행동하지 말라는 뜻이다. 그리고 남에게 내가 먼저 양보하려는 것은 욕망의 충돌을 피하며 조화를 이루려는 뜻이라 할 수 있다.

남에게 좋은 것을 양보하고 나를 뒤로 하는 사양이 보다 적극적인 것이라면 그보다 소극적인 사양이 있다.

제자 중궁이 인仁에 대하여 물었을 때, 공자는 "자신이 원하지 않

---

482) 《맹가 공손추 上》 ~無辭讓之心 非人也 ~ 辭讓之心 禮之端也~.

는 것을 남에게 요구하지 말라"고 하였다. [483)

이는 내가 하기 싫으면 상대방도 하기 싫은 것이고 나에게 어려운 일은 남도 어려운 일이니, 남에게 나에 대한 희생이나 봉사를 강요하지 말라는 뜻으로, 지극히 인간적이며 타인을 우선적으로 배려하는 행위이며 남의 원망을 사지 않는 길이라 할 수 있다.

공자의 수제자라 할 수 있는 자공子貢이 "저는 남이 나에게 억지로 요구하는 것도 싫으며 저 또한 남에게 강요하지 않겠습니다."라고 말하자, "자공아! 아직은 네가 거기까지 이르지는 못했다."라고 말했다. [484)

자공의 의도는 위에서 공자가 중궁에게 일러준 말과 같은 뜻이다. 남에게 강요하지 않기는 쉬운 일도 아니거니와 쉽게 말할만한 일도 아니다. 사실 자공의 뜻과 말은 옳지만 공자의 말에는 그러한 실천이 결코 쉬운 일은 아니니 힘써 노력하라는 뜻이 들어있다.

나도 싫지만 남이 나에게 요구하는 것도 싫은 것은 일종의 용서이다. 공자는 자신의 도는 하나이며 그것은 남에게 성실한 충忠이며, 남에게도 관대한 서恕이다.

자공이 공자에게 평생 동안 마음에 새겨 두고 지켜야 할 한마디 말은 무엇이냐고 물었을 때, 공자는 "그것은 아마도 용서(恕)이다. 네가 하기 싫은 일은 다른 사람에게도 요구하지 말라."라고 말했다. [485)

---

483) 《논어 안연》 仲弓問仁. 子曰, ~己所不欲, 勿施於人. ~
484) 《논어 공야장》 子貢曰, 我不欲人之加諸我也 吾亦欲無加諸人. 子曰, 賜也, 非爾所及也.
485) 《논어 위령공》 子貢問曰, 有一言而可以終身行之者乎. 子曰, 其恕乎. 己所不欲, 勿施於人.

상대방을 인정하기

공자는 뜻이 같지 않으면 곧 같은 길을 가는 사람이 아니라면 같이 일을 시도하지 말라고 말했다.[486) 나는 인을 실천하려 노력하는데 다른 사람은 그럴 뜻이 없다면 그런 사람과는 같이 일을 시작하지 말라는 뜻이다.

사실 세상을 살아가는 방법은 사람마다 다르고 생각 또한 다르다. 나의 길이 옳으니 너의 길은 틀렸다며 바로잡아주려 한다면 당연히 충돌이 일어난다. 다른 사람의 다른 점을 그대로 인정해 주어야 한다.

그래서 공자는 "이단을 공격하면 해로울 뿐"이라고 했다.[487)

공자가 말하는 이단이란 정통 유가 학설이 아닌 다른 학파를 뜻하지는 않는다. 공자는 자신이 옳다고 믿는 정통의 문물제도나 인의仁義를 따르지 않는 다른 사람의 생각이나 태도를 광범위하게 지칭했을 것이다.

공자의 이 말은 다른 사람의 다른 생각을 비난하지 말라는 뜻이다. 그들은 자신을 정통이라 생각하면서 나를 이단으로 인정한다. 그렇다면 충돌이 일어날 수밖에 없다. 공자는 그 당시에 내가 아닌 다른 사람의 생각도 존중하라는 큰 가르침을 제자들에게 베풀었다.

공자의 이러한 가르침은 자신의 신념이 옳다면 옳은 그대로 실천하면 된다는 뜻도 내포하고 있다. 이는 "남들이 나를 알아주지 않는다

---

486) 《논어 위령공》 子曰, 道不同 不相爲謀.
487) 《논어 위정》 子曰, 攻乎異端 斯害也已.

고 걱정하지 말고 내가 남을 모르는 것을 걱정하라."는 가르침과도 같은 뜻이라 할 수 있다. [488]

 ## 자신의 과오를 인정하기

사람은 누구나 과오를 범한다.

물론 그 과오가 단순한 실수나 불찰일 수도 있고 의도적인 악행일 수도 있다. 의도적으로 남에게 폐해를 준다면 그것은 악행이니 당연히 여러 가지 제재를 받아야 할 것이다. 그러나 의도하지 않았지만 결과적으로 과오로 판정되었다면 어떻게 해야 하는가?

공자는 "사람의 허물은 사람에 따라 다르며, 어떤 과오를 범하느냐에 따라 그 사람의 어진(仁) 정도를 알 수 있다."고 하였다. [489]

공자는 그 제자들에게 "과오를 저질렀다면 주저하지 말고 바로 고쳐야 한다."고 가르쳤다. [490]

그리고 "과오를 저지르고도 고치지 않는 것이 과오이다."고 말했다. [491]

사실 소인들은 자신의 과오에 대하여 핑계를 대거나 최선을 다했지만 어쩔 수 없었다고 꾸며댄다. [492] 사람들은 자신의 과오를 알고 진

488) 《논어 학이》 子曰, 不患人之不己知 患不知人也.
489) 《논어 이인》 子曰, 人之過也 各於其黨. 觀過 斯知仁矣.
490) 《논어 학이》 子曰, 君子不重 則不威, 學則不固. ~過則勿憚改.
491) 《논어 위령공》 子曰, 過而不改, 是謂過矣.
492) 《논어 자장》 子夏曰, 小人之過也必文.

정으로 뉘우치며 스스로 반성하는 사람은 그리 많지 않으며 공자도 그런 사람을 거의 보지 못했다고 했다. [493]

공자로부터 용서에 대해 또 자기가 하기 싫은 것을 남에게 강요하지 말라는 가르침을 받은 자공은 "군자의 과오는 마치 일식, 월식과 같이 모든 사람이 다 볼 수 있으며 그런 과오를 고쳤을 때 사람들은 군자를 우러러 본다"고 하였다. [494]

이는 참으로 절실한 말이다.

한때 우리나라 천주교 교단에서 "내 탓이오!"라는 스티커를 차량에 붙이고 다니기도 했다. 이는 남에게 핑계를 대거나 잘못을 떠넘기고 전가하기보다는 우선 내 자신부터 반성하자는 뜻일 것이다. 사실 일이 잘되면 내가 애를 썼고 나의 공로이고, 일이 실패하거나 나빠진 것은 남의 탓으로 돌리는 사회 풍조에 대한 종교계의 반성이라 할 수 있다.

지금부터 2,500여 년 전에 공자는 "군자는 (잘못의 원인을) 자신에게서 찾지만 소인은 남에게서 찾는다."고 하였다. [495] 다시 말해, 군자는 "내 탓입니다."라고 말하지만, 소인은 "네 탓입니다."라고 말한다는 뜻이다.

많은 사람들이 함께 어울려 살아가야만 하는 세상이다. 이런 세상에서 잘못이나 실수, 실패의 원인은 우선 나 자신에게서 찾아야 한다는 이런 진리의 말은 두고두고 마음에 새겨두어야 한다.

---

493) 《논어 공야장》 子曰, 已矣乎. 吾未見能見其過而內自訟者也.
494) 《논어 자장》 子貢曰, 君子之過也 如日月之食焉, 過也 人皆見之, 更也 人皆仰之.
495) 《논어 위령공》 子曰, 君子求諸己 小人求諸人.

16 바람직한 언행이란?

현대에는 매스미디어가 극도로 발달하면서 다양한 언론(言論)이 세계를 이끌어 가고 있지만 예나 지금이나 말 한마디 실수로 자신의 모든 것을 잃어버리는 경우가 있다. 그러다보니 혀는 내 몸을 자르는 칼이 될 수도 있고, 입은 재앙이 출입하는 문이라고 하면서 신중한 언행을 경계하는 속담이 많이 있다. 공자의 제자들은 학문과 예를 배우며 군자로서 세상을 살아가는 기본을 익혔다. 공자는 그 제자들의 언행에 대하여 어떤 가르침을 주었는가?

 쉽게 할 수 없는 말

말은 마음의 표현이다.

말하는 사람이 무심코 하는 말을 듣는 사람은 새겨듣는다.

《논어》는 제일 마지막에 "천명을 알지 못하면 군자라 할 수 없고, 예를 알지 못하면 세상에 나설 수 없고, 말을 알아듣지 못하면 사람을 모르는 것이다."라는 공자의 말로 끝을 맺는다. [496)

말을 알아듣지 못한다는 것은 말뜻 곧 말로 표현되는 사리事理를 모른다는 뜻이다. 그만큼 남의 말은 잘 들어야 하고 나의 말도 잘해야 한다.

"대화를 같이 할만한 사람인데 그와 말(言)을 하지 않는다면 그 사

---

496) 《논어 요왈》 孔子曰, 不知命 無以爲君子也, 不知禮 無以立也, 不知言 無以知人也.

람을 잃게 된다. 그러나 대화를 할만한 사람이 아닌데 대화를 한다면 결국 헛말을 하는 셈이다. 지혜로운 사람이라면 사람을 잃지도 않고 또 헛말을 하지도 않는다."고 공자는 말했다. [497]

공자의 이러한 언급은 뜻이 통하는 사람과 수준이 비슷한 사람끼리 아니면 수준에 맞추어 말을 하라는 뜻이다. 사람이 항상 자신의 지적 수준에 맞는 사람만 골라 대화를 할 수는 없다. 지적 수준이 낮은 사람에게는 그 사람이 이해할 수 있게 말을 해 주면 되는 것이다.

그리고 군자는 사람을 말(言)로만 평가해서 그 사람을 써서도 안 되거니와 사람에 대한 선입관으로 바른말을 버려서도 안 된다고 공자는 말했다. [498]

이는 사람을 외모나 말로만 평가해서는 안 된다는 뜻이다. 위의 두 가지 예는 결국 사람의 외모와 말이 늘 일치하지는 않는다는 뜻이다.

옛사람이 말을 조심한 것은 말한 그대로 몸이 실천하지 못하면 부끄러웠기 때문이다. [499]

그래서 군자는 말은 천천히 했고 실행에는 민첩했다고 공자는 가르쳤다. [500]

군자가 호학好學한다는 평가를 받을 수 있는 여러 가지 조건이 있을 것이다. 공자는 '민첩한 행동과 신중한 말'을 하는 사람도 군자라고 생각했다. [501]

---

497) 《논어 위령공》 子曰, 可與言而不與言 失人, 不可與言而與之言 失言. 知者不失人 亦不
失言.
498) 《논어 위령공》 子曰, 君子不以言擧人 不以人廢言.
499) 《논어 이인》 子曰, 古者言之不出 恥躬之不逮也.
500) 《논어 이인》 子曰, 君子欲訥於言而敏於行.
501) 《논어 학이》 子曰, "君子食無求飽 ~ 敏於事而愼於言 ~ 可謂好學也已.

이런 것을 본다면, 말이란 것은 쉽게 함부로 할 수 있는 것은 절대로 아니다.

믿을 수 있는 말

자장子張이 공자에게 군자의 행실에 대하여 물었을 때, 공자는 "말이 진실 되고 행실이 돈독하다면 야만인이 사는 땅에서라도 행동할 수 있지만, 말이 믿을 수 없고 행실이 성실하지 않다면 자기 마을에서도 다닐 수 없을 것이다."라고 가르쳤다.[502]

사람의 말에는 책임이 따른다.

말과 행동이 일치하지 않는 것을 군자는 부끄럽게 생각했다. 따라서 군자라면 자기가 말할 바를 먼저 실천하고 뒤에 행동에 맞는 말을 해야 한다고 공자는 제자 자공에게 가르쳤다.[503]

현명한 사람이라면 세상을 살아가는데 조심하거나 피해야 할 것이 있다. 우선 세상을 조심해야 한다. 바른말이 통할 수 있는 시대 상황이고 그럴만한 세상인가를 살펴 행동해야 할 것이다.

나라에 바른 정치가 행해진다면 고상한 행동과 언행도 무방하다. 그러나 나라에 바른 도가 행해지지 않는다면 행동은 고상해야 하지만 언행은 극히 조심해야 한다.[504]

---

502) 《논어 위령공》 子張問行 子曰, 言忠信 行篤敬 雖蠻貊之邦 行矣. 言不忠信 行不篤敬 雖州里 行乎哉.

503) 《논어 위정》 子貢問君子. 子曰, 先行其言而後從之.

504) 《논어 헌문》 子曰, 邦有道 危言危行, 邦無道 危行言孫.

세상이 어떻게 돌아가는지도 모르고 하고 싶은 말 다 말한다고 현인군자가 되는 것은 아니다.

군자는 꼭 필요할 때 꼭 필요한 말을 해야 한다. 상황에 맞지도 않는 말을, 또 들어주는 사람도 없는 말을 한다면 그 자체가 우둔한 사람이라는 증거일 것이다.

해서는 안 되는 말

공자는 "듣기 좋게 하는 말巧言(교언)이나 꾸미는 낯빛令色(영색)에는 인仁이 없다."고 말했다.505)

교언은 실질(알맹이)이 없을 뿐만 아니라 훌륭한 덕행을 해치며, 영색에는 진심이 없기 때문일 것이다. 공자는 "교언과 영색, 지나친 공경을 좌구명左丘明이 부끄러워했는데 나 역시 그러하다."고 말했다.506)

하여튼 말이나 그럴싸하게 하는 사람을 공자는 매우 싫어했다.

공자는 극기복례克己復禮가 바로 인을 실천하는 것이라면서 예禮가 아니면 보지도, 듣지도, 말하지도 말라고 하였다.507) 예에 어긋나는 일이나 말을 입에 올리는 자체가 인이 아니라고 생각한 공자였다.

결론적으로 "군자는 실천보다 말이 앞서는 것을 부끄럽게 여긴

---

505) 《논어 학이》 子曰, 巧言令色, 鮮矣仁!
506) 《논어 공야장》 子曰, 巧言令色足恭, 左丘明恥之, 丘亦恥之. 左丘明；춘추시대 魯의 史學者.
507) 《논어 안연》 顔淵問仁. 子曰, 克己復禮爲仁~. 子曰, 非禮勿視 非禮勿聽 非禮勿言 非禮勿動. ~

克復傳顏
顏淵問仁子曰克己
復禮為仁一日克己
復禮天下歸仁焉為
仁由己而由人乎哉
顏淵曰請問其目子
曰非禮勿視非禮勿
聽非禮勿言非禮勿
動顏淵曰回雖不敏
請事斯語矣

■ 극복전안(克復傳顏) 안연에게 극기복례를 가르치다.

다."고 했다.[508] 그렇다면 군자는 실천할 수도 없는 말, 큰소리치는 말
을 군자가 해서는 안 된다.

508) 《논어 헌문》 子曰, 君子恥其言而過其行.

17 군자의 교우는 어떠해야 하는가?

사람에게 벗이 없다면 나무에 뿌리가 없는 것과 같으며 벗을 보면 그 사람됨을 알 수 있다고 한다. 벗과의 사귐은 의리로 사귀는 것이지 재물로 교제하지 않으며, 벗을 고를 때 지혜를 보고 고르지 외모를 고르지 않는다. 집에서는 부모에게 의지하지만 밖에 나가서는 친구에게 의지하며 벗과 벗은 서로에게 좋은 일을 권장해야 하는 의무가 있다.

공자의 제자들은 요즘으로 말하면 학교의 동창생들이며 벗이었다. 같은 스승을 모시는 벗으로 그들은 어떻게 사귀었는가? 공자는 교우에 대하여 어떤 가르침을 주었는가?

 벗 – 배움의 동반자

《논어》는 군자君子의 배움(學)으로 시작해서 군자의 알음(知, 지식, 지혜)으로 끝을 맺는다. 《논어》의 첫 구절은 "배우고 때로 익히면 기쁘지 아니한가? 벗이 먼 곳에서 찾아오니 즐겁지 아니한가? 남이 알아주지 않아도 성을 내지 않으니 군자가 아닌가?"라는 공자의 말씀으로 시작한다. [509]

첫 구절은 스승으로부터 배움(學), 스스로 익힘(習) 그리고 같은 길을 걷는 또래와 벗(朋友)과의 토론, 그리고 남이 나를 인정하든 안하든 꾸준히 정진하는 군자의 길을 설명하고 있다. 이는 배움의 길을 걷는 젊은 학도의 모습이고 일상생활이다.

---

509) 《논어 학이》 子曰, 學而時習之 不亦說乎. 有朋自遠方來 不亦樂乎. 人不知而不慍 不亦君子乎.

그리고 《논어》의 마지막 구절은 "천명天命을 알지 못하면 군자라 할 수 없고 예를 알지 못하면 세상에 나설 수 없고, 말을 모르면 남을 알 수 없다."는 공자의 말씀으로 끝난다.[510]

이는 사리를 판단할 수 있는 지식을 가지고 예를 생활화하며 원만한 대인관계를 유지하는 군자의 모습을 서술하였다. 그렇다면 《논어》는 배움으로 시작하여 배움을 완성한 군자에 관한 책이라 할 수 있다.

공자는 자신에게 배우고자 하는 모두를 제자로 받아들였고 공동체와 같은 생활을 하며 교육을 했다. 때문에 그 제자들은 같은 길을 걷는 친구이며 벗이었다. 제자들은 학문을 통해 벗이 되었고(以文會友), 벗으로 사귀면서 서로 간의 인仁의 실천에 도움을 주었다.[511]

공자가 말한 '먼 곳에서 찾아오는 벗'은 나와 같은 길을 가는, 곧 같은 뜻을 가지고 서로 격려하며 배우려는 벗이다. 때문에 먼 곳까지 찾아가 학문과 바른길을 같이 가자고 서로를 격려하는 것이다.

그리고 군자는 다른 사람의 장점을 살려 성취를 도와주는 사람이며 남이 악을 행하도록 돕는 사람이 아니다.[512]

그러한데 좋은 일을 하자고 권면하지 않는다면 또 나쁜 짓을 하자고 충동질 하는 사람을 벗이라 생각할 수는 없는 것이다. 군자와 소인은 이처럼 교우관계에서도 차이가 있다.

공자는 제자들에게 충忠(誠心)과 믿음(信)을 강조하면서 자신과 같지 않은 사람과는 벗을 하지 말라는 말을 했다.[513]

---

510) 《논어 요왈》 孔子曰, 不知命 無以爲君子也, 不知禮 無以立也, 不知言 無以知人也.
511) 《논어 안연》 曾子曰, 君子以文會友 以友輔仁.
512) 《논어 안연》 子曰, 君子成人之美 不成人之惡. 小人反是.
513) 《논어 학이》 子曰, 君子不重 ~ 主忠信, 無友不如己者~.

공자가 말한 '나와 같지 않은 사람(不如己者)'을 '나보다 학문이나 능력이 못한 사람' 또는 '나보다 지위가 낮은 사람'이라고 해석한다면 이는 논리적 모순이다.

왜냐면, 나보다 뛰어난 사람과 내가 교제를 원한다면 나의 상대 쪽에서는 '자신보다 못한 나'와 교제하는 셈이니 어찌 우정 관계가 맺어질 수 있겠는가? 나보다 나은 자를 따르고, 나보다 못한 자를 버린다면 이는 공자의 평소 지론이 아니다. 공자가 말한 '나와 같지 않은 사람'은 '나와 같은 뜻을 갖지 않은 자' 즉 인을 배우고 실천하려는 의지를 갖지 않은 자라고 받아들여야 한다.

그리고 맹자는 "벗을 사귈 때, 벗의 재산이나 지위 또는 그 가문이나 형제를 믿고 사귀는 것이 아니다. 벗이란 그의 덕을 벗하는 것이지 얻을만한 것이 있어 벗하는 것이 아니다."라고 하였다.[514] 벗의 사람됨이 좋아서, 인간미가 좋아서 우정을 계속하는 것이지, 재산이나 권세나 배경이나 재주(능력)를 벗해서는 안 될 것이다.

 벗과 신의

공자가 안연이나 자로와 같이 '이루고 싶은 것'을 이야기 할 때 공자는 '노인을 편안하게 해주고 벗에게는 믿음을 주고 젊은이를 보듬어 주겠다.'는 희망을 토로했었다.[515]

---

514) 《맹자 만장 下》 萬章問曰 敢問友. 孟子曰, 不挾長 不挾貴 不挾兄弟而友. 友也者 友其德也 不可以有挾也.

515) 《논어 공야장》 顔淵季路侍. 子曰, 盍各言爾志. ～子曰, 老者安之 朋友信之 少者懷之.

이처럼 공자한테도 벗에게 신의를 지키는 일은 중요했다.

공자의 벗이 죽어 빈소를 차리지 못하자, 공자는 자기 집에 빈소를 차려도 좋다면서 어려운 벗을 도왔고, 벗이 제사지낸 고기를 보내주면 벗의 조상을 생각하며 절을 할 정도로 벗과 진실한 교제를 했다.[516]

공자의 제자 증자曾子는 자신이 하루에 세 번씩 자신을 돌아보며 '일을 성실히 처리했는가?' '벗과 사귀면서 신의를 지키지 못했는가?' '전수 받은 것을 제대로 익혔는가?'를 반성한다고 했다.[517] 이처럼 벗과 사귐에 있어 신의信義는 매우 중요하다.

공자의 제자 자하子夏도 교우에서 신의를 강조하였다. 자하는 벗과 사귀면서 자신의 말에 신의를 지키는 사람이라면 비록 배움이 없더라도 학문을 한 사람으로 여기겠다고 말했다.[518]

사회생활에서 만나 교제하는 벗보다 어린 시절의 벗이나 학교 동기가 벗으로 관계가 오래 지속되는 것은 학창 생활 속에서 신의가 지켜졌기 때문일 것이다. 그러하기에 맹자의 오륜五倫에 붕우유신朋友有信이 있고, 화랑의 생활신조인 세속오계世俗五戒에도 교우이신交友以信의 덕목이 있는 것이다.

 ## 익자삼우, 손자삼우

중국 속담에 '단정치 못한 옷차림은 벗 때문이다.'라는 속담이 있

---

516) 《논어 향당》 朋友死 無所歸, 曰, 於我殯. / 《논어 향당》 朋友之饋 雖車馬 非祭肉 不拜.
517) 《논어 학이》 曾子曰, 吾日三省吾身 爲人謀而不忠乎, 與朋友交而不信乎, 傳不習乎.
518) 《논어 학이》 子夏曰, 賢賢易色 ~ 與朋友交 言而有信. 雖曰未學 吾必謂之學矣.

는데, 이는 벗이 고쳐주지 않았기 때문이다. 곧 벗이라면 서로에게 좋은 일을 하도록 서로를 독려하고 권장해야 한다. 이를 책선責善이라고 하는데 맹자도 벗에게는 책선의 의무가 있다고 말했다.[519]

공자는 유익한 벗과 해로운 벗을 구분하였다.

곧 도움이 되는 벗이 셋이 있으니 정직하고 선량하며 박학다식한 벗은 도움이 되고, 사람이 꽉 막혔거나 굽실거리거나 빈말을 많이 하는 벗은 해롭다.[520]

이는 예나 지금이나 변함없는 교훈이다. 강직하고 성실하며 박학다식한 벗은 누구에게나 도움이 된다. 물론 나도 벗 못지않게 비슷한 성격이어야 서로 간의 우정이 계속될 것이다.

그 반대로 안일과 편의만을 따르고 거짓말이나 아첨으로 남의 환심이나 얻으려 하는 사람, 빈말이나 거짓말을 잘 하는 벗 또 나쁜 짓을 권하는 벗은 해로우니 처음부터 벗이라고 할 수도 없는 것이다. 벗끼리 술은 권해도 색色을 권하지 않는다는 중국의 속담도 같은 맥락일 것이다.

공자는 유익한 즐거움 세 가지가 있다고 하였는데, 절도에 맞는 예악을 행하는 즐거움과, 남의 선행에 대한 이야기를 하는 즐거움, 그리고 현명한 벗이 많은 것이 즐거운 일이라고 했다.[521]

또 공자는 "벗은 간절히 살펴 좋은 일을 권하고 형제는 기쁜 마음으로 화합해야 한다."라고 말했다.[522]

---

519) 《맹자 이루 下》 孟子曰, 責善 朋友道也.
520) 《논어 계씨》 孔子曰, 益者三友 損者三友. 友直 友諒 友多聞 益矣. 友便辟 友善柔 友便佞 損矣.
521) 《논어 계씨》 孔子曰, 益者三樂 損者三樂. 樂節禮樂 樂道人之善 樂多賢友 益矣. ~
522) 《논어 자로》 子路問曰, 何如斯可謂之士矣. 子曰, ~朋友切切偲偲 兄弟怡怡.

공자의 제자 자공子貢이 벗과 사귀는 도리에 대하여 묻자, 공자는 "착한 일을 하라고 진심으로 청하고, 잘 말하되 안 된다면 그만 사귀어야지 나 자신을 욕되게 해서는 안 된다."고 하였다. [523]

주군이나 상사에게 바른말도 받아들일 때 하는 것이지 거부하는 상관에게 자주하면 욕을 당하게 되어있고, 좋은 일을 권하는 것이 벗의 도리지만 벗이 받아들이지 않는다면 계속할수록 사이만 나빠진다. [524]

그리고 공자는 벗과의 사귐에서 지나친 것을 경계하기도 하였다.

공자는 "교묘한 언사와 낯빛과 지나친 공경을 부끄럽게 생각하며 원한을 숨기고 그 사람과 벗하는 것을 부끄럽게 여긴다."고 말했는데, [525] 이는 벗과의 사귐은 솔직해야 한다는 뜻일 것이다.

사실 좋은 벗을 고른다는 것은 자신이 남에게 좋은 벗이 되도록 노력하는 것이다. 나의 바탕이 없고 언행이 불량하다면 선량한 사람이 나를 벗으로 인정하지 않을 것이다. 본래 끼리끼리 모이는 것이 사람이고 가재는 게 편을 들고 봉황은 봉황과 짝을 짓는다. 그래서 유유상종類類相從이라는 말이 생겼을 것이다.

무당을 따라 다니면 떡을 얻어먹고, 족제비를 따라다니면 닭 훔치는 법을 배우게 되어 있다. 좋은 사람을 따라다니면 바른길을 걷고, 착한 사람을 따라다니면 착한 일을 배우는 것이다. 그래서 어떤 사람을 벗으로 사귀는가에 따라 인생이 달라지는 것이다.

---

523) 《논어 안연》 子貢問友. 孔子曰, 忠告而善道之 不可則止 毋自辱焉.

524) 《논어 이인》 子游曰, 事君數 斯辱矣, 朋友數 斯疏矣.

525) 《논어 공야장》 子曰, 巧言令色足恭 左丘明恥之 丘亦恥之. 匿怨而友其人 左丘明恥之, 丘亦恥之.

부록

1 이 책의 활용 방안

(1) 논술의 착안점

🔷 논술의 정의

우리가 쓰는 일기나 편지, 보고서나 시와 수필 같은 문학작품까지 모든 글은 그 안에 논리적인 측면이 있다. 논리가 완전히 배제된 글이란 있을 수 없지만, 그중에서도 논리적인 요소를 가장 중시하는 글이 논술論述이다. 논술은 곧 비판적, 논리적, 논증적 글쓰기라 할 수 있다.

우리가 알고 있는 지식은 이론으로 정리되고 논리적 서술로 정당화 되어야 학문이 될 수 있다. 따라서 논리적 서술 곧 논술은 학문의 토대로서 매우 중요하다.

논술 능력을 기르기 위해서는 생각하며 많이 읽는 것이 제일 중요하다. 생각하며 읽는 것은 비판적으로 읽는 것이니 이 과정에서 분석적인 이해가 이루어질 것이다. 그리고 자기 식견을 바탕으로 비판적 평가를 내려야 하며 필요한 때에 이를 다시 창의적으로 적용할 수 있어야 한다.

여기에는 글 쓰는 이의 글 구성 능력과 논리 근거 설정능력 그리고 자기 주관을 논리적으로 표현하는 능력이 갖추어져야 좋은 논술이 나올 수 있다.

⊛ 논술의 3가지 기본

논술은 논리적인 치밀한 구성을 요구하는데 아래의 3가지 기본요소가 잘 조합되어야 한다.

첫째, 논술의 주제인 논제論題 속에서 '논리적으로 밝혀야 할 핵심' 또는 '논제 속에 담긴 핵심적 쟁점'을 논점論點이라 하는데, 정확한 논점파악이 우선되어야 한다.

둘째, 논술의 핵심이라 할 수 있는 논지論旨의 설정이다. 논지 설정은 논점에 대하여 자신의 견해를 밝히는 것이다. 논지는 분명하고 명료해야 하며 다른 의미로 해석될 수 있는 용어는 분명히 밝혀주어야 한다. 때문에 필요에 따라 한자漢字나 원어原語를 적절히 사용하여야 한다.

셋째, 논지를 입증할 수 있는 논증의 근거인 논거論據를 잘 제시할 수 있어야 한다. 논지에 적합하면서도 남을 설득할 수 있는 타당한 논거를 제시해야 한다.

⊛ 논술의 기초

아무리 솜씨 좋은 며느리라도 쌀 없이는 밥을 못 짓는다는 속담이 있다. 아무리 많이 논술의 테크닉을 훈련했어도 기본적 지식이 없으면 좋은 내용의 논술을 쓸 수 없다.

우선 집 한 채를 지을만한 재료가 있어야 집을 지을 수 있는 것처럼 좋은 논설을 쓰기 전에 활용할 수 있는 지적 기반이 있어야 한다. 다시 강조하지만, 우선은 많이 읽고 배워야 한다. 다음으로 많이 생각해야 하고 잘 써야 한다.

논술도 결국 학력學力 테스트의 한 방법이다. 문장을 독해하면서 뜻을 분석하고 파악하고 전체를 종합하며 결론을 이끌어내고 아는 것을 바탕으로 새로운 것을 추론하는 능력이 있어야 한다. 결국 양질의 지식을 많이 축적해야 좋은 논술이 나올 수 있다.

논술은 기본적으로 짓기 곧 창작능력이다. 훌륭한 시인은 엄청난 독서량을 바탕으로 머리를 쥐어짜듯 고통스러운 생각과정을 거치고 쓰고 또 고치는 과정을 거쳐 하나의 명품 시가 나오는 것이다. 퇴고推敲라는 고사성어가 바로 이러한 과정을 말해준다.

물론 요즈음의 정보사회에서는 자신이 필요로 하는 정보가 어디에 있는지를 찾아서 활용하는 능력이 중요시된다. 그러나 그 수많은 정보를 읽고 취사선택하는 그 과정 자체가 지식능력인 것이다. 이는 평소에 독서를 많이 하지 않았다면 불가능한 일이다.

많이 생각하기는 구체적으로 무엇인가를 비교하는 과정이며, 합리적 비판적 사고란 자신이 읽은 것을 자기화하는 과정이다.

잘 손질된 진흙과 물레와 필요로 하는 소도구들이 다 갖추어졌으며 어떻게 만들겠다는 계획까지 다 수립되었다 하여 누구나 명품 도자기를 만들지는 못한다. 기술이 없는 기술자의 손에서는 명품이 나오지 않는다.

좋은 논술 쓰기는 하나의 창작이기에 여기에도 많은 연습이 있어야 한다. 주의 깊게 듣고 논의나 논쟁으로 의사소통을 하면서 자신의 견해를 수정하듯, 논술을 어떻게 구성할 것인가를 생각한 뒤 열심히 쓰고 다시 손질하는 과정이 또한 논술의 과정이다.

많이 읽기와 비판적으로 생각하기, 그리고 많이 써 보기라는 힘든 과정을 거쳐야 하지만 그렇다고 모두가 어렵다고 미리 겁을 먹을 필요는 없다. 읽고, 생각하고, 쓰기는 열심히 공부하는 과정에서 저절로 이루어진다.

(2) 이 책을 어떻게 읽을 것인가?

⊚ 비판적 사고로 읽기

논술에서 비판이란 반박과 동일한 것은 아니다. 그렇지만 시비是非와 정오正誤에 대한 검토나 판단을 위한 비판적 사고는 반드시 필요하다. 비판적 사고는 논리의 잘못을 찾아내고 다른 각도에서 자료를 해석할 뿐만 아니라 필요로 하는 대안을 제시하는 과정을 포함한다.

●우선 각 제목을 논제로 생각하며 소제목을 논지論旨로 읽으면서

공자의 말이나 필자의 설명을 받아들일지 아니면 거부하거나 유
보할지를 생각한다.

● 주장이나 설명이 옳고 그른가를 생각하며 숨어 있는 가정假定이나
전제를 찾아도 보면서 논리적 모순이나 무리한 해석에 의문을 제
기하며 읽는다.

🌀 분석적으로 읽기

본서를 읽으면서 각 제목의 논리적 근간(뼈대)을 찾아내고 내용을
이해해야 한다. 내용의 이해는 곧 요약할 수 있다는 뜻이다.

● 각 제목에서 필자는 어떤 주제를 다루었으며 무엇을 논의하고 있
는가를 우선 분석해 본다.

● 글의 내용을 파악하기 위해서는 개념에 대한 이해를 하면서 어떤
사실을 근거로 제시했는가를 분석한다.

● 필자의 글에 들어있는 여러 가지 오류를 찾아본다. 용어의 뜻을
잘못 해석한 언어적 오류나 감정으로 흘러 자신의 심정을 강조한
심리적 오류 또는 근거로 제시한 자료의 오류를 찾아본다.

● 필자는 어떤 예를 들어서 어떤 결론을 도출했는가? 그런 결론을
위해 제시한 근거들은 합리적이고 정당한가를 분석하며 읽는다.

🎗 논술 내용에 대하여 평가하기

논술 내용에 대하여 자신의 입장에서 따져보며 평가를 내리는 것
도 매우 중요한 논술 학습이다.

● 우선 필자는 자신의 논지를 정확하게 전달하고 있는가? 곧 필자의
주장 요점을 요약하고 합리적으로 정확하게 의사를 전달했고 논
리적으로 전개했는가를 평가한다.
● 필자의 주장이나 근거가 귀걸이인가 아니면 코걸이인가를 따져
본다. 분명한 주장이 없고 애매한 표현으로 얼버무렸는가? 명료
한 서술이 아닌 모호한 정보를 근거로 제시했는가를 평가한다.
● 문제와 결론은 같은 방향으로 흘러갔는지? 아니면 초점에서 벗어
났는가? 또 지엽적인 비교를 결론으로 포장했는가를 평가해 본
다.
● 논증의 타당성이나 결론의 강도強度는 적당한가를 나름대로 평가
해 보아야 한다.

🎗 다시 고쳐 써보기

필자가 여태까지 읽고 공부했던 지난날은 곧 필자의 고정관념이
형성되는 과정일 수도 있다. 필자의 근본 마음에는 학즉불고學則不固(학

문을 하면 고루하지 않다)라는 대 전제를 바탕으로 공부해왔지만 부지불식간
에 몸에 밴 고정관념이 있을 것이라고 생각한다.

- 이 글에서 필자가 제시한 근거를 다르게 해석해 본다.
- 필자가 제시한 근거를 논리적으로 따져 보면서 필자와 다른 결론
  을 도출해 본다.
- 논리의 순서를 바꾸어 전개하면 더 효과적인 설득이 될 수도 있다
  고 생각하며 새로운 논리를 전개해 본다.
- 자신의 튀는 생각이나 주장은 그것이 무리하지 않다면 독창적인
  것이다. 독창적 사고 자체를 글의 목표로 삼아서는 안 되지만, 창
  의적인 평가나 분석은 문제 해결의 기본일 수도 있다.
- 필자의 글을 비판하며 자신의 합리적 주장으로 고쳐 쓰는 노력은
  논술력을 크게 키워 주리라고 필자는 확신한다.

2 《논어》의 편명과 해설

《논어》는 모두 20개 편篇으로 구성되어 있지만 그 내용에 따른 분류가 아니다. 또 각 편에 수록된 문장의 분량이 비슷하지도 않고, 내용에 일정한 배열 원칙이나 순서도 없다. 옛날에 《논어》를 공부했다면 책 전체를 외웠기에 《논어》의 내용을 검색하기 위한 색인索引이 없어도 큰 불편은 없었다. 《논어》의 편명은 각 편의 시작하는 단어 2, 3자로 편명을 삼았다.

1 학이學而 《논어》의 첫째 편명. '자왈 학이시습지 불역열호子曰, 學而時習之, 不亦說乎'로 시작한다. 당시 공문孔門에서 교육하는 교훈과 같은 격언이나 치국과 평천하에 관한 내용이 많다. 이 편의 내용은 '도에 들어가는 문(入道之門), 덕행의 기본(積德之基)'이라 할 수 있는데, 배우는 자가 마땅히 노력해야 될 일들을 많이 기록하였다.

2 위정爲政 《논어》의 2번째 편명. '위정이덕 爲政以德(덕으로써 다스리다)'의 뜻. 공자는 배우고 자신을 수양한 다음에야 정사政事에 참여할 수 있다고 가르쳤다.

3 팔일八佾 《논어》의 3번째 편명. 〈佾 춤추는 줄 일〉 "계씨季氏가 자기 집 뜰에서 팔일무를 추게 하였는데, ~"로 시작한다. 팔일은 제사

를 지낼 때 주나라 왕 천자天子만이 할 수 있는 예악인데 제후국인 노나라는 예외로 허용되었다. 이런 팔일무를 노나라의 가신인 계씨가 자기 집에서 행했는데, 이는 예악의 근본을 무너뜨린 처사였기에 공자는 계씨를 비난했다.

4 **이인里仁** 《논어》의 4번째 편명. '자왈, 이인위미 里仁爲美 ~'로 시작. 살고 있는 마을(里)에 인자한 기풍이 있다면 아름다움 곧 善이 된다는 뜻이다. 인덕 仁德에 관한 좋은 말이 많다.

5 **공야장公冶長** 《논어》의 5번째 편명. 공야장은 공자의 사위 이름으로 여기에 딱 한번만 나타나기에 그 행적을 알 수 없다. 여러 사람에 대한 인물평이 많이 수록되어 있다.

6 **옹야雍也** 《논어》의 6번째 편명. 옹雍은 공자의 제자 염옹 冉雍 (字 중궁 仲弓). 공문십철 중 덕행이 뛰어난 제자이다. 공자의 학문과 인仁을 이해하는데 매우 중요한 명언들이 많이 있다.

7 **술이述而** 《논어》의 7번째 편명. '자왈, 술이부작子曰, 述而不作 ~'으로 시작함. '술이부작'은 선인先人의 말을 근거로 삼아 서술하고 밝힌다는 뜻의 조술 祖述을 할 뿐 새로운 제도나 예악을 만들지 않는다는 의미이다. 이는 과거의 문화유산에 대한 철저한 학습과 계승을 강조한 것이지 결코 전통에 대한 맹종이나 단순한 복고주의적 태도는 아니다. 실제로 공자가 육경 六經을 수찬 修撰하여 고대 선왕의 도道를 확실하게 밝힌 학문적 업적 자체가 바로 새로운 창작이라 할 수 있다.

8 태백泰伯　《논어》의 8번째 편명. 주나라 왕실의 선조인 고공단보古公亶父(太王이라 추존)는 적인狄人(북방의 이민족)이 침입하자 무리를 이끌고 기산岐山이란 곳에 정착하고 사람들을 다스렸다. 태왕이 자신의 지위를 삼남三男 계력季歷의 아들 창昌(文王)에게 물려주려 하는 뜻을 알게 된 고공단보의 장남인 태백泰伯은 동생 우중虞仲과 함께 양자강 하류로 이주한다. 문왕 창昌의 아들 무왕武王(성은 희姬, 이름은 발發)은 주周를 건국하고 은殷을 멸망시킨 뒤 종법에 의거 각지에 제후를 두는 봉건제도로 중국을 통치한다. 따라서 태백은 주의 실질적인 건국자 무왕의 큰할아버지이다.

9 자한子罕　《논어》의 9번째 편명. '자한언리子罕言利 ~'로 시작. 공자는 '이利에 대해서는 거의 이야기하지 않았다'는 뜻이다. 공자의 덕행德行을 논한 내용이 많다.

10 향당鄉黨　《논어》의 10번째 편명. 향당이란 살고 있는 마을을 뜻한다. 공자의 일상생활에 관한 글들이 많다.

11 선진先進　《논어》의 11번째 편명. '선진어예악 야인야先進於禮樂 野人也'로 시작한다. 공자 제자들에 대한 인물평이 많이 수록되어 있다.

12 안연顏淵　《논어》의 12번째 편명. 인仁과 정치에 관한 문답이 많이 실려 있다. 안연은 공자가 가장 아꼈던 수제자이다. 본명은 안회顏回(기원전 521~481)이며 공묘孔廟인 대성전에 복성復聖으로 배향되었다.

13 자로子路 《논어》의 13번째 편명. 자로는 공자의 제자 (기원전 542~480) 로 이름은 중유 仲由, 자로는 그의 자字이다. 공자보다 9세 적었기에 공자를 가장 오랫동안 모신 셈이다. 자로의 죽음은 만년에 공자에게 큰 충격이었다.

14 헌문憲問 《논어》의 14번째 편명. '헌문치 憲問恥 ~'로 시작한다. 헌은 공자의 제자 원헌 原憲으로 청빈한 생활을 했다.

15 위령공衛靈公 《논어》의 15번째 편명. 위衛는 나라 이름, 영공靈公은 위나라의 통치자. 본 편에는 수신이나 처세에 관한 내용이 많다.

16 계씨季氏 《논어》의 16번째 편명. 계씨는 당시 노나라의 실권자 계강자季康子이다. 《논어》의 다른 편에 비해 조목조목 열거하는 내용이 많다.

17 양화陽貨 《논어》의 17번째 편명. '양화욕견공자陽貨欲見孔子 ~'로 시작한다. 양화는 계씨의 가신이었다가 노공魯公의 가신이 된 야심가로 공자에게 삶은 돼지를 예물로 보냈다.

18 미자微子 《논어》의 18번째 편명. 미자는 은殷의 마지막 왕이며 폭군인 주왕紂王의 형인데 주왕의 무도함이 지나치자 나라를 떠났다. 미자 편에는 초나라의 은거자 접여接輿, 장저와 걸익, 공자를 오곡도 구분 못하는 사람이라고 비웃던 노인 등 여러 은일隱逸에 대한 이야기가 많이 있다.

19 자장子張 《논어》의 19번째 편명. 자장은 공자의 제자인 전손사顓孫師. 이 편에는 '자왈子曰'로 시작하는 공자의 말이 하나도 없다. 공자의 제자인 자장, 자하, 자유, 증자 등 공자의 후반기 제자들의 말을 수록했다.

20 요왈堯曰 《논어》의 20번째 마지막 편명. 요堯임금의 순舜에게 통치자의 자리를 물려주며 한 말로 시작한다. 이편은 딱 3장章뿐이며, 맨 마지막은 천명을 모르면 군자라 할 수 없고, 예禮를 모르면 사회 생활을 하기 어렵고, 말(言)을 모르면 사람을 알 수 없다는 《논어》의 전체적 결론을 말하고 있다.

3 공자의 제자

전한 무제武帝 때 사마천司馬遷(B.C. 135?~86?)의 《사기史記》에는 공자의 일생을 〈공자세가孔子世家〉로 기록하였다. 거기에는 공자의 제자가 3,000명에 이르렀는데 그중에서도 육예六藝에 통달한 제자가 72명이었다고 한다. 그러면서 사마천은 〈중니제자열전仲尼弟子列傳〉에 제자들의 행적을 기록하였는데 그 기록은 매우 간단하고 또 이름만 기록하고 내용이 없는 제자도 있다. 이는 사마천이 사료가 있는 사실만 기록하려 했기 때문이다.

공자의 제자에는 공자가 노나라에서 생활하며 가르치기 시작한 초기의 제자들이 있다. 이들은 공자가 관직생활을 할 때 따라 다니며 실무를 보아왔기에 정치, 외교, 군사의 실무에 통하고 성공을 거둔 제자도 있었다. 자로나 염유, 자공, 민자건 같은 제자들이 여기에 속한다.

그리고 공자가 각국을 돌아다닌 뒤 노나라에 귀국한 기원전 484년 이후의 제자가 있는데, 특히 후기의 제자들은 공자와 연령적으로 30세 이상 차이가 나는 경우가 많았다. 이들은 공자와 함께 경전의 정리와 저술에 참여하였는데 뒷날 공자의 사상과 철학은 이들의 손에 의해 계승되었다. 후기에 속하는 제자로서는 자하, 자장, 증자, 번지 같은 제자들이 있다.

아래는 《논어》에 일반적으로 통칭되는 제자들을 가나다 순으로 배열하며 그들의 업적과 사상을 간단히 설명한 참고자료이다.

공야장公冶長 자는 子長. 공자의 사위. 《논어》의 5번째 편명임.

남용南容 본명은 남궁괄 南宮适, 공자의 조카사위.

백우伯牛 본명은 염경 冉耕, 공문십철의 한 사람으로 덕행 분야에 뛰어났다. 나쁜 병 (나병) 에 걸렸기에 공자가 문병을 하며 "이 사람이 이런 병에 걸린 것은 운명이다."라며 통탄했다.

번지樊遲 본명은 번수 樊須, 자는 자지 子遲. 孔子보다 30, 40세 정도 어렸음. 공자에게 농사에 대해 묻자, 공자는 "나는 늙은 농부만 못하다"라고 대답하였다. 공자에게 여러 가지를 묻고 공자는 아주 비근한 예를 들어 번지를 깨우쳐 주었다.

안연顔淵 본명은 안회 顔回, 자는 자연 子淵, 보통 안연으로 많이 나옴. 공자는 '회回야!' 라고 이름을 자주 불렀는데, 이는 안회에 대한 각별한 애정을 보여주는 것임. 공자의 어머니 쪽 곧 공자 외가 外家의 일족이라고 주장하는 사람도 있다. 안회는 공자보다 30세 연하. 공문십철의 한 사람으로 덕행 분야에 뛰어났다. 공자의 수제자로 공자는 안회의 호학을 극구 칭찬했으며 남에게 화를 내지도 않고 같은 잘못을 두 번 저지르지 않는다고 칭찬하였다. 곤궁 속에서도 배움과 인을 실천하는 즐거움을 바꾸지 않았고 안빈낙도의 경지에 이르렀으나 영양실조로 29세에 백발이 되었다가 40여 세에 죽었다. 안연이 죽자, 공자는 "하늘이 나를 버렸다"하며 통곡했다.

염유 冉有 　본명은 염구 冉求, 자는 자유 子有, 흔히 '염유'로 등장. 공문십철의 한 사람으로 정사 政事 분야에 뛰어났다. 노나라 실권자 계강자의 가신이었다.

유자 有子 　본명은 유약 有若, 공자보다 43세 연하. 효제 孝悌 를 강조하였음. 《논어》에는 유자 有子 의 말이 자주 보임. 외모가 공자를 닮았기에 제자들 중에는 유자를 스승처럼 모시자고 주장하는 제자(子夏, 子張, 子游)도 있었으나 증자가 반대했다.(맹자 등문공 상)

원헌 原憲 　자는 자사 子思, 공자의 후기 제자.

자건 子騫 　본명은 민손 閔損, 공자보다 15세 어렸다. 공문십철의 한 사람으로 덕행 분야에 뛰어났다. 효자로 널리 알려졌으며 벼슬의 유혹에도 당당했다. 과묵하지만 말을 하면 반드시 사리에 맞는 말을 한다고 공자가 칭찬했다.

자공 子貢 　본명은 단목사 端木賜 자공은 그의 자 字, 공문십철의 한 사람으로 언어 분야에 뛰어났다. 공자의 제자로서 다방면에 유능했는데, 특히 구변이 뛰어나 외교 분야에도 활약하였다. 공자는 안회와 자공을 자주 비교하였는데 안회는 극도로 가난했으나, 자공은 처음에 가난했으나 나중에는 큰 부자가 되었음. 지성으로 공자를 섬기었고 공자 사후에 6년간이나 복상했다. 자공의 스승에 대한 존경은 끝까지 변함이 없었다.

자로子路 본명은 중유仲由, 계로季路로 표기하기도 함. 공자보다 9세 연하. 과감하고 용기 있었기에 《논어》에는 여러 기록이 많음. 솔직하고 직선적인 사람으로 공자를 잘 섬기며 공자와 많은 대화를 하였다. 공문십철의 한 사람으로 정사 분야에 뛰어났다. 공자보다 1년 먼저 죽었는데 공자가 매우 비통해 하였다. 《논어》의 13번째 편명.

자우子羽 본명은 담대멸명澹臺滅明 자우는 그의 자. 외모가 아주 추악했으나 행실은 바르고 뛰어났다. 공자가 "말하는 것으로 사람을 보았다가 재여宰予를 잘못 보았고, 외모로 사람을 보았다가 자우를 잃을 뻔했다."라고 말했다.

자유子游 본명은 언언言偃, 공자보다 45세나 어렸음. 공문십철의 한 사람으로 문학 분야에 뛰어났다. 후기 제자의 한 사람으로 20여 세의 젊은 나이에 무성武城의 읍재邑宰로 근무하며 예악으로 다스려 공자의 칭찬을 받았다.

자장子張 본명은 전손사顓孫師, 사師라고 이름만 기록되기도 함. 공자보다 48세나 어렸음. 성격이 활달하고 외향적이었으며 수기修己보다는 명성을 따르는 편이었다. 또 공자에게 당시 인물에 대한 인물평이나 정치 현실, 벼슬을 얻는 방법 등 매우 실질적인 질문을 많이 했다. 자장子張은 《논어》의 19번째 편명.

자하子夏 본명은 복상卜商, 공자보다 44세나 어렸음. 공문십철의 한 사람으로 문학 분야에 뛰어났는데 특히 경학에 밝았다고 한다. 공자가 함께 시詩를 이야기할 수 있는 제자였다. 공자가 '너는 군자유君子儒가 되어야지 소인유小人儒가 되어서는 안 된다' 는 가르침을 주었으며, 공자의 학문과 사상을 후세에 전하는데 공이 많았다.

재아宰我　본명은 재여宰予, 자는 자아子我. 공문십철의 한 사람으로 언어 분야에 뛰어났다. 낮잠을 자다가 공자한테 지적을 받은 적도 있음. 뒷날 제나라에 '가서 수도 임치의 대부로 근무하다가 전상田常의 난에 휘말려 일족이 주살 당했고 공자는 이를 부끄럽게 여겼다는 기록이 있다.

중궁仲弓　본명은 염옹冉雍, 공문십철의 한 사람으로 덕행 분야에 뛰어났다. 그 아버지가 천민이었다고 한다. 공자는 "염옹은 임금이 될 만한 덕행을 갖추었다"고 칭찬했다(雍也 可使南面). 옹야雍也는 《논어》 6번째 편명.

증자曾子　본명은 증삼曾參(기원전 505~435), 자는 자여子輿, 공자보다 46세 연하. 아버지 증석曾晳과 함께 부자가 모두 공자의 제자였음. 공자의 학통을 이은 제자로 종성宗聖으로 추앙받고 있다. '하루에 자신을 세 번 살피는(日三省吾身)' 수양을 했다. 《대학》과 《효경》을 저술했으며 효자로 널리 알려졌다.

참고 문헌

- 論語集註(上·下論)　　朱熹. 誠文信書坊 印行. 煙台. 1908
- 孔子聖蹟圖　　孔祥林 校訂. 山東美術出版社. 1988
- 論語心得　　傅佩榮 著. 國際文化出版公司. 北京, 2007
- 儒的100個哲理故事　　黃志偉·王慧川 編著. 光明日報出版社. 北京. 2005
- 공자-인간과 신화　　H.G, Creel 지음·이성규 역. 지식산업사. 1994
- 공자와 천하를 논하다　　신동준 저. 한길사. 2007
- 孔子評傳　　진안핑(金安平) 지음·김기협 옮김. 돌베개. 2010
- 논어교양강의　　진순신 지음·서은숙 옮김. 돌베개. 2010
- 論語의 논리　　박이문 지음. 문학과 지성. 2007
- 논어의 숲, 공자의 그늘　　신정근 지음. 심산출판사. 2006
- 유교적 전통과 중국혁명　　송영배 저. 철학과현실사. 1992
- 육경과 공자 인학　　남상호 지음. 예문서원. 2004

논술로 읽는 論語(논어)

초판 인쇄 ‖ 2012년 9월 13일
초판 발행 ‖ 2012년 9월 20일

지은이 ‖ 진기환
디자인 ‖ 이명숙 · 양철민
발행자 ‖ 김동구
발행처 ‖ 명문당(1923. 10. 1 창립)
주　소 ‖ 서울시 종로구 윤보선길 61(안국동)
　　　　　우체국 010579-01-000682
전　화 ‖ 02)733-3039, 734-4798(영), 733-4748(편)
팩　스 ‖ 02)734-9209
Homepage ‖ www.myungmundang.net
E—mail ‖ mmdbook1@hanmail.net
등　록 ‖ 1977. 11. 19. 제1~148호

ISBN 978-89-7270-427-0 (03370)
정가 ‖ 15,000원